Uni-Taschenbücher

UTB

Eine Arbeitsgemeinschaft der Verlage

Birkhäuser Verlag Basel und Stuttgart
Wilhelm Fink Verlag München
Gustav Fischer Verlag Stuttgart
Francke Verlag München
Paul Haupt Verlag Bern und Stuttgart
Dr. Alfred Hüthig Verlag Heidelberg
Leske Verlag + Budrich GmbH Opladen
J. C. B. Mohr (Paul Siebeck) Tübingen
C. F. Müller Juristischer Verlag - R. v. Decker's Verlag Heidelberg
Quelle & Meyer Heidelberg
Ernst Reinhardt Verlag München und Basel
F. K. Schattauer Verlag Stuttgart-New York
Ferdinand Schöningh Verlag Paderborn
Dr. Dietrich Steinkopff Verlag Darmstadt
Eugen Ulmer Verlag Stuttgart
Vandenhoeck & Ruprecht in Göttingen und Zürich
Verlag Dokumentation München

Otto Roloff, Theorie und Praxis der Besteuerung

Otto Roloff

Theorie und Praxis der Besteuerung

Eine kritische Einführung

Springer Fachmedien Wiesbaden GmbH

Der Autor:
Dr. rer. pol. Otto Roloff
geb. 1937
ord. Prof. an der Universität Bremen,
Studiengang Ökonomie, Fachbereich Finanzwissenschaft.
Veröffentlichungen zu Problemen der Sozialpolitik,
Bildungsökonomie, Finanzwissenschaft und Wirtschaftspolitik

ISBN 978-3-8100-0235-8 ISBN 978-3-322-86334-8 (eBook)
DOI 10.1007/978-3-322-86334-8

Ursprünglich erschienen bei Leske Verlag + Budrich GmbH 1978
Satz: Giesela Beermann, Opladen

Einbandgestaltung: Alfred Krugmann, Stuttgart

Inhalt

Vorwort

Das Buch richtet sich an Studierende mittlerer und höherer Semester. Es kann als Studientext für finanzwissenschaftliche Seminare oder Studienprojekte verwendet werden, setzt aber Grundkenntnisse in allgemeiner Volkswirtschaftslehre und in der Finanzwissenschaft voraus. Auf die einschlägigen Texte ist in den Literaturnachweisen am Ende der einzelnen Abschnitte hingewiesen.

Dieses Studienbuch unterscheidet sich inhaltlich in mehrfacher Hinsicht von den umlaufenden Lehrbüchern. Im ersten Teil wird die *Existenz* der Steuer begründet. Warum zahlen die Bürger eines Landes an den Staat Steuern? Oder, warum existiert ein Steuerstaat? Dies sind durchaus keine banalen Fragen. Der Steuerstaat ist Bedingung wie Konsequenz des kapitalistischen Konkurrenzpreissystems. Denn in einem Tauschsystem werden systemimmanent externe Effekte generiert, die gewaltsame Eingriffe eines Privatakteurs in die Interessenssphäre eines anderen darstellen. Da die resultierenden Konflikte zwischen Privatpersonen in der Regel nicht durch das Tauschsystem gelöst werden können, sondern dessen Existenz gefährden, muß die Vergesellschaftung von Aktivitäten mit externen Effekten mit dem Gewaltmonopol einer besonderen Institution, dem Staat übertragen werden. Der Steuerstaat ist somit als abstrakte Institution Resultat einer verdoppelten Vergesellschaftungsform. Diese Aussage ergibt sich als Synthese aus der Theorie der externen Effekte und Joseph Schumpeters Analyse der Entstehung des Steuerstaates. Im Anschluß an die Begründung zur Existenz des Steuerstaates werden zunächst problematisierend die Fragen aufgeworfen,

- ob und wie die soziale Struktur Ausmaß und Struktur der Besteuerung beeinflußt, und
- ob der Steuerstaat mit innerer Notwendigkeit in eine Finanzkrise treibt, in der er zusammenbrechen muß.

Diese beiden Fragen sind grundlegend für die ganze weitere Analyse.

Im zweiten Teil wird zunächst die *Form* der Steuer als Zwangsabgabe ohne spezifische Gegenleistung begründet. Warum zahlen die Bürger eines Landes nicht freiwillig Steuern? Oder, warum existiert die Steuer nur in Form der Zwangsabgabe? Auf die Unmöglichkeit freiwilliger Steuerleistungen hat unter modernen Theoretikern insbesondere P.A. Samuelson hingewiesen. Die Form der Steuer als Zwangsabgabe entspringt den gesellschaftlichen Verhältnissen des Konkurrenzpreissystems. Denn infolge des systemimmanenten Eigennutzstrebens ist kein Privatakteur bereit, für den Gebrauch eines öffentlichen Gutes freiwillig ein Äquivalent zu zahlen, solange dieses Gut allen Bürgern kostenlos zur Verfügung steht. Darüber hinaus existiert (unter systemnotwendigen Annahmen) keine kollektive Auswahlregel zur Bestimmung von individuellen Steuerleistungen. Die Steuertarife müssen per Mehrheitsbeschluß gesetzlich festgelegt werden. Aus der spezifischen Form der Steuer resultiert Steuerwiderstand (Steuervermeidung, Steuerüberwälzung, Steuerhinterziehung) bzw. die Freiheit von Fiskalillusion. Der Steuerstaat kann somit nur als „finanzieller Parasit" des privaten Sektors existieren. Da sich die Privatakteure in der Regel am Nettoeinkommen orientieren, verändern Steuersatzvariationen ihre Mengenplanung und/oder Preis- bzw. Lohnkalkulation. Im folgenden Abschnitt des zweiten Teils kann aufgrund der systemimmanenten Reaktionsmuster der Privatakteure systematisch nachgewiesen werden, daß dem Staat aus seinen Allokations- und Distributionsfunktionen eine Stabilisierungsfunktion erwächst, und daß sich die Allokations- bzw. Distributionspolitik und die Stabilisierungspolitik des Staates wechselseitig blockieren. Insoweit dem Staat die Funktion obliegt, den systemgefährdenden Auswirkungen inflationärer Tendenzen entgegenzuwirken, ist die Steuerquote endogen beschränkt, und sie kann nur im politisch induzierten Wechsel von wirtschaftlicher Prosperität und Rezession heraufgesetzt werden. Durch die Verknüpfung von Formanalyse und Inhaltsanalyse (Steuerwirkungslehre im Preis-Mengen System) gelingt es, über schlichte „wenn-dann Aussagen" hinaus den sozio-ökonomischen Erklärungsgehalt, d.h. die Relevanz der „reinen Theorie" aufzudecken.

Im dritten Teil wird begründet, daß bei Freiheit von Fiskalillusion steuerpolitisch nicht zugleich Vollbeschäftigung und relative Preisstabilität erzielt werden können, vielmehr müssen zur simultanen Erreichung dieser Ziele Steuerpolitik und Geldmengenpolitik komplementär eingesetzt werden. Im Falle oligopolistischer Konkurrenz kann die Steuerpolitik zwar den inflationstreibenden Verteilungskonflikt entschärfen, aber sie wird den Rückgang der Preissteigerungsrate nur durch Schaffung von Arbeitslosigkeit und der damit einhergehenden Disziplinierung gewerkschaftlicher Lohnpolitik durchsetzen können.

Da schließlich steuerpolitische Maßnahmen des Staates Bedingung wie Konsequenz von Verteilungsauseinandersetzungen im privaten Sektor sind, kann die Veränderung der Steuerstruktur aus der Dynamik der Lohn-Preis-Steuer Spirale erklärt werden. Bei oligopolistischer Konkurrenz müssen die Profite steuerlich relativ entlastet werden, um die private Kapitalakkumulation abstützen und infolgedessen Vollbeschäftigung gewährleisten zu können. Steigt die staatliche Abgabenquote trendmäßig endogen an, so resultiert aus dieser relativen Entlastung der Gewinne eine trendmäßige relative Mehrbelastung der Einkommen aus unselbständiger Arbeit. Unabhängig vom Mehrheitswillen der Bevölkerung wird somit die *Steuerstruktur* grundlegend durch die scheinbar naturhafte Gesetzmäßigkeit des kapitalistischen Konkurrenzpreissystems bestimmt. Diese Gesetzmäßigkeiten sind aber verankert in den Institutionen des Privateigentums an Produktionsmitteln und der privat-dezentralisierten Entscheidungskompetenz über Preise und Mengen. Es läßt sich deshalb die Behauptung vertreten, daß sich in der Fiskalpolitik die Mehrheitsregel im politischen System nicht gegen die Pareto-Regel des Konkurrenzpreissystems durchsetzen kann. Ein Radikaldemokrat kann dieses offensichtliche Defizit der Demokratie gegenüber dem kapitalistischen Konkurrenzpreissystem nicht akzeptieren. Für ihn stellt sich die Frage, unter welchen Bedingungen eine *bewußte* gesellschaftliche Planung von Allokation und Distribution denkbar und praktikabel ist.

Dieses Buch enthält einige durchaus provozierende (steuertheoretische) „Grundsätze". Aber es wird weder der Anspruch auf umfassende Darstellung und Behandlung der angeschnittenen Fragen erhoben noch davon ausgegangen, daß diese Grundsätze in jedem Fall empirisch-theoretisch eindeutig begründet sind. Vielmehr sollte zur Kritik der herrschenden Lehrmeinungen herausgefordert und herausgestellt werden, daß

- die Analyse der Wirtschaftsgeschichte und die Beschäftigung mit den „Klassikern" unser Problembewußtsein zur Verarbeitung aktueller wirtschaftspolitischer Fragen schärfen kann,
- die Preistheorie gerade auch in ihrer hochformalisierten Darstellung nicht nur zur Beschreibung, sondern auch zur Erklärung von Realität ihren Beitrag leisten kann, wenn nur die Einbettung der theoretischen Axiomatik in die gesellschaftlichen Verhältnisse beachtet wird,
- der Begriff Praxis zweidimensional ist in dem Sinne, daß instrumentelles Wissen und Einsicht in gesellschaftliche Beziehungen eine Einheit bilden müssen bei der theoretischen Verarbeitung von

Realität (weil anderenfalls instrumentelles Wissen „taub" wird gegenüber der Realität),
– der allgemeinen Theorie gesamtwirtschaftlicher Preis- und Mengenplanung große Bedeutung bei der Klärung der Frage zukommt, unter welchen Bedingungen über Produktion und Verteilung nach den Bedürfnissen der Mehrheit der Bevölkerung bewußt entschieden werden kann.

Der Plan zu diesem Arbeitsbuch enstand nach Abschluß eines Studienprojektes zur „Steuerpolitik in der Bundesrepublik Deutschland unter besonderer Berücksichtigung der Steuerreform" im Studiengang Ökonomie an der Universität Bremen. Im Verlaufe diese Projektes staute sich ein erhebliches Maß an persönlichem Mißmut auf über Erklärungsdefizite der traditionellen Steuertheorie wie auch über die Ungeduld der Studierenden in der inhaltlich kompetenten Auseinandersetzung mit diesen Theorien. Dem Land Bremen danke ich für die Gewährung eines Forschungssemesters im Sommersemester 1977, in dem dieser Mißmut (produktiv?) verarbeitet werden konnte. Nicht zuletzt danke ich für vielfältige Anregungen und Argumentationsbeiträge Heide Gerstenberger, Jürgen Frank, Heinz Holländer, Ute Geipel, Ekkehart Schlicht und Winfried Vogt. Da das Büchlein ansonsten „im stillen Kämmerlein" entstand, bin ich selbstverständlich für alle Fehler allein verantwortlich. Mein Dank gilt schließlich Margit Jeske, die trotz hoher Arbeitsbelastung die Schreibarbeiten mit großer Sorgfalt durchführte.

1. Teil: Zum Verhältnis von Steuerstaat und Privatökonomie

Angesichts der aktuellen finanziellen Schwierigkeiten der Regierungen in entwickelten kapitalistischen Industriestaaten wurde die bereits während und nach dem 1. Weltkrieg geführte Diskussion über die „Finanzkrise" des Steuerstaates (1) erneut aufgegriffen (2). Damals wie heute lautet die umstrittene These: Der Steuerstaat muß zusammenbrechen; er steckt in einer unheilbaren Krise. Definiert ist diese Krise dadurch, daß die Staatsausgaben systembedingt, d.h. endogen trendmäßig schneller zunehmen als die Einnahmen, und daß die Ausgaben-Einnahmen Schere nicht durch systemkonforme, sondern nur durch systemfremde und insoweit systemtransformierende fiskalpolitische Maßnahmen zu schließen ist. Es besteht also eine systemimmanente bzw. innere Notwendigkeit für den Zusammenruch des Steuerstaates und es gibt keine systemkonformen Heilmittel, um den Steuerstaat vor dem Zusammenbruch zu bewahren, oder ihn nach einem auf äußere Einflüsse zurückzuführenden Kollaps wieder funktionstüchtig zu machen. Gerade weil der Steuerstaat, so wird argumentiert, finanzieller „Parasit" des privaten Sektors sei, müsse er untergehen; aus der Form der Steuer als staatliche Zwangsabgabe ohne spezifische Gegenleistungen resultierten die existenziellen Probleme des Steuerstaates. Will man das Verhältnis von Steuerstaat und Privatökonomie grundlegend analysieren, dann ist es durchaus fruchtbar, an der Frage anzuknüpfen, unter welchen Bedingungen der Steuerstaat zusammenbrechen kann. Allerdings wird sich zeigen, daß der Begriff Steuerstaat zu abstrakt ist, um konkrete Entwicklungs*prozesse* hinsichtlich einer Finanzkrise des Steuerstaates analysieren zu können.

Die traditionelle Steuertheorie hat als Steuerwirkungslehre vornehmlich die Auswirkungen der Besteuerung auf Distribution und Allokation untersucht und in Umkehrung der Betrachtungsweise „rationale" Steuerpolitiken beschrieben. Die finanzielle Leistungsfähigkeit des Steuerstaates läßt sich jedoch nur hypothetisch mit Hilfe der Steuerwirkungslehre bestimmen. Indem D. Ricardo die Auswirkungen der Besteuerung auf Verteilung und Akkumulation ausführlich analysierte, erkannte er bereits zu Beginn des 19. Jahrhunderts in aller Deutlichkeit das widersprüchliche Verhältnis von öffentlichem und privatem Sektor (3). Der Steuerstaat beeinträchtigt die Bildung und Vermehrung von privatem Reichtum, die Reproduktion der Arbeitskräfte, und insoweit gefährdet er den gesellschaftlich-ökonomischen Fortschritt, den die aus dem Feudalismus herausgewachsene und herauswachsende kapitalistische Produktionsweise zeitigte. Wenn er die finanzielle Leistungsfähigkeit der privaten Investoren überfordert, kann die kapitalistische Wirtschafts- und Gesellschaftsordnung zusammenbrechen.

Existenz und Form des Steuerstaates und damit die Existenz des tatsächlichen oder vermeindlichen systemgefährdenden Widerspruchs zwischen Steuerstaat und Privatökonomie konnte aber D. Ricardo anhand der Steuerwirkungsanalyse nicht erklären. Die systemimmanente Herausbildung des Steuerstaates hat vielmehr J. Schumpeter etwa 100 Jahre nach D. Ricardo beschrieben: Der Steuerstaat und die Steuer sind Produkt und zugleich Bedingung der Privatökonomie (4). Der Untergang des Steuerstaates bedeutete somit auch den Untergang der kapitalistischen Wirtschaftsordnung. Umgekehrt kennzeichnete der Zusammenbruch dieser Ordnung die Grenzen des Steuerstaates. Das Problemverständnis von D. Ricardo und J. Schumpeter sowie ihre jeweiligen Methoden, Realität zu erfassen, können uns heute helfen, die sozio-ökonomische Struktur des Verhältnisses von Steuerstaat und Privatökonomie vollständiger zu begreifen und eher als es Tendenzaussagen über eine Finanzkrise vermögen, den theoretischen Ausgangspunkt für adäquate Problemverarbeitungen zu finden.

I. Der Steuerstaat: Begriffsanalyse und Entwicklungslogik

1. Vergesellschaftungsformen und Begriffsstrukturen

Der Steuerstaat ist Resultat einer verdoppelten Vergesellschaftungsform. Diese These und ihre Implikationen für die Existenz und Form der Steuer soll im folgenden begründet werden.

In einem kapitalistischen Wirtschaftssystem werden Waren für den Austausch und nicht für den Eigenverbrauch produziert. Deshalb interessiert die Warenbesitzer bzw. Warenproduzenten der Gebrauchswert der von ihnen angebotenen und hergestellten Waren auch nur

insoweit, wie sie ein „gesellschaftliches Bedürfnis“ befriedigen müssen, damit sich ihr Tauschwert realisieren läßt. Ihr Interesse ist somit nicht auf den Gebrauchswert an sich sondern auf den Tauschwert gerichtet. Die Information, ob ein „gesellschaftliches Bedürfnis“ besteht, erhalten sie über das Preissystem: Bei ausreichender Nachfrage können sie einen Preis erzielen, bei dem die Produktion der Waren profitabel ist.
Die individuellen Produktions- und Konsumtionsaktivitäten werden im Konkurrenzpreissystem unabhängig voneinader und den individuellen Eigeninteressen entsprechend geplant und durchgeführt, und im Gleichgewicht werden von den einzelnen Akteuren bei gleichen Preisen unterschiedliche Mengen eines Gutes im Konsumtions- oder Produktionsprozeß verbraucht. Der resultierende Nutzen bzw. Ertrag fällt allein dem jeweiligen Verbraucher dieses Gutes zu. Wenn dagegen der input oder output eines Konsumenten oder Produzenten den input oder output eines anderen beeinflußt, wobei sich ohne Gegenleistungen oder Kompensationszahlungen aus den Konsumtions- oder Produktionsaktivitäten eines Akteurs Vor- oder Nachteile für einen anderen ergeben, spricht man von externen Effekten. In diesem Fall versagt der Marktmechanismus, denn die Tauschwerte sind nicht mehr Ausdruck der gesellschaftlichen Grenzkosten bzw. Grenzerträge. Die Koordination der privaten Konsumtions- und Produktionspläne durch den Preismechanismus gewährleistet keine Pareto-optimale Allokation und Distribution (5); wobei jede Allokation und Distribution Pareto-optimal heißt, wenn keine andere Allokation und Distribution existiert, durch den mindestens ein Akteur besser und kein anderer schlechter gestellt wird. Jeder Akteur kann definitionsgemäß ein Veto gegen die Veränderung eines Pareto-optimalen Zustandes einlegen, d.h. das Tauschsystem impliziert Einstimmigkeit als Auswahlregel der Gesellschaft zwischen zwei ökonomischen Alternativen.
Externe Effekte können sich auf die Quantität oder die Qualität der betreffenden inputs bzw. outputs beziehen und in verschiedenen Formen auftreten: Z.B. beeinträchtigt Individualverkehr durch Luftverschmutzung und Lärm das Wohlbefinden der Stadtbewohner, je stärker das Verkehrsaufkommen, um so unerfreulicher wird das Fahren für jeden Verkehrsteilnehmer; Kleinwagenbesitzer können neidisch auf die Besitzer von Luxusautos sein; ein Altruist könnte der Ansicht sein, es wäre besser, wenn es gar keine Privatautos gäbe. Das Versagen des „Marktmechanismus“ bei Existenz von externen Effekten allokative Effizienz herbeizuführen, läßt sich an folgender Grafik veranschaulichen (6).

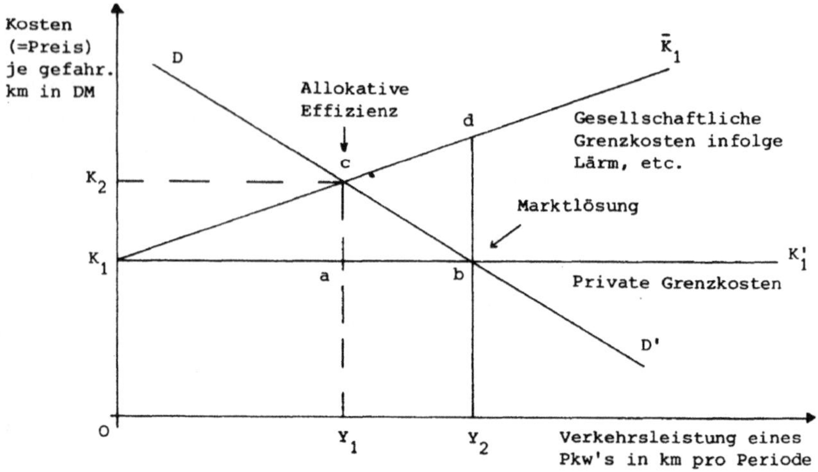

Abb. 1-1: Marktversagen bei externen Effekten des Pkw-Verkehrs

Die privaten Kosten bzw. der Preis für die Fahrt eines Individuums mit einem gepachteten Kfz betragen bzw. beträgt je gefahrener km OK_1 (in DM). Bei gegebener Nachfrage nach Verkehrsleistungen mit Pkw's werden die Autofahrer entsprechend der preisabhängigen Nachfrage (– Kurve) DD' pro Periode OY_2 km zurücklegen. Jede zusätzliche oder unterlassene Fahrt ist unwirtschaftlich, da die zusätzlichen privaten Kosten größer sind als die zusätzlichen Erträge bzw. die entgangenen Erträge größer als die gesparten Kosten sind. Diese für den einzelnen Akteur optimale Marktlösung (Punkt b) ist aber bei gegebenem Pkw-Bestand für die Gesellschaft insgesamt suboptimal. Denn in den privaten Ertrags-Kosten Kalkülen bleiben die negativen externen Effekte unberücksichtigt, die durch Lärm, Abgase und Verkehrsbeeinträchtigung anderer Verkehrsteilnehmer bei zunehmender Verkehrsdichte verursacht werden. Die gesellschaftlichen Grenzkosten entsprechen nicht den gesellschaftlichen Grenzerträgen.

Die individuellen Verbrauchs- und Angebotspläne werden entsprechend der Individualinteressen unabhängig voneinander erstellt. Die von Lärm usw. betroffenen Anwohner und anderen Verkehrsteilnehmer können die erlittene Nutzen- und Ertragsminderung nicht in Rechnung stellen, da ihre „Eigentumsrechte“ an „sauberer“ Luft nicht eindeutig definiert sind. Sie haben weder das individuelle Recht noch die Möglichkeit (Zurechnungsprobleme, Meßprobleme usw.), die Pkw-Benutzer zur Zahlung einer der Ertragsminderung äquivalenten Gegenleistung entsprechend der Differenz der gesellschaftlichen Grenzkosten ($K_1\bar{K}_1$ – Linie) und der privaten Grenzkosten (K_1K_1' – Linie) zu veranlassen. Vielmehr wären sie sogar bereit, den Pkw-Benutzern eine Entschädigung – maximal in Höhe des durch die Fläche abdc beschriebenen Betrages – zu zahlen, damit diese ihre Fahrten auf OY_1 einschränkten, wobei zunächst Verteilungsfragen unberücksichtigt bleiben. Da die Kompensationszahlung größer ist als der – durch die Fläche abc wiedergegebene – Nutzenentgang durch unterlassene Pkw-Fahrten, wären die Pkw-Fahrer bereit, der Lösung OY_1 zuzustimmen. Die Reduktion der Pkw-Fahrten von OY_2 auf OY_1 km pro Periode würde einstimmig akzeptiert, da sich bei allokativer Effizienz (Punkt c) alle besser stehen. Vom Punkt c aus ist eine (weitere) Einschränkung des Pkw-Verkehrs sub-optimal, da die gesellschaftlichen Grenzerträge größer sind als die Grenzkosten. Abgesehen von Verteilungsfragen gibt es im Vergleich zur allokativen Effizienz keinen anderen „ökonomischen Zustand", durch den mindestens ein Akteur besser und kein anderer schlechter gestellt wird.

Um allokative Effizienz zu erreichen, könnte eine Steuer in Höhe von K_1K_2 (in DM) je Verkehrsleistung erhoben werden, so daß bei gestiegenen privaten Kosten (incl. Steuer) die Fahrten mit Pkw's eingeschränkt werden. Allerdings handelt es sich bei einer derartigen „Lösung" um die Optimierung des Übels, da weiterhin, wenn auch in reduziertem Ausmaß, Lärm und Luftverschmutzung usw. durch Pkw-Verkehr zu beobachten sein werden (vergl. Fläche K_1ac). Eine andere Maßnahme zur Verbesserung der allokativen Effizienz bestünde im Verbot von Pkw-Fahrten in bestimmten Gebieten (z.B. Innerstadt), wodurch vor allem den Anwohnern dieser Gebiete entsprechende „Eigentumsrechte" an „sauberer" Luft eingeräumt würden. Weiterhin könnte eine Umgehungsstraße gebaut oder die (Park-)Gebühren könnten erhöht werden, um den Pkw-Verkehr zu verteuern und zum Umsteigen auf öffentliche Verkehrsmittel anzureizen. Für die weitere Diskussion ist jedoch wichtig zu beachten, daß jede staatliche Zwangsmaßnahme unterschiedliche Auswirkungen auf die Verteilung hat, und zwar sowohl hinsichtlich der Verteilung zwischen den Privaten wie zwischen diesen und dem Staat. Gleichgültig welche Maßnahme vom Staat ergriffen wird, belastet sie die Privatökonomie mit Steuern; denn selbst bei einem simplen Fahrverbot für Pkw's müssen dem Staat vom Privatsektor Finanzierungsmittel zur verwaltungsmäßigen Durchführung dieser Maßnahme bereitgestellt werden.

Die systemimmanente Gleichgültigkeit der Warenbesitzer bzw. Produzenten gegenüber dem Gebrauchswert der von ihnen für den Austausch angebotenen bzw. produzierten Waren sowie die begrenzte Fähigkeit des Preissystems, Informationen über spezifische gesellschaftliche Bedürfnisse weiterzuleiten, bedingen die Existenz von externen Effekten in der Produktion sowie die Schwierigkeiten, die damit entstehenden Probleme (Umweltverschmutzung, Ausbeutung der Natur) zu lösen. Dazu kommt, daß in einer Tauschgesellschaft Produktion und Konsumtion privat durchgeführt werden; die Produzenten und Konsumenten verbrauchen die von ihnen erworbenen Gebrauchswerte unabhängig voneinander. Diese grundsätzlich und weitreichende Privatheit von Konsumtion und Produktion schließt die faktische Berücksichtigung von externen Effekten im individuellen Nutzen- und Gewinnmaximierungskalkül aus. Gleichgültigkeit gegenüber Gebrauchswerten sowie Privatheit von Konsumtion und Produktion und die daraus resultierende eingeschränkte Funktionstüchtigkeit des Preissystems schließen die gesellschaftliche Berücksichtigung der Auswirkungen externe Effekte auf die Umwelt bzw. die Mitmenschen aus. Private Tauschwertproduktion im Rahmen des Konkurrenzpreissystems bedroht somit notwendig die „Natur“, konkret Rohstoffquellen und Umwelt, die aber gerade wiederum die Grundlagen der Produktion sind. Da dem Raubbau an der „Natur“ keine endogenen Schranken gesetzt, sondern vielmehr Kapitalakkumulation und wirtschaftliches Wachstum für die gleichgewichtige Entwicklung des kapitalistischen Wirtschaftssystems notwendig sind, ist die Reproduktion des Systems *tendenziell* gefährdet, wenn nicht die Bedrohung der „Natur“ durch außerhalb des Tauschsystems liegende Institutionen in Grenzen gehalten wird.
Darüber hinaus stellen externe Effekte einen außermarktmäßigen, gewaltsamen Eingriff eines privaten Akteurs in die Interessensphäre eines anderen dar; man kann sich z.B. negativen externen Effekten nicht kostenlos entziehen, was dem Prinzip des freien Tausches widerspricht. Die Vergesellschaftungsform von Privataktivitäten erhält in dem Versuch, diese gewaltsamen Eingriffe gewaltfrei zwischen *Privat*personen zu regeln – wie noch zu zeigen sein wird –, neben der *Form des Austauschs* von Gebrauchswerten unter freien und gleichen Tauschpartnern notwendig die *Form staatlicher Zwangsmaßnahmen* aufgrund politischer (Mehrheits-)Entscheidungen. Und da in diesem Fall die Annahme voneinander unabhängiger individueller Konsumtions- und Produktionsentscheidungen bei Existenz von externen Effekten nicht weiter aufrechterhalten werden kann, verdoppelt sich

die Form der Gebrauchswerte, und zwar erhalten sie die Form von „privaten“ und „öffentlichen“ Gütern, und die Tauschwerte erhalten neben der Form des Marktpreises die Form von politischen Preisen bzw. Steuern als Zwangsabgaben ohne spezielle Gegenleistung. Die Institution und die spezifische Form des Staates als „Steuerstaat“, dessen historische Entstehung J. Schumpeter beschrieben hat, ist Konsequenz wie auch Bedingung des kapitalistischen Wirtschaftssystems. Aus den dargestellten systemimmanenten aber unvereinbaren Formen der Vergesellschaftung (die Vergesellschaftung erfolgt einerseits durch das Tauschsystem mit Einstimmigkeit als Auswahlregel und andererseits durch das politische System mit z.B. Mehrheitsentscheidungen als kollektive Auswahlregel) resultieren schließlich – wie zu zeigen bleibt – die widersprüchlichen Funktionserfordernisse des „Steuerstaates“: Indem er die stoffliche Reproduktion des kapitalistischen Wirtschaftssystems sichern will, gefährdet er dessen Stabilität und umgekehrt.
Der Verdoppelung der Vergesellschaftungsform sowie der begrifflichen Formen Gebrauchswert und Tauschwert entspricht die Verdoppelung des Individuums in den warenproduzierenden und warentauschenden Bourgeois und den steuerzahlenden Citoyen (Stimmbürger) bzw. in den „ökonomischen“ und den „politischen“ Menschen. Die Möglichkeit der Aufhebung des Widerspruchs zwischen dem realiter eigennützigen Bourgeois und dem ideell auf Gesellschaft bezogenen uneigennützigen Citoyen im je individuellen Bewußtsein und Handeln bleibt allerdings bis heute das Geheimnis der politischen Ökonomie. Daß dieser Widerspruch *bei gegebenen Institutionen* nicht gelöst werden kann und welche bedrohlichen Konsequenzen sich aus ihm für das kapitalistische Wirtschaftssystem und für den Steuerstaat ergeben, wird in den folgenden Teilen der Studie ausführlich behandelt. Die Trennung des Individuums in einen „ökonomischen“ und einen „politischen“ Menschen ist jedoch Ergebnis eines langen historischen Prozesses, dessen wesentliche Entwicklungsstufen im folgenden kurz dargestellt werden sollen, um den Zusammenhang zwischen Formenanalyse (Existenz und Form des Steuerstaates) und Inhaltsanalyse (Steuerwirkungsanalyse) zu verdeutlichen. Denn nur durch die zusammenhängende Analyse von Formen und Inhalten gelingt es, über schlichte „wenn-dann Aussagen“ hinaus die Verknüpfung der theoretischen Axiomatik mit den jeweiligen gesellschaftlichen Verhältnissen zu erkennen und den sozio-ökonomischen Erklärungsgehalt „reiner Theorien“ aufzudecken.

2. *Die Herausbildung des Steuerstaates: Existenz und allgemeine Form*

Den Steuerstaat, der von privaten Akteuren Steuern in Form von allgemeinen, gesetzlich geregelten Zwangsabgaben ohne spezifische Gegenleistung erhebt, hat es im feudalistischen Mittelalter nicht gegeben. Der einzelne war unabhängig von seiner Stellung in der sozialen Hierarchie mit all seinen ökonomischen, politischen, kulturellen und religiösen Tätigkeiten eingebunden in einen überpersönlichen Zweckverband, der darüber hinaus durch eine alle Individuen erfassende kirchliche Organisation ideologisch abgestützt wurde. Der eigennützigen Verfolgung von Privatinteressen und der egozentrischen Entfaltung der „Persönlichkeit" *außerhalb* des Lehensverbandes waren bereits von der ökonomischen Basis her Grenzen gesetzt (7). Die ökonomischen (Produktions-)Einheiten bestanden aus Gemeinwesen, deren Aktivitäten gar nicht oder nur in sehr geringem Maße integriert waren. Es dominierte die landwirtschaftliche Produktion in Dörfern (Gewanndörfer) mit freien Bauern oder in Fronhöfen bzw. Fronhofverbänden mit dem Vasall des Königs bzw. dem Lehnsherrn und dessen Hörige und Leibeigene. Daneben existierten Städte mit Kaufleuten und Handwerkern, die in Zünften organisiert waren.

Die freien Bauern besaßen ihr Land als Privateigentum, das aber nur im Laufe der Zeit frei veräußerbar wurde. Denn gegen den Einzug eines neuen Besitzers auf einem Hof konnte jeder Bauer des Dorfes Einspruch erheben (8). Außerdem konnte das Land infolge der Produktionstechnik der Dreifelderwirtschaft nicht privat, sondern weitgehend nur gemeinschaftlich im Rahmen der Dorfgenossenschaften bewirtschaftet werden. Die Produktion erfolgte für den eigenen Gebrauch des Produzenten bzw. zur Erfüllung der für die Gemeinschaft zu erbringenden Pflichten, insbesondere der Heeresfolge. Insoweit waren alle ökonomischen Tätigkeiten der freien Bauern sozialisiert, zumal ihre Bedürfnisse uralten Bräuchen folgten und soziale Mobilität bzw. soziale Aufstiegsmöglichkeiten in den Adelsstand nur als Ausnahme zu beobachten waren. Im Sinne der modernen Gleichgewichtstheorie würde man sagen, die individuellen Präferenzen waren durch Tradition und Sitte auferlegt, d.h. nicht autonom und unabhängig voneinander, also nicht „privat", und die Produktionspläne wurden nicht unabhängig voneinander erstellt und durchgeführt. Die Leistungen der freien Bauern für den Lehensverband wurden zunächst in Naturalien und persönlichen (Kriegs-)Diensten erbracht. Im Laufe der Zeit wurden die Naturalleistungen und persönlichen Dienste der Gemein-

freien durch Geldbeiträge (z.B. Heeressteuer) abgelöst. Der Begriff der Steuer existierte also bereits im Mittelalter; aber er hatte eine ganz andere inhaltliche Bedeutung als in der Neuzeit.
Zunächst ließen auferlegte Präferenzen, eingeschränkte Verfügungsrechte über das Privateigentum und gemeinschaftliche Produktionsplanung und -durchführung keinen Raum für die Entstehung und Entfaltung einer „Privatsphäre". Deshalb ist es kaum vorstellbar, daß der freie Bauer die Heeressteuer als Eingriff in seine *besondere Privatsphäre* betrachtete, auch wenn er sie als Belastung empfunden haben mag. Sodann bestand keine allgemeine Steuerpflicht aufgrund der Steuerhoheit des „Staates" (9), sondern wechselseitige durch Sitte und Tradition bestimmte Rechte und Pflichten der einzelnen Glieder des Lehensverbandes regelten die Verteilung der Abgaben. – Indem sich der König als Repräsentant des Lehensverbandes für das Wohlergehen der Gefolgsleute oder Dienstmänner verbürgte, hatte er das Recht, die Heeressteuer und sonstigen Abgaben zu erbitten; und indem die freien Bauern als Gefolgsleute des Königs ihren Abgabepflichten nachkamen, hatten sie das Recht auf Schutz durch die Gemeinschaft. Bei dieser Betrachtungsweise ist es unerheblich, daß der König z.B. hinsichtlich der Außenbeziehungen und der Verteidigung des Landes die gleichen Funktionen wahrgenommen hat wie der moderne Staat. Die spezifischen sozialen Beziehungen innerhalb des Lehensverbandes schlossen, auch wenn sie sich als Herrschaftsbeziehungen darstellten und in späterer Zeit auch sicherlich Machtverhältnisse beinhalteten, prinzipiell die Existenz eines *gesonderten* Staatswesens aus.
Nun führten gerade die Kriegslasten und ihre relative Wehrlosigkeit die freien Bauern in die ökonomische Abhängigkeit der mächtigeren adligen Lehnsherren und in deren Hörigkeit (10), so daß der freie Bauernstand ökonomisch und sozial an Bedeutung einbüßte. Die Gemeinfreien übereigneten ihr Land dem Lehnsherren ganz oder teilweise und verpflichteten sich zu Frondiensten und (Natural-)Abgaben, um in Notzeiten Schutz und Hilfe zu erhalten. Außerdem befestigte sich die Unabhängigkeit der Lehnsherren gegenüber dem König durch die Erblichkeit des Lehnslandes und Lehnsamtes gegenüber den Bauern, Hörigen und Leibeigenen durch ihre Immunität, die es den königlichen Amtsträgern verbot, sich in die inneren Angelegenheiten eines Fronhofes bzw. Fronhofverbandes einzumischen. Der Lehnsherr verwaltete somit diese Gemeinwesen in eigener Machtvollkommenheit, übte die Gerichtsbarkeit aus und bestimmte weitgehend die ökonomischen Aktivitäten der Mitglieder eines Fronhofes, die also ebenfalls keine Privatsphäre besaßen. Und genau wie die freien Bauern war der Lehns-

herr letztlich immer eingebunden in das soziale Netzwerk von traditionellen Rechten und Pflichten des Lehensverbandes, obwohl sich infolge der Immunität als Anzeichen einer sich entfaltenden Privatsphäre diese Bindungen zu lockern begannen. In ihm konnte somit das allein auf den persönlichen Vorteil bezogene Eigennutzstreben als *dominierendes* Handlungsprinzip wie in einer Tauschgesellschaft keinen Platz haben. Solange die Pflichten gegenüber hierarchisch höher oder niedriger gestellten Feudalherren als einer „natürlichen" oder „göttlichen" Ordnung zugehörig angesehen wurden, der sich alle Gesellschaftsmitglieder unabhängig von ihrer gesellschaftlichen Stellung prinzipiell unterwarfen, konnte es in ihrem Bewußtsein auch keine gesonderte private und staatliche Sphäre geben. Sicherlich hat es im Lehensverband Herrschaftsbeziehungen gegeben: Herrschende und Beherrschte. Aber diese Herrschaftsbeziehungen, die an den Besitz von Boden gekoppelt waren, existierten innerhalb einer einheitlichen Vergesellschaftungsform. Und sicher haben die Fürsten auch in Verfolgung ihrer Machtansprüche Herrschaft ausgeübt, die uns heute als staatliche Gewalt erscheint; aber faktisch konnten die Fürsten noch nicht im Besitz der Staatsgewalt sein (11). Gleichwohl deutete das auf den eigenen Vorteil bedachte Machtstreben der Fürsten, Herzöge usw. auf eine immanente Instabilität des Lehenssystems hin. Dieser Gedanke wäre in einer dynamischen Theorie sozialer Entscheidungen auszuführen, d.h. in einer Theorie der Transformation von Vergesellschaftungsformen (12). „Nur dort", schreibt J. Schumpeter, „wo das individuelle Leben seinen Schwerpunkt in sich selbst trägt, wo sein Sinn im Individuum und seinem persönlichen Kreise liegt, wo die Erfüllung der Persönlichkeit Selbstzweck ist, – kann es den Staat als reales Phänomen geben. Dort erst wird er nötig und dort entsteht er entweder aus „gemeiner Not", die im künftigen Herrn des Staates ihren Advokaten findet, oder so, daß der umfassenden Gemeinschaft, die auseinanderbricht, gewisse Zwecke – gleichgültig welche – erhalten bleiben (oder aufgrund der veränderten Wirtschaftsorganisation, wie oben beschrieben, aufgrund externer Effekte generiert werden, O.R.), weil die neugeschaffenen individuellen Autonomien sie nicht übernehmen wollen oder können. Deshalb kann der Staat nie Selbstzweck sein, sondern stets nur Maschine für jene Gemeinschaftszwecke. Zu seinem Wesen gehört es, daß er als Vertreter der letzteren den individuellen Personifikationen von Selbstzwecken gegenüberstehe. Nur dann ist er ein besonderes, ein unterscheidbares soziales Ding" (13).

Die Entstehung des Staates und die Herausbildung des grundsätzlich eigennützig handelnden, seine Privatinteressen verfolgenden Privatakteurs sind somit die beiden Seiten ein und derselben Medaille: Genau dann, wenn sich eine Gemeinschaft aus voneinander unabhängigen und autonomen Individuen zusammensetzt, die ihre Produkte allein ihrem Individualinteresse folgend untereinander austauschen, existiert ein Staatswesen. Bei Existenz von externen Effekten, die – wie oben gezeigt – systemimmanent generiert werden, ist die Gültigkeit dieses Satzes leicht einzusehen. Denn externe Effekte stellen gewaltsame, mit positiven oder negativen Folgen verbundene Eingriffe eines Privatakteurs in die Interessenssphäre eines anderen dar. Derartige Eingriffe führen zwischen den Privaten früher oder später zu Konflikten, die nicht durch Austauschbeziehungen gelösten werden können, sondern letztlich nur durch gewaltsame Auseinandersetzungen; Verhandlungslösungen – Internalisierung von externen Effekten – durch direkte Verhandlungen der Betroffenen über Kompensationsleistungen sind nur in begrenztem Maße möglich. Die Konflikte können außerdem dadurch verstärkt werden, daß bei Existenz von exterenen Effekten Pareto-suboptimal produziert wird, d.h. die faktische Produktion entspricht nicht den Produktionsmöglichkeiten. Da nun das „Faustrecht" mit dem Tauschsystem nicht vereinbar ist – zwischen zwei Individuen können nicht gleichzeitig Austauschbeziehungen bestehen und gewaltsame Auseinandersetzungen geführt werden, weil sich der Stärkere aufgrund seines Eigennutzdenkens nicht auf Tauschbeziehungen einlassen würde, wenn er aufgrund seiner Übermacht mehr gewinnen könnte –, kann die (relative) Unabhängigkeit und Autonomie *aller* Privaten (also auch der freien Arbeitskräfte) nur dann erhalten bleiben, wenn einer Institution außerhalb des Tauschsystems mit dem Gewaltmonopol die Funktion übertragen wird, für die Vergesellschaftung von Aktivitäten mit externen Effekten zu sorgen. Da die Begründung zur Existenz des Staates die Möglichkeit (systemzerstörender) gewaltsamer Auseinandersetzungen zwischen *Privat*akteuren infolge divergierender individueller Interessen voraussetzt, beinhaltet die Theorie des Staates notwendig Aussagen über Interessenartikulierbarkeit, Interessenmobilisierbarkeit und –organisierbarkeit sowie androhbare Sanktionspotentiale seitens der betroffenen Interessen. Die konkreten staatlichen Maßnahmen hängen somit ganz allgemein davon ab, inwieweit ökonomische Interessengegensätze artikuliert, mobilisiert und organisiert werden sowie zu ernsthaften Funktionsstörungen des Tauschsystem führen können (14), wobei zu beachten ist, daß die grundlegenden Interessen derjenigen, die die konkreten staatlichen Institutionen besetzen, d.h. der Staatselite mit dem Interesse bestimmter sozialer Gruppen systematisch übereinstimmen (15).

Es existiere andererseits ein Staat, aber keine Privatsphäre. Dann wären aber alle individuellen Aktivitäten sozialisiert und es bedürfte keiner besonderen Vergesellschaftungsform und deshalb auch keiner besonderen staatlichen Institution. Also muß eine Privatsphäre existieren, wenn es eine Institution Staat gibt. Der Staat ist somit Konsequenz wie Bedingung des auf unabhängigen und autonomen Individuen beruhenden Markt- bzw. Tauschsystems, d.h. zugleich, daß Existenz und Funktionen des Staates systemimmanent verschränkt sind. Staat und Markt sind die *abstrakten* Institutionen zweier unterschiedlicher und voneinander getrennter, wenn auch wie die Analyse der Steuerpolitik zeigen wird, aufeinander bezogener Vergesellschaftungsformen (16). Diese Aussage bezieht sich zunächst allein auf die innere *Logik* des Verhältnisses zwischen Staat und Privatakteuren. – Aus ihr kann keinesfalls eine Vertragstheorie des Staates abgeleitet werden in dem Sinne, daß der reale Staat als Aggregat konkreter Institutionen Ergebnis einer bewußten, Vor- und Nachteile kalkulierenden „Vereinbarung" zwischen beliebig vielen Bürgern ist. Denn es wird im zweiten Teil gezeigt, daß die Individuen gegen jede steuerpolitische Aktivität des Staates systematisch Steuerwiderstand leisten, d.h. jeder Staatsbürger unternimmt zumindest den Versuch, die „Vereinbarung" im nachhinein zu umgehen. Der Staat verdankte somit seine reale Existenz nicht nur betrügerischen Absichten, sondern darüber hinaus wäre die Vertragslösung nach den Prämissen der Tauschgesellschaft logisch nicht möglich. Aus diesem Grunde muß die Gültigkeit der Vertragstheorie des Staates bezweifelt werden.
Sei also die einheitliche Vergesellschaftungsform (historisch) dargestellt durch den Lebensverband, der sich aufgrund der ökonomischen Entwicklung durch viele Zwischenstadien hindurch in zwei unterschiedliche nebeneinander existierende Vergesellschaftungsformen aufspaltete, so lassen sich diesen beiden Formen folgende Begriffe zuordnen.

Vergesellschaftungsformen und Begriffsstruktur

Vergesellschaftungsform Entscheidungsregel	Tauschsystem Einstimmigkeit	kollektive Planung jede mögliche soziale Auswahlregel
Institution	Markt	(Steuer-)Staat
Individuum als Kalkulationseinheit	Bourgeois (Warenbesitzer)	Citoyen (Stimmbürger)
Gebrauchswertkategorie	privates Gut	öffentliches Gut
Tauschwertkategorie	Marktpreis	Steuer (politischer Preis)

Theoretisch muß ausgearbeitet werden, wie die beiden Vergesellschaftungsformen mit den zugehörigen Institutionen Markt und Steuerstaat immanent logisch *und* historisch aus dem Lehensverband entstanden sind und welche Auswirkungen sich aus dem Nebeneinander zweier unterschiedlicher Vergesellschaftungsformen für die sozio-ökonomische Entwicklung ergeben. Hinsichtlich der Konsequenzen der verdoppelten Vergesellschaftungsform für die sozio-ökonomische Entwicklung lautet die zentrale These, daß die Widersprüche der Steuer- und Fiskalpolitik aus der Einbindung der Entscheidungs- bzw. Kalkulationseinheiten in ein *scheinbar* zweigeteiltes Individuum, den eigennützigen Bourgeois und den uneigennützigen Citoyen, resultieren.
J. Schumpeters Hauptthese zur Existenz und Herausbildung des Steuerstaates lautet, daß durch die wirtschaftliche Entwicklung bedingt und mit dem Auftreten von Individualwirtschaften die Einheit der Vergesellschaftungsform im Lehensverband zerrissen wurde, und sich deshalb der Landesherr bzw. der König einerseits bereits als „Advokat" des mittellosen Staates andererseits durchaus noch in der Tradition des Lehenssystems als Lehnsherr mit Finanzforderungen an die Privatökonomien wenden mußte, um einer die Gemeinschaft und seine eigene Herrschaft bedrohenden Gefahr, und zwar der „gemeinen Not" der Türkenkriege begegnen zu können. So heißt es bei J. Schumpeter: „Natürlich liegt der Kern der Sache in der Wirtschaft. Die Wirtschaft als Angelegenheit der Gesamtheit oder doch die Gebundenheit der Wirtschaft in ein überindividuelles System (das Lehenssystem, O.R.) – ein bewußt geregeltes, nicht bloß, wie das bei jeder Wirtschaft zutrifft, in ein System automatischen Zusammenwirkens von Individual- oder Familienegoismen – trägt jene durchgreifende Einheit allen Kulturlebens, die für den Staat schlechterdings keinen Raum läßt. Und die Individualwirtschaft, deren Entstehen aus jenen Formen sich, wenn auch durch zahllose Zwischenglieder und ideologische Feuerzauber hindurch, ebenso wesentlich wirtschaftlich verstehen läßt, wie der umgekehrte Prozeß, wenn sich ein solcher in Zukunft vollzöge – zerreißt diese Einheit. Sie stellt den einzelnen – oder die Familie – auf sich selbst und zwingt ihn, wie der Apfel im Paradies, die Augen zu öffnen für die wirtschaftlichen Realitäten der Welt und seine Zwecke aus seinen Interessen abzulesen. Sein Gesichtskreis verengt sich, sein Leben richtet sich im eigenen Haus ein, durch dessen Fenster nur er in die Welt blickt – und zwar nicht weit, denn bald stößt der Blick auf die Mauern anderer solcher psychischer Individualhäuser. Für sich wirtschaftet der einzelne nun, und was nicht jemandes Individualzweck ist, bleibt in der Regel – prinzipiell sowohl wie tat-

sächlich – aller wirtschaftlicher Mittel entblößt, wenn es nicht, wie es z.B. die Kirche tut, sich auf eine besondere wirtschaftliche Grundlage stellen kann. Deshalb ist die finanzielle Forderung die erste Lebensregung des modernen Staates. Deshalb hat ‚Steuer' soviel mit ‚Staat' zu tun, daß der Ausdruck ‚Steuerstaat' beinahe als Pleonasmus erscheinen könnte" (17). J. Schumpeter hebt hier schon die vollständige finanzielle Abhängigkeit des Staates von der Privatökonomie hervor. Interessant ist, daß diese These, die erst im zweiten Teil begründet werden kann, den Zwangscharakter der Steuer und damit den Steuerwiderstand der Steuersubjekte impliziert.
Die Machtkämpfe unter den Feudalherren und die zunehmende Umwandlung von persönlichen Dienstleistungen und Naturalleistungen in Geldabgaben beschleunigten die Auflösung und schließlich den Zusammenbruch des feudalistischen Lehensverbandes und damit die Entstehung des Steuerstaates (18). Mit dem Auftauchen neuer Produkte durch die städtische handwerkliche Produktion und des (Mittelmeer-) Handels, benötigten die Feudalherren zunehmend bares Geld. Sie waren deshalb bereit, Frondienste und Naturalabgaben in Geldabgaben umzuwandeln. Bei konstanten Nominaleinnahmen und steigenden Preisen gerieten sie früher oder später in Liquiditätsschwierigkeiten und akzeptierten zur Auffüllung ihrer leeren Kassen die weitere Ablösung von Naturalleistungen in Geldrenten. Darüber hinaus mag ein Großteil der Feudalherren am Verhaltenskodex des feudalistischen Lehensverbandes grundsätzlich festgehalten haben, statt sich den Erfordernissen des Tauschsystems anzupassen und die agrarische Produktion nach dem – der Ethik des Mittelalters widersprechenden – Profitmotiv auszurichten. Als Ergebnis dieser Unfähigkeit, sich auf die gewandelten Verhältnisse einzustellen, sind Mißwirtschaft auf den königlichen Domänen und die Verarmung eines Großteils des Landadels festzustellen. Diese Verarmung hat die Zahlungs*fähigkeit* und die erwähnte Erblichkeit des Lehens die Zahlungs*willigkeit* des Landadels gegenüber den führenden Adelshäusern (König und Fürsten) vermindert, so daß diese einerseits ihre Hofhaltung mit Hof-, Beamten- und Militäradel ausdehen mußten, um sich weiterhin die Gefolgschaft des niederen Adelstandes zu sichern, andererseits gerieten sie selbst durch diese Politik in die erwähnte Einnahmen-Kosten Zange.
Die sozio-ökonomische Entwicklung brachte somit das Finanzsystem des mittelalterlichen Lehensverbandes ins Wanken. Darüber hinaus verweigerten die erstarkten und zunehmend unabhängigeren Landesherren dem König häufig die Heeresfolge, wobei sie den immer wieder aufbrechenden Konflikt der Könige mit den Päpsten ausnutzten, um

ihre Unabhängigkeit auszuweiten. Der König mußte unter diesen Umständen im Kriegsfall auf kostspielige Söldnerheere zurückgreifen, die er aber bei schlecht bewirtschafteten Domänen, beschnittenen Regalien, reduzierten Zolleinnahmen und zahlungsunfähigen und -unwilligen Lehnsträgern nicht aus eigenen Mitteln finanzieren konnte. Die häufig betriebene Verschuldung konnte kein Ausweg, sondern nur eine befristete Notlösung der Finanzkrise des Lehenssystems sein, die nach Schumpeters Ansicht das *unmittelbar auslösende* Moment für die Entstehung des Staates gewesen ist. Verursacht wurde die unheilbare Finanzkrise des Lehensverbandes durch die beschriebenen gesellschaftlich-ökonomischen Umwälzungsprozesse. „Ohne das finanzielle Bedürfnis", sagt J. Schumpeter, „hätte der unmittelbare Anlaß zur Schöpfung des modernen Staates gefehlt. Daß dieses Bedürfnis auftrat und daß gerade die Methode der Steuerforderung ewählt wurde, um es zu befriedigen, erklärt sich seinerseits aus dem Zersetzungsprozeß mittelalterlicher Lebensformen, der durch alle Zwischenursachen hindurch sich sehr wohl auf die Umbildung der Bedingung der Wirtschaft zurückführen läßt und in die freie Individualwirtschaft der einzelnen Familien ausmündet" (19). Und an anderer Stelle verdichtet J. Schumpeter die historischen Begebenheiten brennpunktartig zu seiner Hauptthese: „Der Landesfürst machte, was er konnte, nämlich Schulden. Als es damit nicht länger ging, wandte er sich bittend an seine Stände. Er erkannte an, daß er kein Recht habe zu fordern, erklärte, daß die Bewilligung seiner Bitten den Rechten der Stände keinen Abbruch tun solle, versprach, niemals wieder zu bitten – . . . Er wies dabei auf sein Unvermögen hin und darauf, daß Dinge, wie z.B. die Türkenkriege, doch nicht bloß seine persönliche Angelegenheit seien – auf die ‚gemeine Not'. Und die Stände ließen das gelten. In dem Augenblick, in dem sie das taten, war ein Sachverhalt anerkannt, der alle papierenen Garantien gegen Steuerforderungen zerreißen mußte: Der Sachverhalt, daß die alten die ganze Perönlichkeit in überpersönliche Zwecksysteme einspannenden Formen erstorben waren und die Individualwirtschaft jeder Familie zum Mittelpunkt ihres Daseins geworden, damit eine private Sphäre begründet war, der nun die öffentliche als ein unterscheidbares Etwas gegenübertrat: Aus der ‚gemeinen Not' wurde der Staat geboren" (20). Aber diese „Geburt" vollzog sich langsam und die verfassungsmäßige Ordnung des Steuerstaates ist, wie insbesondere die deutsche Geschichte lehrt, durchaus nicht eindeutig bestimmt. Zu Beginn der ständischen Steuerbewilligungen in der Ablösungsphase des Lehenssystems bestand beispielsweise noch keine generelle Steuerpflicht; nur diejenigen, die den königlichen Forderungen zustimmten, übernahmen eine Zahlungsverpflichtung.

Die allmähliche Herausbildung des Steuerstaates bleibt aber für die soziale und ökonomische Entwicklung nicht ohne Folgen. Es bilden sich staatliche Steuerorgane, deren Organisation und Kalküle auf die Privatwirtschaften zurückwirken, während diese wiederum bei der Festsetzung staatlicher Steuerforderungen ihre Interessen und ihren Einfluß geltend machen. „Die Steuer hat den Staat nicht nur mitgeschaffen. Sie hat ihn auch mitgeformt. Das Steuerwesen war das Organ, dessen Entwicklung die der anderen Organe mitzog. Mit der Steuerforderung in der Hand drang der Staat in die Privatwirtschaften ein, gewann er immer größere Herrschaft über sie. Und die Steuer bringt Geldwirtschaft und rechnenden Geist in Ecken, wo sie noch nicht hausen, und wirkt so formend auf den Organismus zurück, der sie entwickelt hat. Über ihre Art und Höhe entscheidet die soziale Struktur, aber sie wird, einmal da, eine Handhabe, an der soziale Mächte anfassen können, um diese Struktur zu ändern" (21).

Die Existenz der Steuer als Zwangsabgabe ohne spezielle Gegenleistung ist, das hat die bisherige Analyse vorläufig ergeben, logisches und historisches Produkt des Tauschsystems. *Die von J. Schumpeter angeschnittene Frage lautet nun, wie sich Ausmaß und Struktur der Besteuerung aus der „sozialen Struktur" eines kapitalistischen Wirtschaftssystems bestimmen lassen, und darüber hinaus, ob der Steuerstaat mit innerer Notwendigkeit in eine Finanzkrise gerät.* Schumpeter kommt zur Ansicht, daß der Steuerstaat in einer Finanzkrise zusammenbrechen *kann*: „Wenn nun der Wille des Volkes nach immer höheren gemeinwirtschaftlichen Ausgaben geht und immer größere Mittel für Zwecke verwendet werden, für die sie der Private nicht geschaffen hat, und immer größere Macht hinter jenem Willen steht und schließlich ein Umdenken über Privateigentum und Lebensformen alle Kreise des Volkes ergreift – dann ist der Steuerstaat überwunden und die Gesellschaft auf andere Triebfedern der Wirtschaft angewiesen als die der Individualegoismen. Diese Grenze – und damit die Krise, die er nicht überleben könnte – kann gewiß erreicht werden: Kein Zweifel, der Steuerstaat *kann* zusammenbrechen" (22). Denn durch übermäßige Besteuerungen müssen die Leistungsbereitschaft und der Spar- und Investitionswille erlahmen, so daß schließlich dem Steuerstaat die finanziellen Grundlagen entzogen werden (23). Insoweit kann man Schumpeters in der neoklassischen Tradition stehende Analyse als „tabularasa-Theorie" bezeichnen, aus der sich die potentielle „wenn-dann Bruchstelle", d.h. die mögliche Grenze der finan-

ziellen Leistungsfähigkeit des Steuerstaates bestimmen läßt. Aber obwohl gerade er die Fruchtbarkeit des Gesichtspunktes erkannte, die Fiskalpolitik unter den Bedingungen der jeweiligen „sozialen Struktur" zu analysieren, hat er den unmittelbaren oder mittelbaren Einfluß der verschiedenen sozialen Mächte auf die Fiskalpolitik in seiner Analyse unberücksichtigt gelassen; möglicherweise scheiterte die Ausarbeitung seiner These an der subjektivistisch-naturalistischen Begrifflichkeit der neoklassischen Theorie (24).
Aus methodologischer Sicht ist es deshalb um so erstaunlicher, daß D. Ricardo, der den aufstrebenden Kapitalismus durchaus noch klassentheoretisch begreifen konnte, in seiner Besteuerungsanalyse die Frage außer acht ließ, wie, vermittels welcher Mechanismen und in welchem Maße die verschiedenen sozialen Interessen oder Klassen in der Dynamik der sozio-ökonomischen Entwicklung auf die staatliche Fiskal- und Steuerpolitik einwirken bzw. sich in entsprechenden Maßnahmen umsetzen. Abgesehen von der marxistischen Theorie (25) ist ein derartiger Erklärungsversuch bisher auch nicht unternommen worden, sondern blieb seit den Klassikern vermutlich deshalb unversucht, weil sich die Steuertheorie im wesentlichen auf die quantitative Steuer wirkungslehre im Rahmen der Gleichgewichtstheorie beschränkte. – Wie auch immer, es wird zu zeigen sein, daß sich nur durch eine Verbindung von Formanalyse (Existenz und Form des Steuerstaates) und Inhaltsanalyse (quantitative Steuerwirkungslehre) der faktische Einfluß sozialer Kräfte auf die Entwicklung der Steuerquote und die Steuerstruktur in einem kapitalistischen Wirtschaftssystem in seinen Grundzügen erfassen läßt. – Auf jeden Fall aber hatte D. Ricardo ein ausgeprägtes Problemverständnis über das widersprüchliche Verhältnis von Steuerstaat und Privatökonomie, die klassenspezifische Interessenlage hinsichtlich fiskalpolitischer Maßnahmen sowie die Betroffenheit der verschiedenen Klassen durch die staatliche Steuerpolitik. Dieses Problemverständnis ist in der – die Besteuerung in verschiedenen Ansätzen einbeziehenden – neoklassischen Gleichgewichtstheorie weitgehend verlorengegangen und scheint auch explizit keinen Niederschlag in der Keynes'schen Theorie gefunden zu haben. Da in dieser Studie das widersprüchliche Verhältnis zwischen Steuerstaat und Privatökonomie sowie der Einfluß der „sozialen Struktur" auf die aktuelle Steuerpolitik im Rahmen der postkeynesianischen Theorie (eklektisch) analysiert und dargestellt werden soll, erscheint es notwendig, *problematisierend* D. Ricarod's Sichtweise zum Steuerstaat und die Analyse des Keynesianismus zum Verhältnis von staatlichem und privatem Sektor an den Anfang der Untersuchung zu stellen.

II. Der Steuerstaat als „finanzieller Parasit“ der Privatökonomie: „Finanzkrise“ und Einfluß der „sozialen Struktur“ auf die Steuerpolitik

1. D. Ricardo's Problemverständnis

D. Ricardo untersucht in seinem Hauptwerk „Grundsätze der politischen Ökonomie und der Besteuerung“ die Gesetze der Verteilung und der langfristigen ökonomischen Entwicklung. Hinsichtlich der Verteilung unterscheidet er drei Klassen: Die Klasse der Grundbesitzer verfügt über Grund und Boden und bezieht für die Verpachtung forst- und landwirtschaftlicher Nutzfläche sowie von Bauland eine Grundrente bzw. Bauplatzrente; die Klasse der Landwirte und Fabrikanten, kurz Kapitalisten genannt, verfügt über sachliche Produktionsmittel, für deren Einsatz sie einen Profit erzielen; und die Klasse der Arbeiter verfügt über Arbeitskraft, für deren Einsatz sie einen Lohn erhalten.
Die Besteuerung trifft letztlich den Profit und/oder die Rente, nicht aber – im Gleichgewicht – das Lohneinkommen. Der Steuerstaat befindet sich somit im Gegensatz zum Interesse der Grundbesitzer und der Kapitalisten nach möglichst hohem Profit bzw. möglichst hoher Rente, und er verschärft bei ungleichmäßiger steuerlicher Belastung den Interessengegensatz zwischen diesen beiden Klassen. Wird der Profit durch die Besteuerung vermindert, dann beschleunigt sich der (natürliche) Fall der Profitrate und im Extremfall ruft die Besteuerung „Elend“ und „Hungersnot“ hervor und gefährdet die Reproduktion von Kapital und Arbeitskraft, wenn nicht schon vorher die herrschende Gesellschaftsordnung zusammengebrochen ist. „Ein Teil der Arbeit des Landes“, bemerkt D. Ricardo in seiner nüchternen Analyse, „über den der Steuerzahler vorher verfügte, wird zur Verfügung des Staates gestellt und kann daher nicht produktiv verwendet werden. Dieser Teil kann unter Umständen so groß werden, daß kein genügender Überschuß mehr übrigbleibt, um die Anstrengungen jener anzufeuern, die gewöhnlich durch ihre Ersparnisse das Kapital des Staates vermehren. Glücklicherweise ist die Besteuerung bisher in keinem freien Land soweit getrieben worden, daß sich dessen Kapital dadurch von Jahr zu Jahr beständig verringert hätte. Ein derartiger Zustand der Besteuerung ließe sich nicht lange ertragen; oder wenn er ertragen würde, würde dadurch vom jährlichen Ertrage des Landes fortwährend soviel verschlungen werden, daß dadurch der ausgedehnteste Schauplatz von Elend, Hungersnot und Entvölkerung ent-

stände" (26). Die Frage, welche Konsequenzen sich für die *Existenz des Steuerstaates* ergeben, wenn dieser Zustand nicht ertragen würde – was D. Ricardo ja nicht ausschließt –, bleibt allerdings offen.

Für D. Ricardo resultieren aus dieser für die langfristige Entwicklung der kapitalistischen Wirtschaft bedrohlichen Auswirkungen der Besteuerung zwei politisch bedeutsame Schlußfolgerungen. Erstens sollen die Staatsausgaben, insbesondere die Sozialausgaben zur Existenzsicherung der Bevölkerung möglichst niedrig gehalten werden. „Nachdem alle Luxusgegenstände mit Steuern belegt worden sind", warnt D. Ricardo, „nachdem Pferde, Kutschen, Wein, Diener und alle übrigen Annehmlichkeiten des Reichen eine Besteuerung erfahren haben, wird schließlich ein Minister dahin geführt, zu mehr direkten Steuern, wie Einkommen- und Vermögensteuern, seine Zuflucht zu nehmen und dadurch die goldene Regel Say's außer acht zu lassen, ‚daß der allerbeste aller Finanzpläne ist, wenig auszugeben, und die beste aller Steuern diejenige ist, welche die niedrigste ist' " (27). Zweitens sollte steuerpolitisch die Kapitalakkumulation gefördert werden. „Es müßte die Politik der Regierungen sein", postuliert D. Ricardo, „,. . . niemals solche Steuern aufzuerlegen, die das Kapital unvermeidlich treffen werden, denn, wenn sie so handeln, schmälern sie die Mittel für den Unterhalt der Arbeit und verringern dadurch die künftige Produktion des Landes" (28).

Diese Ratschläge ähneln den aktuellen Empfehlungen des Sachverständigenrates, der ebenfalls anregt, den Staatshaushalt durch „systemgerechte" Beschneidung der Sozialausgaben zu sanieren sowie investitionshemmende Steuern abzubauen und investitionsstimulierende steuerliche Anreize zu geben, um die private Investitionstätigkeit zur Schaffung von Arbeitsplätzen zu beleben. Aber wesentlich bedeutsamer als diese Übereinstimmung hinsichtlich der grundlegenden fiskalpolitischen Maßnahmen zur Stabilisierung von Profitrate und Akkumulation ist D. Ricardos Erkenntnis, daß der finanziellen Leistungskraft des Steuerstaates als „finanzieller Parasit" des privaten Sektors Grenzen gesetzt sind, und sich bei ungleichmäßiger Besteuerung die Klassengegensätze und infolgedessen die gesellschaftlichen Konflikte verschärfen. Die Klasse der Kapitalisten kann deshalb nur ein zwiespältiges Verhältnis zum Steuerstaat haben. Einerseits ist der Staat institutioneller Garant der kapitalistischen Gesellschafts- und Wirtschaftsordnung, andererseits schwächt er durch seine „parasitäre" Existenz die Expansionskraft des kapitalistischen Wirtschaftssystems und unterminiert insoweit die soziale Stellung des Bürgertums. Eine etwas ausführlichere Behandlung der Ricardo'schen Besteuerungsgrundsätze wird den immanent politischen Gehalt seiner theoretischen Analyse verdeutlichen.

Der *Reallohn* bestimmt sich nach dem Gesetz von Angebot und Nachfrage auf dem Arbeitsmarkt. Die Nachfrage nach Arbeitskräften bzw. das Angebot an Arbeitsplätzen hängt ab bei gegebener Produktionstechnik von dem Bedürfnis der Kapitalisten nach vermehrter Tauschwertproduktion. Infolge der Kapitalakkumulation steigt die Nachfrage nach Arbeitskräften. Die unternehmerische Konkurrenz um die knappen Arbeitskräfte führt zur Erhöhung des Reallohns. Den Arbeitskräften, einschließlich ihrer Familien, stehen mehr Mittel für ihre physische und soziale Reproduktion zur Verfügung, so daß entsprechend des Bevölkerungsgesetzes die Geburtenrate ansteigt, mehr Nachkommen aufgezogen werden und die Arbeitsbevölkerung zunimmt. Aufgrund der Konkurrenz der Arbeitskräfte um die raltiv knappen Arbeitsplätze sinkt der Reallohn sclhließlich wieder auf sein ursprüngliches Niveau. Tendenziell entspricht der Reallohn dem Existenzminimum. Denn übersteigt das Angebot an Arbeitskräften die Nachfrage, dann sinkt der Reallohn unter das Existenzminimum, so daß die Bevölkerung durch Auswanderung, Rückgang der Geburtenrate und Erhöhung der Sterblichkeit schrumpft. Im umgekehrten Falle gilt Umgekehrtes. Mit wachsender Bevölkerung steigt die Nachfrage nach Lebensmitteln. Sowohl eine intensivere Bewirtschaftung vorhandener landwirtschaftlicher Nutzfläche wie auch die Urbarmachung neuer aber weniger ertragreicher Böden ist mit abnehmenden Ertragszuwächsen der Arbeit bzw. des Bodens verbunden. Bei gegebenem Nominallohn steigen mit abnehmendem Grenzertrag die Grenzkosten der Lebensmittelproduktion und infolgedessen die Lebensmittelpreise, da für die Landwirte andernfalls die zusätzliche Lebensmittelproduktion nicht rentabel wäre. Bei steigenden Lebensmittelpreisen und konstantem Nominallohn würde aber der Reallohn unter das Existenzminimum sinken; aufgrund des Konkurrenzmechanismus auf dem Arbeitsmarkt wird deshalb der Nominallohn im gleichen Verhältnis wie der Lebensmittelpreise ansteigen.

Der Reallohn pendelt sich somit tendenziell auf dem Existenzminimum ein, während mit wachsender Bevölkerung der Nominallohn steigen muß. Dieses Resultat wird auch als das klassische „Lohngesetz“ bezeichnet, dessen Wirken verhindert, daß die materielle Lage der Arbeiterklasse durch sozialpolitische Maßnahmen des Staates, wie der von D. Ricardo abgelehnten Armengesetze, verbessert werden kann. Die Arbeiterschaft kann ihrem Leben am Rande des Existenzmini-

mums nur mittels individuell betriebener Geburtenkontrolle, d.h. Verknappung des Arbeitskräfteangebots entfliehen.
Die von den kapitalistischen landwirtschaftlichen Pächtern an die Grundbesitzer zu zahlende *Rente* ist definiert als Differenz zwischen dem Gesamtwert der landwirtschaftlichen Produktion und der insgesamt aufgewendeten gesellschaftlichen Arbeitszeit zur Erzeugung landwirtschaftlicher Produkte. Diese Differenz kommt dadurch zustande, daß ertragreicher Boden nicht unbegrenzt zur Verfügung steht, sonden die Fruchtbarkeit neu kultivierten Bodens jeweils geringer ist als die Ertragskraft der bisher genutzten Anbauflächen. Es gilt das Gesetz der abnehmenden Grenzerträge des Bodens. Bei gegebener Nachfrage entspricht der Preis der Lebensmittel – infolge der Konkurrenz der Landwirte auf dem Absatzmarkt für Lebensmittel – gerade den Produktionskosten der auf dem zuletzt unter den Pflug genommenen Anbaufläche erzeugten Produkte. Bei Böden besserer Qualität liegt dann der Marktpreis über den Produktionskosten. Diese Differenz schöpfen die Grundbesitzer als Differentialrente ab. Würden sie eine geringere Pacht verlangen, trieben die konkurrierenden Landwirte die Pacht hoch; verlangten sie eine höhere Pacht, wäre kein Landwirt bereit, das Land zu bewirtschaften, da die Rentabilität des eingesetzten Kapitals nicht in ausreichendem Maße gesichert wäre. Die Grundbesitzer erhielten in diesem Fall gar keine Pachterträge. Die Pacht wird sich somit genau in Höhe der Differenz zwischen Preis und Produktionskosten einstellen.
Der *Profit* ist als Differenz zwischen dem Wert der Gesamtproduktion einerseits sowie der Rente und dem Arbeitslohn andererseits definiert. Da Rente und Arbeitslohn unabhängig voneinander bestimmt sind, und die Rente bei gegebenem Lebensmittelpreis allein abhängt von der jeweiligen Ertragskraft des Bodens, müssen sich Arbeiter und Kapitalisten den Teil des Gesamtproduktes teilen, der nach Abzug der Rente übrigbleibt. Zwischen der Arbeiterklasse und der Kapitalistenklasse herrscht somit ein unvermeidlicher Antagonismus: Jede Klasse kann seinen Anteil nur auf Kosten der anderen Klasse vergrößern. Dieser natürliche Klassengegensatz wird noch im Zuge der wirtschaftlichen Entwicklung bei wachsender Bevölkerung verschärft. Denn bei steigender Nachfrage nach Arbeitskräften muß der Nominallohn – wie gezeigt – erhöht werden, ohne daß die Fabrikanten diese Lohnerhöhung wiederum auf die Preise überwälzen können. Tendenziell sinkt somit die Profitrate, bis schließlich der Akkumulationstrieb der Kapitalisten erlahmt. Dieser natürliche Fall der Profitrate kann durch wirtschaftlich-technischen Fortschritt oder internationalen Handel

verlangsamt oder sogar aufgehalten werden; beide Maßnahmen liegen nicht im Interesse der Grundbesitzer, weil dadurch der Anstieg des Getreidepreises und damit der Grundrente verhindert wird. Andererseits wird der Fall der Profitrate durch die Besteuerung der Profite und durch alle Steuern, die die Preise und/oder die Löhne in die Höhe treiben, beschleunigt. Die Steuerpolitik beeinflußt somit entscheidend die sozio-ökonomische Entwicklung.

Befindet sich der Arbeitsmarkt im Gleichgewicht, dann erhalten die Arbeiter einen Lohn, der gerade ausreicht, um ihre Reproduktion zu sichern. Die Erhebung einer *Lohnsteuer* beinhaltet somit, daß sich die Arbeitskräfte nicht mehr im bisherigen Ausmaß reproduzieren können. Bei gegebener Nachfrage nach Arbeitskräften im privaten Sektor wird aufgrund des reduzierten Angebots der Nominallohn steigen. Die Konkurrenz um die knappen Arbeitskräfte verschärft sich auch dadurch, daß der Staat die zusätzlichen Steuereinnahmen für den Einsatz von Personal im staatlichen Sektor ausgibt. Wie gezeigt, wird aber bei steigendem Nominallohn die Profitrate sinken. „Somit hoffe ich", resümiert D. Ricardo, „daß es mir gelungen ist zu zeigen, daß jede Steuer, welche die Wirkung hat, den Lohn zu erhöhen, in Gestalt einer Profitverminderung bezahlt werden wird, und daß infolgedessen eine Lohnsteuer im Grunde genommen eine Profitsteuer ist" (29). Die Überwälzung der Lohnsteuer auf den Profit können die Kapitalisten nicht durch eine Erhöhung der Preise rückgängig machen. Denn die Erhöhung der Preise müßte wiederum zu einer Erhöhung der Löhne führen, usw. Keiner würde also die Steuer effektiv zahlen; für D. Ricardo ein absurdes Ergebnis. Vielmehr erhöht sich das Importangebot, wenn im Inland infolge zusätzlicher Steuerlasten die Preise heraufgesetzt werden. Durch den Druck der ausländischen Konkurrenz auf den Inlandsmarkt werden die Preise wieder auf ihr Ausgangsniveau zurückkehren. Da nun also die Arbeiterklasse in der Regel keine Steuer zahlt, bleiben nur die Grundbesitzer und Kapitalisten als Finanzier des Staates.

Durch *Steuern auf Grundrente* werden nur die Grundbesitzer belastet. Denn versuchte der Grundbesitzer, die Steuern auf den Landwirt zu überwälzen, d.h. seine Bruttorente zu erhöhen, dann würde die Produktion landwirtschaftlicher Güter im Vergleich zu anderen Produktionszweigen unrentabel. Der Pächter würde seinen Pachtvertrag kündigen. Das Angebot an Boden (gleicher Qualität) überstiege in diesem Fall die Nachfrage, so daß ein Teil der Grundbesitzer keinen Ertrag aus Verpachtung erzielen könnte. Infolge des Konkurrenzmechanismus würde die Bruttorente wieder auf ihr altes Niveau sinken. Die

Grundbesitzer müssen deshalb die gesamte Last der Steuer auf Grundrente tragen. Solange sie eine positive Rente beziehen, ist es ihnen lieber, den Boden selbst bei geringerem Nettoertrag zu verpachten, als ganz ohne Ertrag zu bleiben. Darüber hinaus würde durch die Grundrentenbesteuerung die Urbarmachung neuen Bodens nicht berührt, da beim „Grenzboden" sowieso keine Rente anfällt. Schließlich wird auch der „Gewerbefleiß" der Fabrikanten und die Kapitalakkumulation in der Landwirtschaft nicht entmutigt – sofern eine klare Trennung zwischen Grundrente und Profit vorgenommen werden kann.
Aus diesen Gründen, und weil die Grundrente von den Grundbesitzern „mühelos" erworben wird, empfahl A. Smith eine Sonderbesteuerung der Grundrente wie auch der Bauplatzrente (30). Eine derartige Sonderbesteuerung der Grundrente verstößt aber nach Ansicht von D. Ricardo gegen das von A. Smith selbst postulierte Leistungsfähigkeitsprinzip. Darüber hinaus würde – ganz abgesehen von Gerechtigkeitserwägungen – durch eine derartige steuerpolitische Maßnahme die „Sicherheit des Eigentums" bedroht, d.h. die Eigentumsgarantie ausgehöhlt. „Oft gehört die Rente solchen Leuten", mahnt D. Ricardo, „welche nach jahrelanger Arbeit ihren Verdienst realisiert und ihr Vermögen zum Kaufe von Land oder Häusern verwendet haben; und es würde gewiß eine Verletzung des Prinzips der Sicherheit des Eigentums sein, das immer hochgehalten werden sollte, wenn man sie einer ungleichen Besteuerung unterwerfen wollte" (31).
Diese Argumentation erhellt den politischen Stellenwert der folgenden klassischen Steuerprinzipien:
„I. Die Untertanen jedes Staates müssen zur Unterstüzung der Staatsgewalt möglichst genau nach Verhältnis ihres Vermögens beitragen, d.h. nach Verhältnis der Einkünfte, die ein jeder unter dem Schutze des Staates genießt. ...
II. Die Steuer, die jeder einzelne Bürger zu zahlen verbunden ist, muß genau bestimmt und nicht willkürlich sein. ...
III. Jede Steuer muß zu der Zeit und auf die Weise erhoben werden, daß es dem Steuerzahler möglichst leicht fällt, sie zu bezahlen. ...
IV. Jede Steuer muß so eingerichtet sein, daß sie so wenig als möglich über die Summe, die sie dem Staatsschatze einbringt, aus den Taschen des Volkes herausnimmt oder ihr fortdauernd entzieht. ..." (32)
Die Steuern dürfen somit die wirtschaftliche Basis der *Privat*akteure nicht zerstören und sollten möglichst die wirtschaftliche Entwicklung, d.h. die privatkapitalistische Kapitalakkumulation nicht behindern. Außerdem sollte staatliche Willkür bei der Steuererhebung ausgeschlossen sein. In diesen Prinzipien drückt sich das grundsätzliche

Mißtrauen des liberalen Bürgertums gegenüber dem Steuerstaat aus, durch den ja auch zumindest auf dem europäischen Kontinent anfänglich der (grundbesitzende) Adel seine Herrschaft ausgeübt hatte (33). Die Anerkennung des *Leistungsfähigkeitsprinzips* impliziert die Bereitschaft des Bürgertums, im politischen Steuerkampf mit der (adligen) grundbesitzenden Klasse kompromißbereit zu sein. Denn ließen die Kapitalisten die „steuerliche Sozialisierung" des Bodens durch den Staat zu, dann könnten sie der konfiszierenden Besteuerung sonstigen produktiven Vermögens nichts mehr entgegenhalten. Da außerdem die Arbeiterklasse faktisch nicht zur Finanzierung der Staatsausgaben herangezogen werden kann, und abgesehen von der Steuer auf Grundrente, teilweise auch der Grund- und Haussteuer sowie der Steuer auf Luxusgüter alle anderen Steuern den Profit treffen, ist der Spielraum, durch politische Steuerkämpfe unmittelbar Einfluß auf die Steuerstruktur zu nehmen, für die Kapitalistenklasse begrenzt. Vielmehr mußte sich, nach D. Ricardos Analyse zu urteilen, ihr Hauptinteresse auf ein möglichst geringes Steuer*volumen* richten. Denn je höher die gesamte Steuerlast ist und das Leistungsfähigkeitsprinzip bei der Besteuerung zugrunde gelegt wird, um so mehr werden die Profite belastet und infolgedessen die Kapitalakkumulation erschwert.
Alle Steuern, die zu Preis- bzw. Lohnerhöhungen beitragen, treffen letztlich die Profite der Landwirte und Fabrikanten. Zu diesen Steuern gehören neben der direkten Profitsteuer die Steuer auf Rohprodukte, die Zehnten, Lohnsteuer und Steuern auf Bedarfsartikel des Arbeiters. Wird eine *Profitsteuer* vom Fabrikanten einer spezifischen Ware erhoben, dann steigt der Preis dieser Ware. Denn infolge der Steuer sinkt die Rentabilität des eingesetzten Kapitals, so daß die betroffenen Unternehmungen in andere Produktionsaktivitäten investieren werden. Dann aber vermindert sich das Angebot an der betreffenden Ware und der Preis wird ansteigen. Aus dieser Argumentation folgert D. Ricardo, daß eine Profitsteuer auf alle ökonomischen Aktivitäten alle Warenpreise hochtreiben wird und infolgedessen, wie erwähnt, die Nominallöhne nachziehen werden. Durch das Preisgefälle gegenüber dem Ausland werden in diesem Fall vermehrt Waren importiert, es kommt zu Goldabflüssen und das Preisniveau gerät unter Druck und wird wieder zum Ausgangsstand zurückkehren. Bei höheren Nominallöhnen müssen sich aber die Kapitalisten mit einer niedrigeren Profitrate zufrieden geben. Sie werden bei rückläufiger Rentabilität des eingesetzten Kapitals die Kapitalakkumulation einschränken. Die direkte und durch Überwäl-

zungsvorgänge bedingte faktische Besteuerung der Profite beschleunigt somit tendenziell den natürlichen Fall der Profitrate und beeinträchtigt den ökonomisch-gesellschaftlichen Fortschritt.

D. Ricardo scheint sich der Tatsache bewußt gewesen zu sein, daß die Gesetzmäßigkeiten der kapitalistischen Produktionsweise aufgrund der vorgegebenen klassenspezifischen Eigentumsverhältnisse eine Interessenhierarchie begründen, die die staatlichen Organe in der aktuellen Politik nicht ohne Gefahr für die Existenz der bestehenden Ordnung außer acht lassen können. Seine Analyse führte ihn z.B. zu dem Ergebnis, daß eine am Interesse der Arbeiter orientierte Politik zur Verbesserung ihrer materiellen Lage über ihr Existenzminimum hinaus nicht „systemgerecht" und insoweit illusionär ist. „Wenn jeder", erklärt D. Ricardo, „der Unterstüzung benötigt, sicher sein könnte, sie zu erlangen und sie in einem solchen Grade zu erlangen, daß er dadurch das Leben erträglich angenehm machen könnte, würde uns die Theorie dazu führen, zu erwarten, daß alle übrigen Steuern zusammengenommen im Vergleich mit der einzigen Armensteuer leicht wären. Das Gravitationsgesetz ist nicht gewisser als die Tendenz solcher Gesetze, Reichtum und Macht in Elend und Schwäche zu verwandeln, die Arbeitsanstrengungen von jedem Gegenstand ausgenommen die Sorge für den bloßen Unterhalt abzulenken, jeden geistigen Unterschied zu vernichten, die Gedanken fortwährend mit der Befriedigung der leiblichen Bedürfnisse zu beschäftigen, bis schließlich alle Klassen mit der Plage allgemeiner Armut behaftet wären" (34). Ignorierte außerdem die Steuerpolitik über das erforderliche Mindestmaß hinaus das Interesse der Kapitalisten an einer ausreichenden Verzinsung des eingesetzten Kapitals als Stimulans für fortgesetzte Kapitalakkumulation und wirtschaftliches Wohlergehen, dann beschleunigte der Steuerstaat, wie gezeigt, unnötig den Weg des kapitalistischen Wirtschaftssystems in die wirtschaftliche Stagnation und den Niedergang relativer wirtschaftlicher Blüte. Wirtschaftliche Stagnation kann aber nicht im Interesse der Kapitalisten liegen. Denn lange bevor diese Stagnation erreicht sein wird, „wird die sehr niedrige Profitrate alle Kapitalanhäufungen zum Stillstand gebracht haben, und nahezu der Gesamtertrag des Landes wird nach Bezahlung der Arbeiter das Eigentum der Grundeigentümer und der Empfänger von Zehnten und Steuern sein" (35). Kapitalisten, die vor diesem Zustand nicht Grundeigentümer geworden sind, werden also wieder arbeiten und die angenehmen Seiten des Lebens vergessen müssen. So wenig sich D. Ricardo der Illusion hingegeben haben wird, der Staat könne sich über die herrschenden Interessen hinwegsetzen und im Rahmen der bestehenden Marktordnung

und Staatsverfassung nach Belieben Reformen im Interesse der Arbeiterklasse durchführen, so wenig wird es ihm in den Sinn gekommen sein, die (steuer-)politische Stabilisierung der Profitrate als eine Politik im Interesse des „Allgemeinwohls“ auszugeben. Seine politökonomischen Analysen, mögen sie noch so nüchtern abgefaßt sein, betonen die Notwenigkeit systemgerechter Politiken, falls sie geeignet sein sollen, die kapitalistische Produktionsweise im wohlverstandenen Interesse der Kapitalisten möglichst lange gegen die bedrohlichen Auswirkungen des als naturgesetzlich betrachteten Falles der Profitrate abzusichern bzw. den Verfall des Systems möglichst lange hinauszuschieben.
Es existieren für D. Ricardo zweifellos im ökonomischen und politischen System wechselseitig aufeinanderbezogene klassenspezifische Interessengegensätze, und es wird von ihm auch festgestellt, daß der Steuerstaat, *falls* er die kapitalistische Wirtschaftsordnung absichern will, dem Interesse des Kapitals nach ungehinderter Kapitalakkumulation in der Fiskalpolitik Vorrang einräumen muß. Aber obgleich er die Struktur der ökonomischen und politischen Interessengegensätze ideologisch nicht verschleiert und das zwiespältige Verhältnis der Kapitalistenklasse zum Steuerstaat verdeutlicht, bleibt vom ihm die Frage ungeklärt, wie und mittels welcher Mechanismen diese Klasse ihren Einfluß auf Ausmaß und Struktur der Besteuerung geltend macht und sich ihr Interesse in entsprechenden fiskalpolitischen Maßnahmen umsetzt. Die klassische politische Ökonomie scheint an dieser Frage ihre Grenze gefunden zu haben. In D. Ricardos theoretischer Analyse ist die Trennung des Individuums in einen „ökonomischen“ und „politischen“ Menschen, in den „politischen Steuerkampf“ und den „ökonomischen Lohnkampf“ implizi anerkannt. Der *innere* Zusammenhang zwischen ökonomischen und politischen Auseinandersetzungen bzw. Interessenkonflikten wird von D. Ricardo nicht gesehen; diese Studie stellt den Versuch dar, diesen inneren Zusammenhang zu erforschen.

2. Das Problemverständnis der Keynes'schen Theorie

Im Rahmen der Keynes'schen allgemeinen Theorie der Beschäftigung wurde bereits Anfang der 40er Jahre eine grundlegende Theorie*skizze* zur Finanzkrise des Steuerstaates ausgearbeitet. Das Ergebnis dieser Forschungskonzeption lautet zusammengefaßt: Läßt sich wirtschaftliches Wachstum bei Vollbeschäftigung nur durch eine defizitäre Haushaltspolitik des Staates realisieren, dann droht bei rückläufiger Akkumulationsrate und/oder bei wachsender Verschuldungsquote eine „Finanzkrise" des Staates, wobei die Abnahme der Akkumulationsrate nur dann die Finanzklemme vergrößert, wenn die Verschuldungsquote konstant bleibt bzw. gleichzeitig ansteigt. Mit Sicherheit kann der Zusammenbruch des Steuerstaates aber nicht gefolgert werden. Denn die genannten ökonomischen Voraussetzungen sind zwar notwendige Bedingungen, aber nicht hinreichend. Zunächst muß also nachgewiesen werden, daß *dauerhaft* und nicht nur zyklisch wiederkehrend Unterbeschäftigung aus den Gesetzmäßigkeiten der kapitalistischen Wirtschaftordnung resultiert, daß diese Unterbeschäftigung mittelbar oder unmittelbar zu systembedrohenden (gesellschaftlichen) Konflikten führt und insoweit staatliche Eingriffe herausfordert, daß defizitäre Haushaltspolitik als einziges Gegenmittel zur Bekämpfung von Arbeitslosigkeit eingesetzt werden kann, und daß schließlich die Unterbeschäftigung tendenziell zunimmt bzw. die Akkumulationsrate bei konstanter oder steigender Arbeitslosenquote abnimmt. In der Auflistung der theoretischen Implikationen bestimmter vermuteter Entwicklungslinien liegt die Bedeutung einer derartigen Theorieskizze; sie liefert forschungsstrategische Fragestellungen, aber keinesfalls fertige Antworten auf aktuelle Probleme.

J. M. Keynes hat die Existenz von Arbeitslosigkeit bei ausgeglichenem Gütermarkt (Quasi-Gleichgewicht) mit dem Versagen des Preismechanismus begründet. Bevor die unvereinbaren Mengenpläne der Anbieter und Nachfrager durch den Preismechanismus in Übereinstimmung gebracht werden, korrigieren die Anbieter bzw. Nachfrager ihre Mengenplanung, so daß der Preismechanismus weitgehend außer Kraft gesetzt wird (36). Die Preisänderungen sind zu gering, um via „real balance Effekte" und/oder Reaktionen des Reallohns, Vollbeschäftigungsproduktion zu gewährleisten. Darüber hinaus zeigt die Keynes'sche Multiplikator-Analyse, daß sich die Ersparnisse den Investitionen anpassen. Denn können die Unternehmungen infolge mangelnder gesamtwirtschaftlicher Nachfrage ihre Produkte nicht absetzen, dann schränken sie die Produktion und die Investitionstätigkeit ein, so daß bei geringerem Volkseinkommen als erwartet das Sparvolumen ebenfalls zurückgeht. Die unternehmerische Investitionsnachftage, d.h. die Höhe der absoluten Akkumulationsrate entscheidet somit über das Beschäftigungsniveau. Akzeptiert man die Keynes'sche These vom Versagen des Preismechanismus (zumindest für die Phase der Rezession und Depression) und läßt sich zugleich hinsichtlich des Beschäftigungsniveaus ein trendmäßig zu langsames Akkumulationstempo systema-

tisch begründen, dann stellt sich die Frage, ob im Wege kompensatorischer Fiskalpolitik ein kontinuierliches Haushaltsdefizit des Staates zu einer Finanzkrise führen muß, wenn geld- und außenwirtschaftspolitische Maßnahmen nicht greifen und/oder zur Bekämpfung der Arbeitslosigkeit politisch nicht durchsetzbar sind. Diese Frage wurde am Ende des 2. Weltkrieges nicht von ungefähr gestellt. Denn aufgrund der Erfahrungen vor dem Krieg befürchteten Ökonomen nach der Umstellung der Kriegswirtschaft und der Befriedigung des kriegsbedingten Nachholbedarfs wirtschaftliche Stagnation und Depression (37), und es hat einige ernsthafte Versuche gegeben, den erwarteten trendmäßigen Rückgang der Investitionstätigkeit theoretisch zu begründen (38). Bei näherer Betrachtung ergibt sich folgendes.
Soll die Güterproduktion bei vollbeschäftigten Kapazitäten und Arbeitskräften wachsen, dann gilt als Gleichgewichtsbedingung für den Gütermarkt in jeder Produktionsperiode (in einer geschlossenen Volkswirtschaft)

$$C + S + T = Y^x = C + I + G \qquad \text{oder}$$
$$G = S - I + T \qquad \text{mit}$$

Y^x = Volkseinkommen bei Vollbeschäftigung
C = Privater Konsum mit $C = C(Y-T)$
I = Private Investitionen
G = Staatsausgaben
S = Private Ersparnisse mit $S = S(Y)$, $S' > 0$
T = Nettosteuereinnahmen des Staates mit $T = T(Y)$, $T' > 0$

Planen die privaten Haushalte mehr zu sparen, als die Unternehmungen zu investieren beabsichtigen ($S > I$), dann muß die gesamtwirtschaftliche Nachfragelücke durch ein entsprechendes Haushaltsdefizit ($G > T$) aufgrund von Steuernachlässen oder Ausgabenüberschüssen ausgeglichen werden, wobei zu berücksichtigen ist, daß ein Ausgabenüberschuß expansiver wirkt als ein gleich großer Steuernachlaß (Haavelmo Theorem). Sei das Investitionsvolumen der Unternehmungen und das Ausgabenprogramm des Staates vorgegeben, dann muß bei entsprechendem Sparvolumen (S_0) der privaten Haushalte die Steuerbelastung der privaten Akteure gesenkt werden. Es ergibt sich wegen $Y - C(Y-T) = S + T$ die Abb. 1.2.

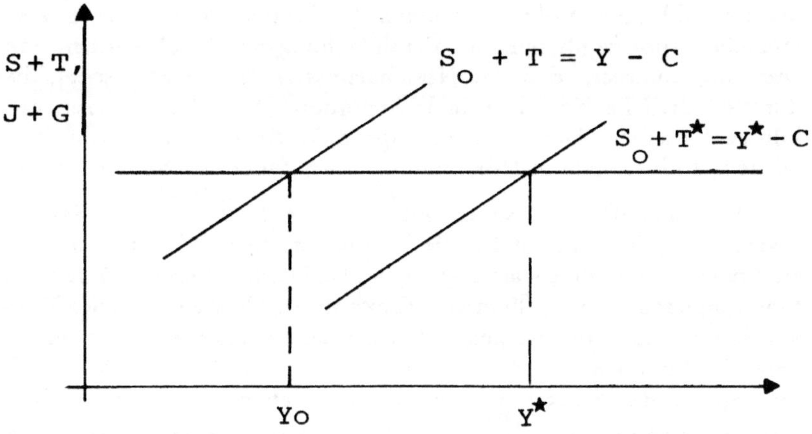

Abb. 1-2: Steuerreduktion zur Erhöhung der gesamtwirtschaftlichen Nachfrage

Sind Sparvolumen und Steuerbelastungen der privaten Akeure gegeben, dann müssen bei einem Investitionsvolumen in Höhe von I_O vermehrt Staatsausgaben getätigt werden, um Vollbeschäftigung zu erreichen.

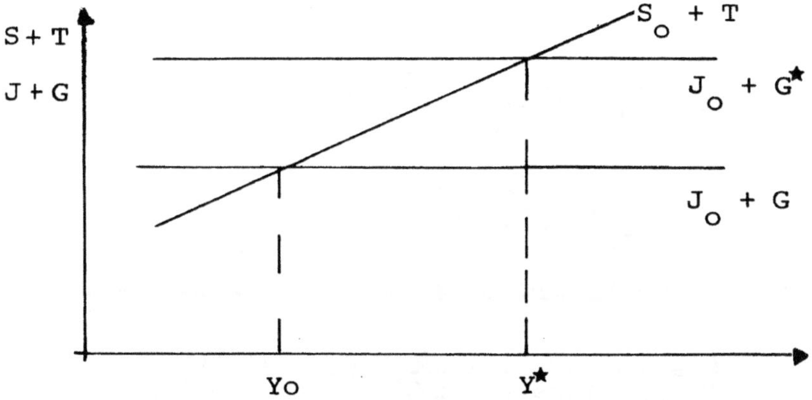

Abb. 1-3: Erhöhung der Staatsausgaben zur Erhöhung der gesamtwirtschaftlichen Nachfrage

E.D. Domar (39) hat nun in einem forschungsstrategisch zu interpretierendem Modell gezeigt, daß bei wachsendem Volkseinkommen und konstanter Verschuldungsquote das Verhältnis der Steuern (zur Bedienung der Zinsen aus der wachsenden Staatschuld) zum verfügbaren Einkommen (= Steuerlastquote) sowie das Verhältnis der

Staatsschuld zum Volkseinkommen (= Schuldenquote) gegen eine endliche Größe tendieren. Zur Vereinfachung der Modellkonstruktion wird angenommen, daß der Nominalzinssatz (i) auf Staatstitel, die durchschnittliche bzw. marginale Sparquote (s) und das Preisniveau konstant bleiben. Das reale Sozialprodukt steige nun im Gleichgewicht mit einer Rate in Höhe von $g_Y = s/ß$, wobei s = Sparquote und ß = Kapitalkoeffizient; somit gilt für $Y = Y_o e^{(s/\beta)t}$. Sei die Staatsschuld D, dann beträgt die haushaltsmäßige und durch Steuern zu finanzierende Zinsbelastung $T_D = i\,D$. Da die Zinseinnahmen aus Staatspapieren steuerpflichtiges Einkommen darstellen – abgesehen von bestimmten Freibeträgen –, beträgt das zu versteuernde (= verfügbare) Einkommen $E = Y + T_D = Y + i\,D$. Sei die jährliche Verschuldungsquote des Staates α, dann beläuft sich die jährliche absolute Verschuldungsrate auf $\frac{dD}{dt} = \alpha \cdot Y$. Die Frage lautet nun, wie sich die Steuerquote zur Bedienung des Zinsendienstes T_D/E und die Schuldenquote D/Y bei den gegebenen Annahmen entwicklen.
Für den Schuldenstand in jeder beliebigen Periode gilt:

$$D = D_o + \int_o^t \alpha\, Y_o e^{(s/\beta)t} dt$$

$$= D_o + \alpha Y_o \int_o^t e^{(s/\beta)t} dt$$

$$= D_o + \frac{\alpha \cdot Y_o}{s/\beta} \left(e^{(s/\beta)t} - 1\right),$$

so daß die Schuldenquote beträgt

$$\frac{D}{Y} = \frac{D_o}{Y_o e^{(s/\beta)t}} + \frac{\alpha}{s/\beta} \left(1 - e^{(-s/\beta)t}\right)$$

Geht $t \to \infty$, dann folgt

$$\lim_{t \to \infty} \frac{D}{Y} = \frac{\alpha}{s/\beta} = \frac{\alpha}{s} \cdot \beta$$

Der Grenzwert der Schuldenquote wird durch den Quotienten aus Verschuldungsquote und Wachstumsrate des Volkseinkommens ange-

geben. Der Wert dieses Quotienten kann größer, gleich oder kleiner als eins sein. Bei konstantem Kapitalkoeffizienten, d.h. bei einem technischen Fortschritt, der den Fall der Profitrate bei zunehmender Kapitalintensität gerade ausgleicht, können Variationen der Sparquote durch proportionale Variationen der Verschuldungsquote ausgeglichen werden, ohne daß sich die Schuldenquote verändert.
Für die Steuerlastquote findet man

$$\frac{T_D}{E} = \frac{i \cdot D}{E} = \frac{i \cdot D}{Y + i \cdot D} = \frac{i}{\frac{Y}{D} + i}$$

Geht $t \rightarrow \infty$, dann ist

$$\lim_{t \to \infty} \frac{T_D}{E} = \frac{i}{\frac{s/\beta}{\alpha} + i}$$

Der Grenzwert der Steuerlastquote hängt somit ab von der Höhe der Schuldenquote und dem Nominalzins auf Staatstitel. Dieser Grenzwert bleibt bei konstantem Nominalzins und konstantem Kapitalkoeffizienten konstant, wenn sich die Sparquote und die Verschuldungsquote proportional verändern. Nur wenn die Wachstumsrate des Sozialprodukts zurückgeht und/oder die Verschuldungsquote zunimmt, steigt langfristig bei konstantem Nominalzins die Steuerlastquote hinsichtlich des Zinsendienstes. Im umgekehrten Fall gilt Umgekehrtes. Insbesondere wenn im Rahmen der Fiskalpolitik das wirtschaftliche Wachstum angeregt werden kann, sinkt bei konstanter Verschuldungsquote die Schuldenquote und die Steuerlastquote. „When post-war fiscal policy is discussed", schreibt E. D. Domar, „the public debt and its burden loom in the eyes of many economists and laymen as the greatest obstacle to all good things on earth. The remedy suggested is always the reduction of the absolute size of the debt or at least the prevention of its further growth. If all the people and organizations who work and study, write articles and make speeches, worry and spend sleepless nights – all because of fear of the debt – could forget about it for a while and spend even half their efforts trying to find ways of achieving a growing national income, their contribution to the benefit and welfare of humanity – and to the solution of the debt problem – would be immeasurable" (40). Bei konstanter Sparneigung hängt die Entwicklung der Belastungsquoten – wie gezeigt – entscheidend vom Tempo des techni-

schen Fortschritts ab. Die Wachstumsrate des technischen Fortschritts (der Arbeitsproduktivität) kann der Staat jedoch durch eine entsprechende Technologiepolitik maßgeblich beeinflussen, d.h. er kann und wird bei nachlassendem technischen Fortschritt dem resultierenden Anstieg der Belastungsquoten wirksam begegnen.
Für die Bundesrepublik Deutschland ergäben sich aus den Daten für das Jahr 1975 folgende Belastungsquoten, wenn sich die langfristige Entwicklung von Verschuldung und Volkseinkommen in gleichem Ausmaß fortsetzte. Die Verschuldung der öffentlichen Haushalte (Bund, Lastenausgleichsfond, ERP-Sondervermögen, Länder, Gemeinden) nahm vom Dezember 1974 bis zum Dezember 1975, also im Jahre 1975 um 63,5 Mrd. DM zu (41). Bezogen auf das Volkseinkommen zu laufenden Preisen in Höhe von 797,54 Mrd. DM (42) ergibt sich eine außergewöhnlich hohe Verschuldungsquote $\alpha = 0{,}08$. Legt man für das Wachstum des Volkseinkommens die durchschnittliche Wachstumsrate zwischen 1965 und 1975 in Höhe von 0,084 zugrunde (43) und als Zinssatz die Rendite $i = 0{,}085$ der im Umlauf befindlichen Anleihen der öffentlichen Hand im Jahre 1975 (44), dann errechnet sich für das Verhältnis der Staatsschuld zum Sozialprodukt als Grenzwert 0,95, und die Steuerlastquote zur Bedienung der Zinsen wird gegen 0,075 tendieren, d.h. bis zu 7,5 % des steuerpflichtigen Einkommens (Volkseinkommen plus Zinserträge aus Staatstiteln) würden tendenziell zur Begleichung der Zinslast aufzubringen sein.
Resultierte nun aus der sozio-ökonomischen Entwicklung bei konstanter Rate des technischen Fortschritts ein trendmäßiger defizitbedingter Anstieg der relativen Steuerlast, was a priori nicht ausgeschlossen werden kann, wie die weitere Analyse zeigen wird, dann könnte die Vollbeschäftigungspolitik des Staates in eine Sackgasse geraten. Denn wenn durch die steigende Steuerbelastung die Investitionstätigkeit stockte und die private Konsumnachfrage nachließe, könnte der Expansionseffekt des Haushaltsdefizits bei nachgebender privater Nachfrage kompensiert oder sogar überkompensiert werden. Die staatliche Wirtschaftspolitik müßte im Falle einer derart überforderten finanziellen Leistungsfähigkeit der privaten Akteure angesichts zunehmender Arbeitslosigkeit ihr Versagen eingestehen. Eine derartige Entwicklung würde – wie aus obiger Darstellung ersichtlich – durch unzureichenden technischen Fortschritt nur noch beschleunigt. Aber eine Finanzkrise des Staates kann aus dieser ökonomisch denkbaren Entwicklung nicht ohne weiteres gefolgert werden. Schließlich ließe sich der Staatshaushalt wirksam sanieren, wenn der

Staat seine Gläubiger zu einer einmaligen Vermögensabgabe aufforderte bzw. verpflichtete. Die Steuerlast für den Zinsendienst der Staatsschuld bzw. die Sorge vor dem Staatsbankrott entfiele und der Staat könnte mit seiner Verschuldungspolitik von vorne anfangen. Aber die Sache ist doch nicht so einfach. Selbst wenn eine proportionale Vermögensabgabe die Verteilung des Realvermögens nicht tangierte, so würde das Vertrauen der Vermögensbesitzer in die staatliche Finanzpolitik erschüttert, weil ihnen die Sicherheit ihres Eigentums nicht mehr gesichert erschiene, und ihre wirtschaftlichen Aktivitäten nachhaltig gelähmt werden. Eine derartige „Sanierungslösung" kann deshalb nur unter bestimmten ökonomischen und politischen Bedingungen zustande kommen. An dieser Stelle muß deshalb betont werden, *daß die Vergesellschaftung ökonomischer Aktivitäten durch staatliche Zwangsmaßnahmen nach einer Vielzahl unterschiedlicher kollektiver Entscheidungsregeln durchführbar ist.* Im Spektrum zwischen Einstimmigkeit und diktatorischen Entscheidungen gibt es eine Vielzahl von Mehrheitsregeln; und jede spezifische kollektive Auswahlregel ist wiederum nur mit bestimmten realen staatlichen Institutionen vereinbar. So hat der Steuerstaat in den Verfassungen absolutistischer und konstitutioneller Monarchien, parlamentarischer Demokratien, Oligarchien und Diktaturen überlebt (45). Die *abstrakte Institution Steuerstaat* enthält somit eine Vielzahl unterschiedlicher Herrschafts- und Regierungsformen als mögliche reale institutionelle Ausprägungen des Staates; und in jeder dieser Formen haben die verschiedenen sozialen Interessen unterschiedliche Durchsetzungschancen. Man sollte sich auch daran erinnern, daß Fr. Quesnay in der Zeit des Absolutismus die Kompatibilität von feudalem, absolutistisch regiertem Staat und Tauschsystem auf der Basis agrarisch-handwerklicher Produktion nachwies und die Symbiose von Tauschsystem und absolutistischem Staat als eine „natürliche Ordnung" im Gegensatz zur „göttlichen Ordnung" des bereits überlebten Lehensverbandes feierte (46); einer seiner Anhänger, der Marquis Mirabeau erhielt wegen seiner „fortschrittlichen", d.h. dem ökonomisch-gesellschaftlichen Fortschritt Rechnung tragenden Gedanken mehrere Tage Festungshaft (47). Ebenso enthält die abstrakte Institution Markt verschiedene real mögliche Marktformen, denen jeweils unterschiedliche ökonomische Zustände hinsichtlich Verteilung und Allokation zugeordnet werden können. Die Ablösung der Form der vollkommenen Konkurrenz durch oligopolistische und monopolistische Konkurrenz beinhaltet noch lange nicht die „formale Aufhebung" des Marktsystems, wie offensichtlich von einigen Ökonomen vermutet wird (48).

Der wechselseitige Zusammenhang zwischen Herrschaftsformen und deren reale institutionelle Struktur einerseits sowie der realisierbaren wirtschaftspolitischen Maßnahmen andererseits wird in der Theorie der Wirtschaftspolitik durchaus erkannt, wenn dort z.B. die gegebenen Institutionen als Restriktionen für den Einsatz bestimmter Instrumente im Entscheidungskalkül berücksichtigt bzw. eine Ausweitung des „Instrumentenkastens" bei veränderten institutionellen Arrangements gefordert werden. Deshalb ist auch nicht auszuschließen, daß die beschriebene Keynes'sche Vollbeschäftigungspolitik in einer freiheitlich parlamentarischen Demokratie scheitert, daß sie aber durch einen (über die scheinbaren Sachzwänge oder Naturgesetzlichkeiten des Marktsystems aufgeklärten) „autoritären Staat" über lange Zeit erfolgreich betrieben werden kann. Derartige Alternativen, wenn sie überhaupt zur Diskussion stehen, erfordern offensichtlich von den Polit-Ökonomen fundamentale Werturteile, und so erkennen denn auch J.M. Buchanan und R.E. Wagner fogerichtig: „At this point, values cannot be left aside. If the Keynesian policy precepts for national economic management have failed, there are two ways of reacting. We may place the blame squarely on the vagaries of democratic politics, and propose that democratic decision-making be replaced by more authoritarain rule. Or, alternatively, we can reject the applicability of the policy precepts in democratic structure, and try to invent and apply policy principles that are consistent with such structure. We choose the latter. Our values dictate the democratic decision-making institutions should be maintained and that, to this end, inapplicable economic theories should be discarded as is necessary" (49). Wenn keynesianische Vollbeschäftigungspolitik ihr Ziel nicht erreichen kann, weil sie – aus welchen Gründen auch immer – versagt, dann muß sie nach Ansicht von Buchanan und Wagner vor allem im Interesse einer freiheitlich demokratischen Grundordnung aufgegeben werden; denn ihrer Meinung nach gefährdet eine derartige Politik eben diese Grundordnung (50). Hinter dieser Position steht allerdings eine Theorie der automatischen Selbstheilung von exogen verursachten Marktstörungen, die aufgrund der ungebrochenen Koordinationsleistung des Preissystems derart gelöst werden, daß sich auf allen Märkten tendenziell ein Gleichgewicht, also auch Vollbeschäftigung einstellt. Beschriebe aber die Keynes'sche Theorie die wirtschaftliche Entwicklung kapitalistischer Wirtschaftssysteme zutreffend, dann stünde nach Buchanan und Wagner zu befürchten, daß unter den genannten ökonomischen Bedingungen die freiheitlich demokratische Grundordnung als spezifische Verfassung des Steuerstaates höchstwahrscheinlich nicht aufrechterhalten werden kann. Vermutlich könnte nur ein „autoritärer Staat" durch geeignete Maßnahmen die Arbeitslosigkeit über lange Zeit erfolgreich bekämpfen und damit die möglichen systembedrohenden sozialen Konflikte abwenden. Eine Finanzkrise oder Existenzkrise des Steuerstaates, in der dieser Staat und zugleich die kapitalistische Wirtschaftsordnung zusammenbrechen, kann somit nicht ohne weiteres konstatiert werden; es sei denn als für absehbare Zeit inhaltlose „wenn - dann Tendenzaussage", aus der sich lediglich pauschalierend sozusagen als Gegenposition zum „autoritären Staat" schlußfolgen läßt, „that the only lasty solution to the crisis is socialism" (51). Angesichts solcher Globalaussagen erscheint es für die Analyse konkreter sozioökonomischer Entwicklungsprozesse fruchtbarer, die dominanten Verhaltensweisen der privaten („ökonomischen" und/oder „politischen") Akteure an die Formanalyse rückzubinden, indem untersucht wird, welche Konsequenzen aus den formspezifischen und deshalb systemimmanenten Verhaltensweisen für die sozio-ökonomische Entwicklung bei gegebenen Marktformen und gegebener Verfassung des Steuerstaates mit innerer Notwendigkeit resultieren. In einer derartigen Analyse kann der *abstrakte Begriff* des Steuerstaates fruchtbar verwendet werden. – Die These von der Finanzkrise des Steuerstaates als konkret zu analysierendes Phänomen sollte sicher nicht in den Bereich des Mythos verbannt werden. Aber man sollte, bildlich gesprochen, auch nicht in den Fehler des Deichgrafen verfallen, der immer nur an die sagenumwobene Sturmflut dachte, für die der Deich kein Hindernis sein konnte, und der dann sehr überrascht war, als der Deich, durch viele kleine Springfluten unmerklich beschädigt, bei einer gewöhnlichen sozusagen unbedeutenden Sturmflut nicht mehr standhielt. Soweit ersichtlich, und dies wird auch in den folgenden Kapiteln deutlich, läßt sich die These von der „Finanzkrise des Steuerstaates" nicht hinreichend begründen. Die Keynes'sche Theorie kommt in dieser Hinsicht nicht über D. Ricardos oder J. Schumpeters Ergebnisse hinaus.

D. Ricardo hat, wie gezeigt wurde, die klassenspezifischen Interessen hinsichtlich der Steuerpolitik dargestellt und illusionslos die Notwendigkeit einer systemgerechten Steuerpolitik im wohlverstandenen Interesse der Kapitalistenklasse hervorgehoben. Allerdings bleibt ungeklärt, wie die Klassen ihre Interessen in der jeweils aktuellen Steuerpolitik geltend machen. An die Keynes'sche Theorie richtet sich deshalb die Frage, ob und wieweit die „soziale Struktur" des Konkurrenzpreissystems das Steuervolumen und die Steuerstruktur bestimmen. Diese Frage soll in aller Vorläufigkeit zunächst an dem oben vorgestellten Problem fiskalpolitisch defizitär betriebener Vollbeschäftigungspolitik untersucht und erst im Verlauf der Studie ausführlicher geklärt werden, ob sich die Hypothese bestätigen läßt, daß das Interesse der Besitzer von Produktivvermögen bzw. Kapitaleigentümer an ausreichender Rentabilität des eingesetzten Kapitals in der staatlichen Steuerpolitik Vorrang genießt, und zwar hinsichtlich des Steuervolumens und der Steuerstruktur.

Keynes erklärt, wie gesagt, die Existenz von Unterbeschäftigung und Arbeitslosigkeit bei ausgeglichenen Gütermärkten mit dem Versagen des Preismechanismus. Verschlechtert sich z.B. in einer Boomsituation infolge von Reallohnerhöhungen die Rentabilität des eingesetzten Kapitals, dann schränken die Unternehmungen die Produktion ein. Es entsteht Unterbeschäftigung und Arbeitslosigkeit, bevor der Geldlohn sinkt. Da die Güternachfrage nach Keynes von den effektiven Einkommen abhängt, gleicht sich die faktische Nachfrage dem bereits eingeschränkten Angebot an, so daß auf dem Gütermarkt kein Anlaß zu Preisänderungen gegeben ist. Infolgedessen sinkt der Reallohn nicht, obwohl auf dem Arbeitsmarkt ein Überangebot (Arbeitslosigkeit) existiert. Vollbeschäftigung und damit allgemeines Gleichgewicht stellt sich nicht automatisch ein, obgleich hier an der Annahme frei flexibler Löhne festgehalten wurde. Im Falle von Ungleichgewichten versagt somit das Preissystem als relevante Informationsquelle für privat-dezentralisierte Kauf- und Produktionsentscheide, weil bei gegebenen relativen Preisen die Nachfrager ihr Nachfrageverhalten an den realisierten Einkommen orientieren. Diese Form der Mengenanpassung setzt die Steuerfunktion des Preissystems außer Kraft (52). Einzelwirtschaftliche Rationalität führt nicht automatisch zu gesamtwirtschaftlich optimalen Zuständen. Das Vollbeschäftigungsgleichgewicht muß *künstlich* herbeigeführt und kann nicht mehr als Ergebnis natürlicher Gesetzmäßigkeiten verstanden werden.

In Zeiten stärkerer Unterbeschäftigung kann diese wirksam nur durch zusätzliche staatliche Nachfrage bekämpft werden, da bei geringer Kapazitätsauslastung oder pessimistischen Absatzerwartungen die Investitionsnachfrage stark zinsunelastisch ist. Das bedeutet aber, daß defizitär finanzierte Investitions- und Konsumausgaben durch den Staat *losgelöst* von den autonomen naturhaft bedingten individuellen Präferenzen getätigt werden. Die klassische Vorstellung von der Konsumentensouveränität, d.h. der Steuerung der Produktion nach den Bedürfnissen der Konsumenten muß aufgegeben werden (53).

Zusätzliche staatliche Nachfrage führt darüber hinaus zu Preissteigerungen und Reallohnsenkungen, so daß die Profitrate zunimmt. Mit steigender Profitrate dehnen die Unternehmungen die Produktion und ihre Investitionsnachfrage wieder aus. „Wenn die Unternehmer", schreibt Joan Robinson, „keinen Gewinn erzielen, können sie nicht akkumulieren, und wenn sie nicht akkumulieren, erzielen sie keinen Gewinn" (54). Es entspricht somit durchaus der Logik des Konkurrenzpreissystems, daß eine Rezession nur dann erfolgreich überwunden werden kann, wenn sich die Ertragslage der Unternehmungen verbessert. Aber aus dem genannten Zusammenhang von Gewinnen und Akkumulation folgt auch, daß ein Unternehmer zum Investieren gezwungen ist, wenn er sich im Konkurrenzpreissystem behaupten will. *Es sind somit die objektiven Bedingungen des Marktsystems und nicht die subjektiven Neigungen des Unternehmers, die ihn zum Investieren treiben,* d.h. die Investitionstätigkeit der Unternehmungen ist aus den immanenten Gesetzen der marktwirtschaftlichen Produktionsweise zu erklären. Die herrschende Theorie dagegen erklärt die Investitionsneigung aus den subjektiven, naturgegebenen (Zeit-)Präferenzen der Individuen. Aber diese subjektiven Präferenzen sind eben nicht naturhaft gegeben, sondern selbst gesellschaftlich durch die Wirkungsweise des Konkurrenzpreissystems bedingt. Ein Unternehmersonderling mag sich unter Aufgabe seiner sozialen Existenz die Freiheit nehmen, die Zwangsmechanismen des Preissystems zu ignorieren; im Durchschnitt bestimmen sie aber das Verhalten der einzelnen Akteure. Nur vordergründig erscheinen somit die konjunkturpolitischen Maßnahmen des Staates im Interesse der Bürger bzw. der Allgemeinheit zu liegen. Tatsächlich muß sich die staatliche Konjunkturpolitik dem Diktat des *allgemeinen* vom Konkurrenzpreissystem durchgesetzen Profitinteresses der Besitzer von Produktivvermögen (D. Ricardo bezeichnet sie noch ungeschminkt als Kapitalisten) beugen. Sie muß die gesamtwirtschaftliche Entwicklung ungeachtet der Interessen der abhängig Beschäftigten nach gesicherten Arbeitsplätzen und hinreichender physisch-sozialer Reproduktion so steuern, daß sich die Profitabilität der Investitionen verbessert. Erst wenn das geschehen ist, werden die Unternehmungen ihre Investitionsnachfrage steigern und freigesetzte Arbeitskräfte wieder einstellen.

Der Begriff der „rationalen Wirtschaftspolitik" gerät damit zur Karikatur. Denn die abhandengekommene Ratio des Marktsystems kann nicht durch Ziel-Mittel-Denken losgelöst von den individuellen Bedürfnissen wiedergewonnen werden. Die neoklassische Synthese von freier Marktwirtschaft und staatlicher Planwirtschaft ist eine Fiktion. Vielmehr folgt die Antithese: Die Produktion wird nicht durch die unabhängigen und autonomen Bedürfnisse der Privatagenten bestimmt, sondern Inhalt der individuellen Bedürfnisse und Mittel der individuellen Bedürfnisbefriedigung hängen ab vom *allgemeinen* Profitinteresse. Das gesamtwirtschaftliche Optimalitätskalkül, Grundlage der „rationalen Wirtschaftspolitik" gerät in einen Zirkelschluß. Die allokative Effizienz der Marktwirtschaft sowie ihre Überlegenheit über andere Lenkungsmecnanismen kann nicht mehr schlüssig bewiesen und behauptet werden, und zwar deshalb nicht, weil die individuellen Präferenzen nicht als unabhängig von der Wirkungsweise des Konkurrenzpreissystems und den Ergebnissen des Produktionsprozesses vorausgesetzt werden können. Es kann somit auch nicht behauptet werden, staatliche Konjunkturpolitik diene schlichtweg dem Allgemeinwohl; sie erweckt zwar diesen Anschein, aber es gibt auch im Rahmen der Keynes'schen Theorie starke Argumente dafür, daß staatliche Vollbeschäftigungspolitik *in erster Linie* die Stabilisierung der Profitrate zum Inhalt hat.

Definiert man die „soziale Struktur" in einem Konkurrenzpreissystem durch das Privateigentum an Produktivvermögen und durch privateigennützige, dezentralisierte Entscheidungen über Preise und Produktionsmengen (55), dann steht dem maßgeblichen Interesse einer relativ kleinen Gruppe von Kapitaleigentümern nach hinreichender Rentabilität des eingesetzten Kapitals das Interesse der Mehrheit der Bevölkerung nach gesicherten Arbeitsplätzen und hinreichender physisch-sozialer Reproduktion antagonistisch gegenüber (56). Diese These wird gerade durch die Keynes'sche Beschäftigungstheorie gestützt, und zwar *muß im Rahmen staatlicher Vollbeschäftigungspolitik dem Interesse der Kapitaleigentümer Vorrang eingeräumt werden,* wenn die ergriffenen Maßnahmen in einer Marktwirtschaft effizient sein sollen. D.h. die zusätzliche Steuerlast aufgrund der budgetpolitisch defizitär betriebenen Vollbeschäftigungspolitik darf im Endeffekt nicht die Nettorentabilität des investierten Kapitals vermindern. Die zusätzlichen Steuern müssen, soweit sie die Unternehmungen nach dem Willen des Gesetzgebers überhaupt belasten, von diesen letztlich voll auf die Preise überwälzt werden können. Gelingt diese Überwälzung nicht, dann muß diese Fiskalpolitik erfolglos bleiben. Das Interesse der Besitzer von Produktivvermögen beeinflußt somit maßgeblich das Ausmaß der Steuerlastquote und die Steuerstruktur. Indem also die ökonomisch definierte „soziale Struktur" die Interessen strukturiert, beeinflußt sie mittelbar die Fiskal- und Steuerpolitik. Vor dieser allgemeinen, ökonomisch bestimmten Sozial- und Interessenstruktur spielt sich der Einfluß sozialer Kräfte im konkrekten politischen Steuerkampf ab (57).

Diese Schlußfolgerungen wurden aber von den Interpreten der Keynes'schen Theorie bisher nicht gezogen. Bestenfalls wurde die Unterschlagung der Zieldiskussion bzw. die Trennung von ökonomischem und politischem Kalkül beklagt und daraus eine Verbindung der Theorie der Wirtschaftspolitik mit einer Theorie der politischen Entscheidungen, der „Neuen Politischen Ökonomie" oder ausgehend von der Technokratiethese eine Rationalisierung der Politikberatung zur bewußten Gestaltung der Lebenspraxis gefordert (58). Die hier vorgetragene Interpretation der Keynes'schen Theorie sollte in aller Vorläufigkeit (über D. Ricardo hinausgehend) den inneren Zusammenhang zwischen ökonomischen und politischen Auseinandersetzungen darlegen. Die theoretische Aufgabe besteht im Prinzip darin, den Steuerstaat zu „endogenisieren". Ein derartiges Vorhaben erscheint um so wichtiger, als aus der Annahme, staatliche Maßnahmen seien exogen und könnten beliebig angewandt werden, folgenreiche Fehlurteile resultieren. Wenn z.B. im Konzept des konjunkturneutralen staatlichen Haushalts des Sachverständigenrates (59) der Zusammenhang zwischen ökonomischen und politischen Auseinandersetzungen vollständig ignoriert wird, dann kann die Anwendung dieses Konzepts in der wirtschaftspolitischen Praxis unerwünschte Resultate zeitigen. – Nachdem also der Rahmen abgesteckt ist, sollen die genannten Zusammenhänge detailliert theoretisch-empirisch herausgearbeitet und zugleich auf aktuelle, praktische Fragen der Steuerpolitik eingegangen werden.

Literaturverzeichnis

(1) Vgl. u.a.
Rudolf Goldscheid, Staat, öffentlicher Haushalt und Gesellschaft, in: Handbuch der Finanzwissenschaften, Bd. 1, 1926, S. 146 - 184.
Joseph Schumpeter, Die Krise des Steuerstaates, Graz und Leipzig, 1918.
Rudolf Goldscheid/Joseph Schumpeter, Die Finanzkrise des Steuerstaates. Beiträge zur politischen Ökonomie der Staatsfinanzen, hrsg. von R. Hickel, edition suhrkamp: Ffm. 1976.

(2) Vgl. u.a.
James O'Connor, The Fiscal Crisis of the State, St. Martin's Press: New York 1973.
R.R. Grauhan/R. Hickel, Krise des Steuerstaates? – Widersprüche und Perspektiven der staatlichen Finanzkrise, vervielfältigt, Bremen, April 1977.

(3) *David Ricardo,* Grundsätze der politischen Ökonomie und der Besteuerung, hrsg. von Fritz Neumark, Athenäum Fischer Taschenbuch-Verlag:Ffm. 1972.

(4) *J. Schumpeter,* Die Krise des Steuerstaates, a.a.O.

(5) Vgl. u.a.
James M. Henderson/Richard E. Quandt, Microeconomic Theory. A Mathematical Approach, 2nd. edition, McGraw-Hill Book-Company: Düsseldorf, et al., 1971, Kap. 7 - 3.

(6) *Clement A. Tisdell,* Economics of Markets. An Introduction to Economic Analysis, John Wiley & Sons, Australasia Pty Ltd.: London, et al., 1974, Kap. 13.

(7) Vgl. u.a.
Hans Mottek, Wirtschaftsgeschichte Deutschlands. Ein Grundriß, Bd. I, Deutscher Verlag der Wissenschaften: Berlin 1974, II. Teil, Abschnitte 2 - 4.
Robert L. Heilbroner, The Economic Problem, Prentice-Hall, Inc.: Englewood Cliffs, New Yersey, 1968, 2. und 3. Kap.

(8) Vgl. *Hans Mottek,* a.a.O., Seite 71.

(9) Vgl. *Ernst Kaemmel,* Finanzgeschichte, Verlag Die Wirtschaft: Berlin 1966, Seite 143 ff.

(10) Vgl. *Hans Mottek,* a.a.O., Seite 80 ff.

(11) Vgl. *Joseph Schumpeter,* a.a.O., Seite 9 f.

(12) Vgl. *Ekkehart Schlicht,* Skizze einer Theorie des Übergangs, in: Regensburger Diskussionsbeiträge zur Wirtschaftswissenschaft, Serie C: Volkswirtschaftslehre Nr. 10, Universität Regensburg, Oktober 1972.

(13) Ebenda, Seite 21/22.

(14) Wie die konkrete Staatstätigkeit strukturell durch die konfligierenden gesellschaftlichen Interessen definiert ist, zeigt *Claus Offe* in seiner Analyse: „Politische Herrschaft und Klassenstrukturen. Zur Analyse spätkapitalistischer Gesellschaftssysteme“, in: Politische Ökonomie des Wohlfahrtsstaates, hrsg. von Hans Peter Widmaier, Athenäum Fischer Taschenbuch-Verlag: Ffm. 1974, Seite 264 - 293.

(15) Vgl. *Ralph Miliband,* Der Staat in der kapitalistischen Gesellschaft. Eine Analyse des westlichen Machtssystems, Suhrkamp-Verlag: Ffm. 1972.

(16) Zur Darstellung dieser Problematik aus marxistischer Sicht vgl. *Heide Gerstenberger:* Klassenantagonismus, Konkurrenz und Staatsfunktionen, in: H.-G. Backhaus, u.a. (Hrsg.), Gesellschaft. Beiträge zur Marx'schen Theorie 3, Suhrkamp-Verlag: Ffm. 1975.

(17) *Joseph Schumpeter,* a.a.O., Seite 22/23.

(18) Vgl. *Joseph Schumpeter,* a.a.O., Seite 8 - 19, sowie *Robert Heilbroner,* a.a.O., 3. Kapitel.

(19) *Joseph Schumpeter,* a.a.O., Seite 19.

(20) Ebenda, Seite 16.

(21) *Joseph Schumpeter,* a.a.O., Seite 19/20.

(22) Ebenda, Seite 33/34.

(23) Vgl. ebenda, Seite 26.

(24) Zum Verhältnis von Aussagekraft und Begrifflichkeit der neoklassischen Theorie, vgl. *Bob Rowthorn:* Die neoklassische Volkswirtschaftslehre und ihre Kritiker – eine marxisitische Beurteilung, in: Seminar: Politische Ökonomie. Zur Kritik der herrschenden Nationalökonomie, hrsg. von Winfried Vogt, Suhrkamp-Verlag: Ffm. 1973, Seite 236 - 276.

(25) Vgl. *H. Riedel,* et al., Steuersystem-Steuerreform in der BRD, IPW-Forschungshefte, hrsg. vom Institut für Internationale Politik und Wirtschaft, 7. Jg., Heft 3/1972.

(26) *David Ricardo,* Grundsätze . . ., a.a.O., Seite 147.
(27) Ebenda, Seite 181.
(28) Ebenda, Seite 126.
(29) *David Ricardo,* Grundsätze . . ., a.a.O., Seite 170.
(30) Vgl. ebenda, Seite 153.
(31) Ebenda.
(32) *Adam Smith,* eine Untersuchung über Natur und Ursachen des Volkswohlstandes, 3. Band, Verlag von Gustav Fischer: Jena 1923, Seite 187 ff.
(33) Vgl. *Joseph Schumpeter,* a.a.O., Seite 23/24.
(34) *David Ricardo,* a.a.O., Seite 91.
(35) Ebenda, Seite 101.
(36) Vgl. u.a. *R.W. Clower,* The Keynesian Counter-revolution: a theoretical appraisal, in: ders. (ed.), Monetary Theory, Penguin Modern Economics Readings: Harmondsworth 1971.
(37) Vgl. *Evsey D. Domar,* The ‚Burden of the Debt' and the National Income, in: The American Economic Review, Vol. XXXIV, (1944), Seite 798 - 827, sowie die dort angeführte Literatur.
(38) Vgl. dazu *Michael Bleaney,* Underconsumption Theories. A History and Critical Analysis, Lawrence & Wishart: London 1976, Seite 220 ff. Als Autoren, die Stagnationstendenzen zumindest nicht ausschließen, werden hier genannt: J. Robinson, P.A. Baran/P.M. Sweezy, J. Steindl, M. Kalecki.
(39) Vgl. *Evsey D. Domar,* a.a.O.
(40) *Evsey D. Domar,* a.a.O., Seite 823.
(41) Monatsberichte der Deutschen Bundesbank, Juli 1977, S. 58*.
(42) Jahresgutachten 1976/77 des Sachverständigenrates zur Begutachtung der gesamtwirtschaftlichen Entwicklung, Bundestagsdrucksache 7/5902, Seite 238.
(43) Ebenda, Seite 68.
(44) Monatsberichte der Deutschen Bundesbank, a.a.O., Seite 53*.
(45) Vgl. auch den Hinweis von *J. Schumpeter,* a.a.O., Seite 23/24.
(46) Vgl. *Ch. Gide/Gh. Rist,* Geschichte der volkswirtschaftlichen Lehrmeinungen, 3. Auflage, Gustav Fischer: Jena 1923, S. 1 ff.
(47) Vgl. *Ronald L. Meek,* The Economics of Physiocracy. Essays and Translation, London: George Allen & Unwin Ltd., 1962, S. 28 ff.
(48) Vgl. *Jörg Huffschmid,* Begründung und Bedeutung des Monopolbegriffs in der marxistischen politischen Ökonomie, in: Das Argument, AS 6 (1975), Zur Theorie des Monopols. Staat und Monopole I, sowie der polemische „Kommentar zu Jörg Huffschmid's Beitrag ‚Begründung und Bedeutung des Monopolbegriffs in der marxistischen politischen Ökonomie' ", von Otto Roloff, vervielfältigt, Bremen, Januar 1976.
(49) *James M. Buchanan/Richard E. Wagner,* Democracy in Deficit. The Political Legacy of Lord Keynes, Academic Press: London, et al., 1977, Seite 5.
(50) Die Frage, ob nicht im Sinne der theoretischen Ausführungen von Buchanan/Wagner die Verfechter Keynes'scher Wirtschaftspolitik als „Verfassungsfeinde" bezeichnet bzw. eingestuft werden könnten, wäre nicht ganz abwegig.
(51) *James O'Connor,* The Fiscal Crisis of the State, St. Martin's Press: New York, 1973, Seite 221.
(52) Vgl. *R.W. Clower,* The Keynesian counter-revolution: a theoretical appraisal, a.a.O.

(53) Vgl. *Winfried Vogt,* Zur Kritik der herrschenden Wirtschaftstheorie, in: ders. (Hrsg.), Seminar: Politische Ökonomie, a.a.O.

(54) *Joan Robinson,* Die Akkumulation des Kapitals, Ullstein-Verlag: Frankfurt/M. 1972, Seite 76.

(55) Vgl. *Winfried Vogt,* Reine Theorie marktwirtschaftlich-kapitalistischer Systeme, in: Diskussionsbeiträge zur Politischen Ökonomie, No. 1, Institut für Volkswirtschaftslehre einschließlich Ökonometrie, Universität Regensburg, Nov. 1976.

(56) Vgl. *Jürgen Siebke,* Vermögenskonzentration, in: Das Nein zur Vermögenspolitik, hrsg. von Karl H. Pitz, Rowohlt Taschenbuch-Verlag/Reinbek 1974, Seite 56 - 67 sowie zur theoretischen Begründung *L.L. Pasinetti,* The rate of Profit in an expanding economy, in: ders., Growth and Income Distribution, London 1974.

(57) Vgl. dazu u.a. *Peter Bernholz,* Die Machtkonkurrenz der Verbände im Rahmen des politischen Entscheidungssystems, in: Politische Ökonomie des Wohlfahrtsstaates, hrsg. von Hans Peter Widmaier, a.a.O., Seite 173 - 196.

(58) Vgl. *H. Riese,* Ordnungsidee und Ordnungspolitik – Kritik einer wirtschaftspolitischen Konzeption, in Kyklos, Bd. 25 (1972), sowie *H.P. Widmaier/O. Roloff,* Thesen zur Kritik der quantitativen Wirtschaftspolitik, Berlin 1972.

(59) Vgl. Jahresgutachten 1976/77 des Sachverständigenrates zur Begutachtung der gesamtwirtschaftlichen Entwicklung, a.a.O., Seite 202 - 204.

2. Teil: Zur Theorie des Besteuerungsvolumens

Im ersten Teil der Arbeit wurde die *Existenz der Steuer* begründet. Es wurde versucht, eine Antwort auf die Frage zu geben: Warum zahlen die Staatsbürger Steuern? Im folgenden Teil soll die Frage behandelt werden: Welche Faktoren bestimmen das *Steuervolumen* bzw. die Höhe der Steuerquote? Diese Frage nach dem Steuervolumen ist einer quantitativen Analyse zugänglich und kann deshalb im Rahmen der Preistheorie untersucht werden. Aus der kritischen Überprüfung der vorliegenden „Steuertheorien" resultiert zunächst, daß eine positive Theorie zur Bestimmung des Steuervolumens gar nicht existiert, sondern nur eine *Theorie des Steuerwiderstandes.* Berücksichtigt man die Existenz von Steuerwiderstand in der allgemeinen Gleichgewichtstheorie, dann läßt sich zeigen, daß sich die Allokations- und Stabilisierungsfunktionen des Staates systematisch wechselseitig blockieren, indem die relative Ausdehnung der Staatstätigkeit via Lohn-Preis-Steuer Spirale inflationäre Prozesse erzeugt. Dem *Anstieg der Steuerquote* sind somit *endogen* Schranken gesetzt, die nur in der konjunkturellen Bewegung von Boom und Rezession überwunden werden können. Die *absolute* Höhe der Steuerquote bzw. das Steuervolumen kann theoretisch nicht bestimmt werden. Aber die genannten Widersprüche der Fiskalpolitik infolge des Steuerwiderstandes ergeben sich für jedes beliebige Belastungsniveau; wobei vermutlich mit steigender Steuerquote das fiskalpolitische Steuerungsrisiko zunimmt.

I. Theorie der Besteuerung als Theorie des Steuerwiderstandes

Steuern sind zunächst qua gesetzgeberischer Definition Zwangsabgaben ohne spezielle Gegenleistungen des Staates (1) und provozieren als solche Widerstand in Form von illegaler Steuerhinterziehung, legaler Steuervermeidung, Steuereinholung und Steuerabwälzung (2). Da

Sozialversicherungsabgaben nur zum Teil eine äquivalente Leistung gegenübersteht, werden sie im folgenden wie steuerliche Zwangsabgaben behandelt. Steuerwiderstand der privaten Akteure zielt darauf ab, bei gegebenen Staatsausgaben und Steuergesetzen quasi ex post einen möglichst geringen individuellen finanziellen Beitrag zu leisten bzw. ein möglichst hohes Nettoeinkommen zu erhalten. Steuerwiderstand durch Einflußnahme auf die Steuergesetzgebung, also der Versuch, Steuern ex ante im politischen Entscheidungssystem abzuwehren, bleibt zunächst außer Betracht. In einer Marktwirtschaft ist das individuelle Eigennutzstreben (Gewinn- und Nutzenmaximierung) eine grundlegende Verhaltensmaxime, und somit ist auch der Steuerwiderstand eine systemimmanente Reaktion der Bürger. Existierte bei bestehenden Institutionen die Möglichkeit, Steuern und Abgaben als individuelles Äquivalent für eine staatliche Leistung aufgrund einer freiwilligen Vereinbarung unter den Bürgern zu entrichten oder als gleiches ex ante Opfer zu definieren, dann könnte Steuerwiderstand, insbesondere die Steuerüberwälzung systematisch nicht begründet werden. Die Orientierung am Nettoeinkommen in der Lohn- und Preiskalkulation wäre in diesem Fall die irreguläre Ausnahme; und die Behauptung könnte nicht aufrechterhalten werden, die endogen erzeugte relative Ausdehnung der Staatstätigkeit führe via Lohn-Preis-Steuer Spirale notwendig zu einer systembedrohenden inflationären Entwicklung, d.h. auf der Grundlage eines instabilen Preis- und Mengensystems wirke die Fiskalpolitik selbst destabilisierend.

Die hier systematisch zu untersuchende These lautet somit, daß sich die abhängig Beschäftigten und die Unternehmungen bzw. die selbständig Tätigen in ihrer Lohn- und Preiskalkulation in der Regel am Nettoeinkommen orientieren. Die privaten Akteure sind frei von Fiskalillusion: Sie beziehen die Möglichkeit der Steuervermeidung und/oder der Über- und Rückwälzung von Steuern und Abgaben der Systemlogik folgend in ihre Lohn- und Preiskalkulation ein. Kurz, das Leistungsfähigkeitsprinzip und das Äquivalenzprinzip der Besteuerung können bei bestehenden Institutionen keine Gültigkeit beanspruchen (3). *Diese These hat für die Ökonomie schwerwiegende Konsequenzen. Nicht nur begründet sich aus ihr der Steuerwiderstand insbesondere in der Form der Steuerüberwälzung und damit die Lohn-Preis-Steuer Spirale. Es resultiert aus dieser These auch der Widerspruch zwischen Tauschfreiheit und Systemeffizienz bzw. die Ungültigkeit der Konsumentensouveränität.*

1. Ein Unmöglichkeitstheorem zur Äquivalenztheorie der Besteuerung

Es wurde schon im ersten Teil darauf hingewiesen, daß man von externen Effekten spricht, wenn der input bzw. output eines Konsumenten bzw. Produzenten den input bzw. output eines anderen beeinflußt, wobei sich ohne Gegenleistungen oder Kompensationszahlungen aus den Komsumtions- oder Produktionsaktivitäten dieses Akteurs Vor- oder Nachteile für einen anderen ergeben. Ein Gut, das nun das Nutzenniveau von mindestens zwei Konsumenten beeinflußt und das von jedem Konsumenten ohne zusätzliche Kosten für die Gesellschaft vollständig konsumiert werden kann, wird als öffentliches Gut bezeichnet (4). Diese Definition impliziert, daß die Annahme, der Gesamtkonsum entspreche im Gleichgewicht dem Angebot, ihre Gültigkeit verliert. Sie impliziert darüber hinaus, daß das Ausschlußprinzip (durch den Kauf eines Gutes erhält der Käufer das ausschließliche Nutzungsrecht) nicht als Abgrenzungskriterium dient, weil nämlich die technisch bestimmte Anwendbarkeit des Ausschlußprinzips sowie die Wünschbarkeit, das Ausschlußprinzip anzuwenden, selbst erst eine politisch zu entscheidende Frage ist und nicht auf natürlichen Eigenschaften der Güter beruht. Andernfalls geriete man bei Entscheidungen über die Anwendbarkeit des Ausschlußprinzips in logische Schwierigkeiten. Weiterhin enthält obige allgemeine Definition den Spezialtypus des „gemischten Gutes", so daß die Ergebnisse der folgenden Analyse unabhängig davon sind, ob es sich um ein „reines" oder „gemischtes" öffentliches Gut handelt (5).

Gerade im Hinblick auf die resultierenden Konsequenzen für die Vergesellschaftungsform von Privataktivitäten stellten sich die Äquivalenztheoretiker der Besteuerung die Frage, ob eine gleichgewichtige und Pareto-optimale Allokation und Distribution öffentlicher Güter analog zum Tauschsystem auf Basis freiwilliger Vereinbarungen unter gleichgestellten Bürgern so erfolgen kann, daß jede individuelle Steuerzahlung ein Aquivalent für die empfangene staatliche Leistung darstellt. Genauso formulierte Lindahl, dessen Werk die moderne Steuertheorie entscheidend beeinflußte, die Problemstellung: Die Auffassung – man könnte auch sagen die Theorie – des „ökonomisch Richtigen", müsse mit der Verwirklichung des „natürlichen Rechts" vereinbar sein, welches „mit den Merkmalen der Gleichheit, der Gegenseitigkeit, der Vergeltung, der Proportionalität von Handlung und Gegenhandlung" (6) ausgestattet ist. Diese Merkmale entsprechen weitgehend den beiden zentralen Grundnormen nämlich Gleichheit und Freiheit der Tauschgesellschaft.

Den Zusammenhang zwischen Form und Inhalt des Tauschaktes mit diesen Grundnormen hat bereits Karl Marx unübertrefflich in folgendem Satz zusammengefaßt: „Die Sphäre ... des Warenaustausches ... war in der Tat ein wahres Eden der angeborenen Menschenrechte. Was allein hier herrscht, ist Freiheit, Gleichheit, Eigentum und Bentham. Freiheit! Denn Käufer und Verkäufer einer Ware ... sind nur durch ihren freien Willen bestimmt. Sie kontrahieren als freie, rechtlich ebenbürtige Personen. ... Gleichheit! Denn sie beziehen sich nur als Warenbesitzer aufeinander und tauschen Äquivalent für Äquivalent. Eigentum! Denn jeder verfügt nur über das Seine. Bentham! Denn jedem von den beiden ist es nur um sich zu tun. Die einzige Macht, die sie zusammen und in ein Verhältnis bringt, ist die ihres *Eigennutzes*, ihres Sondervorteils, ihrer Privatinteressen. Und eben weil so jeder nur für sich und keiner für den anderen kehrt, vollbringen alle, infolge einer prästabilierten Harmonie der Dinge, oder unter den Auspizien einer allpfiffigen Vorsehung, nur das Werk ihres wechselseitigen Vorteils, des Gemeinnutzes, des Gesamtinteresses" (7). Im Tauschakt stehen sich die Tauschpartner als Gleiche gegenüber und tauschen im Idealfall der vollkommenen Konkurrenz, d.h. im Gleichgewichtszustand Äquivalente, Leistung und Gegenleistung sind als Tauschwerte gleich. Subjekte und Objekte des Tauschvorganges sind somit im Tauschsystem gleichgesetzt, gleichgeltend und damit gleichgültig gegeneinander. Aber die Ungleichheit bzw. Verschiedenheit der zu tauschenden Waren und der Bedürfnisse der Tauschenden ist die inhaltliche Ursache für den Tausch, d.h. für die gesellschaftlichen Beziehungen zwischen den Akteuren des Marktsystems. Denn wären sie hinsichtlich ihrer Bedürfnisse gleich oder verfügten über gleiche Waren, dann bestünde kein Anlaß zum Tausch. Diese inhaltliche Ungleichheit zwingt die Individuen zum Tausch. Aber der Tausch selbst beruht auf Freiwilligkeit; Zwang ist bei der Aneignung der Waren ausgeschlossen. Jedem Tauschpartner steht es frei, die in seinem Besitz befindlichen Gebrauchswerte oder Güter, wozu auch seine Arbeitskraft gehört, gegen andere Güter zu tauschen. Nur wenn ihm der Tausch vorteilhaft erscheint, wird er daran teilnehmen. Die bewaffnete Drohung: „Geld oder Leben" läßt dem Bedrohten zwar die Freiheit, zwischen den beiden Alternativen zu entscheiden, nicht aber die Freiheit, sich vom Ort des „Tausches" zurückzuziehen, d.h. eine andere Anlagemöglichkeit" für sein Geld zu suchen. Im Falle von Zwangsabgaben wird die Wahlfreiheit zwischen Alternativen ebenfalls eingeschränkt und es entfällt die Freiheit, sich vom „Markt" bzw. vom „Austausch" zurückzuziehen – weil beispielsweise nicht die Gleichheit der Tausch-

werte gewährleistet ist, oder gar kein Bedürfnis nach spezifischen Gebrauchswerten existiert. Indem schließlich die Akteure im Austausch ihr wechselseitiges Interesse anerkennen, wird das gemeinschaftliche Interesse reziproker Bedürfnisbefriedigung erreicht, wenn nur jeder sein Eigeninteresse verfolgt. Pareto-Optimalität resultiert aus individueller Nutzenmaximierung. „Wenn also", resümiert Marx, „die ökonomische Form, der Austausch, ... die Gleichheit der Subjekte setzt, so der Inhalt, der Stoff, ... der zum Austausch treibt, die *Freiheit.* Gleichheit und Freiheit sind also nicht nur respektiert im Austausch ... sondern der Austausch von Tauschwerten ist die produktive reale Basis aller *Gleichheit* und *Freiheit*" (8).
E. Lindahl war davon überzeugt, daß eine an der Äquivalenztheorie orientierte Besteuerung die Gültigkeit der angeborenen Menschenrechte Freiheit und Gleichheit nicht einschränkt und sich insoweit mit dem natürlichen Recht in Einklang befindet. „In seiner einfachsten Form", so schreibt er, „läuft also das betreffende Problem auf folgendes hinaus: Wie wird die Höhe der Steuern und ihre Verteilung auf die einzelnen Steuerträger bestimmt, wenn sie bei einer gleichmäßigen Machtverteilung von diesen zur Deckung der Kosten einer gegebenen öffentlichen Tätigkeit freiwillig übernommen werden. Das ist in der Tat der ökonomische Kern des öffentlichen Preisproblems, und die Lösung weicht von der des privatwirtschaftlichen nur dadurch ab, daß es sich in diesem Falle um individuelle, in jenem aber um kollektive Güter handelt" (9). Aber es ist ein Irrtum anzunehmen, die Finanzierung öffentlicher Güter sei mittels des Äquivalenprinzips lösbar. Die Logik eines marktwirtschaftlichen Systems schließt bei bestehenden Institutionen die theoretische und deshalb auch praktische Lösbarkeit einer „gerechten" Besteuerung aus. Dies gilt insbesondere in den Fällen, in denen staatliche Güterallokation primär aus stabilitätspolitischen Gründen redistributive Zwecke verfolgt (10). Wenn die Höhe des Konsums „meines Nachbarn" bzw. die Verteilung der Einkommen innerhalb der Bevölkerung „meine" Konsumentscheidungen beeinflußt, dann ergeben sich zwar vermittels „Altruismus" oder „Neid" die gleichen Konsequenzen wie bei externen Effekten des Konsums oder der Produktion, aber es wird dann auch deutlich, daß über Allokation und Distribution simultan entschieden werden muß; d.h. es kann nicht dem „Zufall" bzw. den Marktgesetzen überlassen bleiben, welche Verteilung sich ergibt, denn diese sollte ja gerade aus stabilitätspolitischen Gründen korrigiert werden.
Auf die Unmöglichkeit, das Äquivalenzprinzip der Besteuerung *bei bestehenden Institutionen* anzuwenden, hat unter den modernen

Theoretikern als erster P.A. Samuelson hingewiesen (11). In dieser Hinsicht sind seine Ausführungen von höchster Relevanz und deshalb soll der von ihm vorgestellte Begründungszusammenhang kurz wiedergegeben werden. Vorweg muß aber nochmals betont werden, daß die Erklärung realer Phänomene nicht zur Diskussion steht, und daß auch Samuelson keinen Vorschlag machen wollte, wie die Allokation öffentlicher Güter und die Bestimmung des (individuellen) Steuervolumens praktikabel zu lösen sei. Es geht ihm vielmehr um die theoretische Feststellung, ob das Basistheorem der Gleichgewichtstheorie (jedes Gleichgewicht ist ein Pareto-Optimum und jedes Pareto-Optimum ist ein Gleichgewicht) auch bei der Existenz von externen Effekten gültig ist. Denn nur wenn die Gültigkeit des Basistheorems unter Berücksichtigung von externen Effekten theoretisch nachweisbar ist, kann man sich über die praktische Realisierbarkeit des Äquivalenzprinzips Gedanken machen. Das Anliegen der Gleichgewichtstheorie definiert Kaldor in gleichem Sinne folgendermaßen: „Sie wird nicht als Erklärung der aktuellen Güterpreise in verschiedenen Volkswirtschaften oder in der gesamten Weltwirtschaft vorgeschlagen. Mit dem Terminus „Erklärung" meint Debreu eine Menge von Theoremen, die *logisch* aus genau formulierten Annahmen ableitbar sind und der Zweck dieser Übung ist, die minimale Anzahl von „Grundannahmen" zu finden, die notwendig sind, um die Existenz einer „Gleichgewichts"-Menge von Preisen (und output/input-Matrizen) zu erzeugen, die a) eindeutig und b) stabil ist sowie c) die Bedingungen des Pareto-Optimums erfüllt. Der ganze Fortschritt der mathematischen Ökonomie der letzten dreißig bis fünfzig Jahre lag darin, dieses Minimum an „Grundannahmen" genauer herauszuarbeiten: Ohne irgendeinen Versuch, den Realitätsgehalt solcher Annahmen zu verifizieren und ohne jede Untersuchung, ob die resultierende Theorie der ‚Gleichgewichtspreise' aktuelle Preise erklären kann" (12). Nur auf der Basis dieses Anspruchs kann man sich sinnvoll mit der Samuelsonschen Besteuerungstheorie auseinandersetzen. Deshalb geht jede Kritik, die diese Zielsetzung gleichgewichtstheoretischer Ansätze nicht beachtet, an der Sache vorbei. So, wenn der Besteuerungstheorie als „Sammlung von Leerformeln" oder als „Glasperlenspiel" ohne „operationelle" Bedeutung jegliche Relevanz abgesprochen wird (13). Diese funktionalistische Fehlinterpretation der Theorie läßt sich nur aus ihrer Instrumentalisierung verstehen: Theorie soll das Rüstzeug, den „Werkzeugkasten" liefern, um praktische Fragen, d.h. Funktionsstörungen des Wirtschaftssystems lösen zu können. Der aber für die Theorie im Vordergrund stehende sozio-ökonomische Erklärungsgehalt geht bei einer derart verengten Sichtweise völlig verloren (14). Die Relevanz der reinen Theorie liegt vielmehr darin, daß sie selbst und dies gerade in ihrer extremen Formalisierung, ihre logische Konsistenz oder aber ihre logische Widersprüchlichkeit beweist und zugleich die minimalen Existenzbedingungen eines kapitalistischen Wirtschaftssystems herausarbeitet. Die Kenntnis dieser Bedingungen und die Einsicht in die eventuelle logische Widersprüchlichkeit dieses Systems sind aber Voraussetzungen, um die Krisenanfälligkeit und/oder die ideologische Verfassung des Systems erkennen zu können.

Seien nun n private Güter ($x_1, \ldots, x_n$) und m öffentliche Güter ($x_{n+1}, \ldots, x_{n+m}$) gegeben. Bei s Personen $(i=1,\ldots,s)$ ergibt sich dann die Gesamtfrage nach dem privaten Gut x_j als Summe aus den s individuellen Konsumplänen x_j^i, d.h. $x_j = \sum_{i=1}^{s} x_j^i$. Für die individuelle und Gesamtnachfrage nach einem öffentlichen Gut gilt definitionsgemäß $x_{n+k} = x_{n+k}^1 = \ldots = x_{n+k}^s$. Sei die individuelle Nutzenfunktion zur Bestimmung der individuellen Gebrauchswerte gegeben durch $u^i = u^i(x_1^i, \ldots, x_n^i; x_{n+1}, \ldots, x_{n+m})$ mit positivem und abnehmendem Grenznutzen $(u_j^i > 0; u_r^i > 0, r = n+k)$.

Die technisch bestimmte Transformation von Güter in Güter wird beschrieben durch die Transformationsfunktion $F(x_1, \ldots x_n; x_{n+1}, \ldots x_{n+m}) = 0$, mit positiven und abnehmenden Grenzerträgen $F_j > 0$ sowie existierenden Transformationsraten F_j/F_k. Da Allokations- und Distributionsfunktionen des Staates nicht getrennt gelöst werden können, benötigt man eine individualistische gesellschaftliche Wohlfahrtsfunktion, anhand derer das gesellschaftliche Wohlfahrtsmaximum bestimmt werden kann. Die Wohlfahrtsfunktion sei gegeben durch $U = U(u^1, \ldots, u^s)$ mit $U_i > 0$. Zur Ermittlung der optimalen Güterallokation und -distribution ist die Wohlfahrtsfunktion unter den Nebenbedingungen $x_j = \sum_{i=1}^{s} x_j^i$ und $F(x_1, \ldots, x_{n+1}, \ldots) = 0$ zu maximieren. Die Bedingungen für den „bestmöglichen Zustand der Welt" (Optimum-Optimorum) sind dann gegeben durch (vgl. Anmerkung 1)

$$\frac{U_i \; u^i_1}{U_1 \; u^1_1} = 1 \tag{1}$$

$$\frac{u^i_j}{u^i_k} = \frac{F_j}{F_k} \tag{2}$$

$$\sum_{i=1}^{s} \frac{u^i_r}{u^i_1} = \frac{F_r}{F_1} \tag{3}$$

$$F(\sum_i^s x^i_1, \ldots, \sum_i^s x^i_n; x_{n+1}, \ldots, x_{n+m}) = 0 \tag{4}$$

Bedingung (1) besagt, daß im gesellschaftlichen Optimum die gesellschaftlichen Grenznutzen der Gebrauchswerte gleich sind. Durch eine Reallokation der Güter wäre der Nutzenzuwachs des begünstigten Privatakteurs geringer als der Nutzenverlust des belangten. Ein derartiger Zustand wird durch Punkt W in folgender Abbildung beschrieben (15).

Die Kurve uu' stellt die Nutzengrenze dar, auf der alle möglichen Pareto-Optima liegen. Im Punkt W erreicht die Gesellschaft ihr Wohlfahrtsmaximum, denn jeder andere Punkt auf der Nutzengrenze wäre mit einem geringeren gesellschaftlichen Wohlfahrtsniveau verbunden, wie ein Vergleich von Punkt W mit den Punkten W^1 und W^2 zeigt. Die Bewegung von Punkt W nach W^2 brächte dem privaten Haushalt 2 einen Nutzenzuwachs, der aber geringer ist als der Nutzenentgang des Haushalts 1. Gleiches gälte für eine Reallokation der Ressourcen, wenn man z.B. von Punkt W nach W^1 geht.

Anhand von Abbildung 2 - 1 erkennt man auch, daß die häufig geäußerte Ansicht irrig ist, der Staat *müsse* bei Existenz von externen Effekten im Interesse des Gemeinwohls Allokation (und Distribution) regeln. Man erkennt sofort, daß von der Gesellschaft ein Pareto-

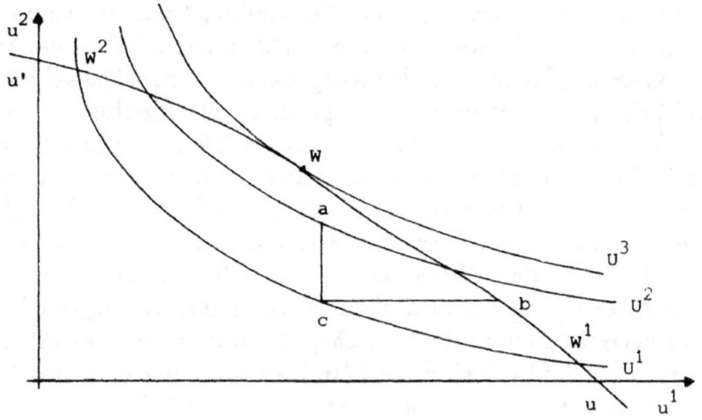

Abb. 2-1: Optimale Güterallokation und -distribution im 2-Personen-Fall

suboptimaler Zustand (vgl. Punkt „a") einem Pareto-Optimum (vgl. Punkt „b") bei entsprechender Verteilung vorgezogen werden kann. Der Hinweis auf die Gefährdung allokativer Effizienz bei Umverteilungsmaßnahmen (z.B. mehr öffentliche Güter bei weniger privaten) ist somit als Argument gegen die Bereitstellung von mehr öffentlichen Gütern nicht zwingend. Aber auch die Behauptung, bei Existenz von externen Effekten garantiere nur die staatliche Bereitstellung von öffentlichen Gütern allokative Effizienz ist nicht hinreichend für die Forderung, diese Güter tatsächlich durch den Staat bereitstellen zu lassen (z.B. Feuerwerke). Sicher ist (der optimale) Zustand „b" dem (suboptimalen) Zustand „c" aus der Sicht der Gesellschaft überlegen, aber zugleich ist auch der (suboptimale) Zustand „a" dem (optimalen) Zustand „b" überlegen. Sofern es also kein Verfahren gibt, den Zustand „W" *theoretisch* zu bestimmen, kann das Konzept der öffentlichen Güter auf der Basis des Allgemeinwohlarguments nicht die Grundlage für eine Theorie staatlicher Ausgabentätigkeit bilden (16). Im Prinzip könnten alle Güter auch bei Existenz von externen Effekten privatwirtschaftlich produziert werden. Auch in diesem Fall existierte ein Marktgleichgewicht und die Produktion wäre in dem Sinne effizient, daß alle Anbieter ihren individuellen Gewinn und alle Nachfrager ihren individuellen Nutzen maximieren (17). Selbstverständlich wäre es möglich, durch eine Reallokation der Ressourcen einen höheren Gewinn oder höheren Nutzen zu realisieren. Ohne Anwendung von (staatlichem) *Zwang* läßt sich aber eine derartige Reallokation nicht erreichen.

Aus zwei Gründen scheint mir diese Feststellung nicht trivial zu sein. Denn einmal ist jede Theorie, die dieses Dilemma zwischen der Sicherung der Systemeffizienz und der Aufgabe von – dem Tauschverhältnis zugehörigen – Freiheitsrechten ignoriert, als Ideologie zu kennzeichnen. Zum anderen greift die marxistische Theorie, wie sich zeigen wird, analytisch zu kurz, wenn sie in einem kapitalistischen Wirtschaftssystem nur die Produktionssphäre als durch Unfreiheit und Ungleichheit gekennzeichnet betrachtet (18). Streifen Konsumtion und Produktion ihren individuellen Charakter ab und soll Systemeffizienz, d.h. aber maximaler Ertrag der Produktionskapazitäten sichergestellt werden, dann herrscht auch in der Tauschsphäre notwendig Unfreiheit. Bedingungen (2) und (3) sind die Marginalbedingungen für die Bereitstellung von privaten und öffentlichen Gütern. Im Falle privater Güter müssen für jeden Akteur die subjektiven Grenzraten der Substitution gleich sein den objektiven Grenzraten der Transformation für alle Güter. Im Falle öffentlicher Güter muß für jeden Akteur das Verhältnis aus der Summe der subjektiven güterspezifischen Grenznutzen gleich sein der Grenzrate der Transformation für alle Güter. Bedingung (4) stellt sicher, daß die vorhandenen Ressourcen effizient genutzt werden, d.h. die Produktionsmöglichkeiten voll ausgeschöpft werden. Man kann nun zeigen, daß für jedes beliebige Pareto-Optimum, d.h. für jede beliebige Ausgangsverteilung Preise existieren, bei denen die Optimumbedingungen für die Bereitstellung privater und öffentlicher Güter erfüllt und Angebot und Nachfrage auf den Gütermärkten ausgeglichen sind (vgl. Anmerkung 2). Einer dieser optimalen Zustände stellt das Optimum-Optimorum dar. Rein formal lassen sich somit bei gegebenen individuellen Nutzenfunktionen, bei gegebener Transformationsfunktion und gesellschaftlicher Wohlfahrtsfunktion die Bedingungen für die Gültigkeit des Basistheorems ableiten. *Damit ist aber nicht die Möglichkeit der Existenz eines gesellschaftlichen Optimums bewiesen;* es handelt sich um ein „Pseudo-Gleichgewicht". Denn in einem Konkurrenzpreissystem strebt jeder danach, den größtmöglichen Vorteil aus dem Tausch zu ziehen. *Dieses Eigennutzstreben ist systembedingt und systemnotwendig.* Ein Warenbesitzer wird demjenigen sein Gut verkaufen, der ihm den höchsten Preis bietet. Im Tausch sind somit hinsichtlich dieser Prämisse alle ohne Ansehen der Person gleichgestellt und deshalb auch gleichgültig gegeneinander. Die aus der Gleichheit der Tauschenden resultierende Gleichgültigkeit gegenüber Personen – Solidarität oder Altruismus der Gemeinschaft gegenüber ist somit ausgeschlossen – ist in Verbindung mit dem individuellen Eigennutzstreben Ursache dafür, daß vom Preissystem bei Existenz von externen Effekten kein optimaler Zustand generiert wird. Auch wenn „Altruismus" das Motiv für die individuelle Berücksichtigung der Verteilungssituation ist, liegt es nicht im Interesse des einzelnen Konsumenten, seine Präferenzen offenzulegen. Falls das Gut, d.h. auch eine als gerecht angesehene Verteilung, staatlich bereitgestellt wird, kann der einzelne es definitionsgemäß vollständig konsumieren, ohne sich an der Finanzierung zur Herstellung dieses Gutes beteiligen zu müssen. Wenn sich alle Konsumenten derart verhalten, hat dies zur Konsequenz, daß das fragliche Gut nicht produziert wird. In der Spieltheorie ist für derartige Situationen der Terminus Gefangenen-Dilemma geprägt worden (19). Ursächlich für die Pareto-suboptimale Allokation öffentlicher Güter ist somit letztlich das eigennützige Verhalten der einzelnen Marktteilnehmer: Sie sind nicht bereit, einen der Gegenleistung entsprechenden Kostenanteil *freiwillig* zu entrichten. Der Staat ist somit systembedingt „aller wirtschaftlicher Mittel entblößt" (20) und kann – aus der Sicht der privaten Akteure – nur als „finanzieller Parasit" existieren.

Nachdem Samuelson das Versagen des Marktmechanismus bei der Pareto-optimalen Allokation öffentlicher Güter mit Hilfe des Gefangenen-Dilemmas begründet hat, stellt er sich die für die Gültigkeit des Äquivalenzprinzips entscheidende Frage, ob das Versagen des Preissystems durch eine andere Auswahlregel *geheilt* werden kann. In diesem Zusammenhang verweist er auf Arrow's Impossibility Theorem, nach dem bei Abstimmungsprozessen unter bestimmten Annahmen keine gesellschaftliche Präferenzskala gebildet werden kann, die dem Rationalitätserfordernis der Transitivität genügt. Nur ein Diktator ist unter den gegebenen Annahmen in der Lage, eine derartige Präferenzordnung für verschiedene gesellschaftliche Alternativen aufzustellen (21). Ein „Pseudo-Gleichtgewicht" ist auf der Basis einstimmiger Entscheidungen nicht erreichbar. Allerdings ist Einstimmigkeit keine notwendige Voraussetzung für die Existenz eines „Pseudo-Gleichgewichts" und für eine Pareto-optimale Allokation öffentlicher Güter. Aber es wird zu zeigen sein, daß sich bei Aufgabe dieser Voraussetzung der Inhalt des Gleichgewichtsbegriffs entscheidend verändert: Die „Tyrannei der zufälligen Majorität" (22) ist der Preis, der für die Realisierung Pareto-optimaler Zustände entrichtet werden muß. Die Bedeutung dieser inhaltlichen Begriffsveränderung wird durchsichtig, wenn man sich den Inhalt der notwendigen Annahmen zum Beweis des Impossibility Theorems vergegenwärtigt.

Die Auswahl gesellschaftlicher Zustände kann nach verschiedenen Auswahlregeln erfolgen, die jeweils bestimmten Rationalitäts-, Gerechtigkeits- und Freiheitsvorstellungen der Gesellschaft genügen. Vorstellbar ist z.B., daß ein Diktator, ein Mehrheitsbeschluß oder ein einstimmiger Beschluß aller Stimmberechtigten über die Rangfolge (Präferenzordnung) gesellschaftlicher Zustände entscheidet, wobei die jeweiligen individuellen Präferenzrelationen Grundlage der Entscheidung sind.

Konsistente Entscheidungen sind allerdings nur dann möglich, wenn die kollektive Präferenzordnung transitiv ist: Wird die Alternative „a" vorgezogen „b" vorgezogen „c", dann muß auch „a" vorgezogen werden „c". Denn würde „c" vorgezogen „a", könnte jede Alternative gewinnen, je nachdem wann im Entscheidungsprozeß über sie abgestimmt wird. Der Zufall entschiede über die beste Alternative. *Transitivität* der kollektiven Präferenzordnung wird deshalb als Mindesterfordernis rationaler Wahl verlangt.

Es wurde schon darauf hingewiesen, daß das Auftreten externer Effekte gleichbedeutend ist mit Eingriffen eines Akteurs in die Privatsphäre eines anderen, ohne daß dieser sich dagegen wehren kann. Im Marktmodell garantiert das Ausschlußprinzip die Privatheit des Konsums. Externe Effekte schränken die Privatsphäre und damit den Spielraum für rein private Entscheidungen ein. Will man nun *individuelle Freiheitsrechte* im Sinne des Tauschsystems gewährleisten, dann muß man konsequenterweise jedem Bürger ein Vetorecht bei gesellschaftlichen Entscheidungen einräumen. Deshalb fordert Arrow als Auswahlregel das schwache Pareto-Prinzip: Eine Alternative wird einer anderen nur dann vorgezogen, wenn alle zustimmen.

Die axiomatische Entscheidungstheorie basiert, wie die gesamte Gleichgewichtstheorie auf dem individualistischen Ansatz. Die Privatinteressen der Individuen prägen im Rahmen der „natürlichen" Marktgesetze die gesellschaftliche Realität und nicht die gesellschaftlichen Verhältnisse die Interessen der Individuen. Arrow's Impossibility Theorem unterliegt deshalb die individualistische, atomistische Staatstheorie: Die Staatszwecke werden durch die Individualinteressen bestimmt. Deshalb muß gefordert werden, daß die kollektive Präferenzordnung nicht nach den Präferenzen eines einzelnen Akteurs oder entsprechend der organischen Staatstheorie unabhängig von den Präferenzen der Bürger bestimmt werden darf: Es darf keinen *„Diktator"* geben.

Wenn die individuellen Präferenzordnungen in gewisser Weise übereinstimmen, dann könnte sich nach der Pareto-Regel eine konsistente kollektive Präferenzordnung ergeben, während das bei stark voneinander abweichenden individuellen Präferenzen nicht der Fall wäre.

Durch die wechselseitige Abhängigkeit der individuellen Präferenzen könnten diese synchronisiert, d.h. in Übereinstimmung gebracht werden. Dies würde aber der Annahme *autonomer* Individuen oder *natürlich* gegebener individueller Präferenzen in der orthodoxen Theorie widersprechen. Da die Annahme autonomer und gleichwertiger Individuen für die Gleichgewichtstheorie ebenfalls unabdingbar ist und damit hinsichtlich dieser Annahme das Impossibility Theorem allgemein gültig ist, fordert Arrow weiterhin, daß alle denkbaren Anordnungen individueller Präferenzordnungen, die ebenfalls transitiv sein müssen, zulässig sind. Die individuellen Präferenzrelationen dürfen nicht (durch Tradition, Tabus, usw.) auferlegt sein.
Schließlich fordert Arrow, daß die kollektive Entscheidung nur von den zur Entscheidung anstehenden Alternativen beeinflußt wird. Die Entscheidung soll unabhängig von irrelevanten Alternativen sein, d.h. sie soll auf dem „Boden der Realität" getroffen werden; und vor allem soll implizites Bargaining ausgeschlossen sein.
Unter diesen notwendigen Annahmen gibt es *keine einzige* kollektive Auswahlregel, aus der eine transitive kollektive Präferenzordnung resultiert. Und es ist nicht zu sehen, auf welche dieser Annahmen in einer Tauschgesellshaft verzichtet werden könnte, es sei denn, man wollte die Tauschgesellschaft selbst in Frage stellen. Fassen wir zusammen. Selbst wenn man die Annahme individuell unabhängiger Konsumentscheide aufgibt, ist das Basistheorem nur in formalem Sinne gültig. Eine im Rahmen der Gleichgewichtstheorie positive Lösung kann aber nur dann erzielt werden, wenn die für den Marktmechanismus konstitutive Pareto-Regel, d.h. das Einstimmigkeitsprinzip zugunsten einer Mehrheitsentscheidung aufgegeben wird, was mit Konsumentensouveränität unvereinbar ist. Allerdings ist die Einstimmigkeit keine notwendige Bedingung für Pareto-Optimalität, sondern auch bei Mehrheitsentscheidungen kann ein „Pseudo-Gleichgewicht" existieren. Beispielsweise kann die Mehrheit durch die Festlegung der Steuerfunktion die Verteilung konkretisieren. Aber die allokative Effizienz wird – wenn überhaupt – auf Kosten der Freiheitsnorm der Tauschgesellschaft erreicht: Ober der einzelne Bürger will oder nicht, er ist verpflichtet, gemäß der Steuerfunktion einen entsprechenden Steuerbetrag zu zahlen. Systemeffizienz und Freiheitsnorm sind bei Existenz von externen Effekten logisch unvereinbar; und für den einzelnen Steuerzahler ist es sicher kein Trost zu hören, daß es sich um eine „bestmögliche" Lösung handelt (23).
Wenn also unter Hinweis auf das Marktversagen staatliche Interventionen begründet und gefordert werden, dann liegt die Ironie der

Geschichte darin, daß die Ratio des Tauschsystems so oder so verloren ist.
Außerdem genügt – wie gesagt – die Mehrheitsregel nicht dem Rationalitätserfordernis der Transitivität. Angenommen es gäbe drei Alternativzustände x,y,z und drei Personen sollten nach der Mehrheitsregel eine Auswahl treffen, wobei Person eins die Präferenzordnung x,y,z, die Person zwei die Präferenzordnung y,z,x und die Person drei die Präferenzordnung z,x,y vertritt, dann wird immer mit einer Mehrheit von zwei zu eins die Alternative „x" vorgezogen „y" und „y" vorgezogen „z" sowie „z" vorgezogen „x". Damit erweist sich die Mehrheitsentscheidung als intransitiv, denn bei Transitivität müßte „x" vorgezogen werden „z". Es kommt zu dem schon von Wicksell erwähnten Zufallsentscheid. Der Begriff „Pseudo-Gleichgewicht" hat somit eine ganz andere inhaltliche Bedeutung als der Begriff des Marktgleichgewichts. Es ist nicht nur ein „Pseudo-Gleichgewicht" hinsichtlich der Form des Entscheidungsprozesses und damit hinsichtlich der Vergesellschaftsungsform, sondern auch hinsichtlich der normativen Inhalte. Das grundlegende Freiheitsrecht der Tauschgesellschaft muß der Systemeffizienz bzw. Systemstabilität geopfert werden, wobei im Prinzip der Staat selbst keine öffentlichen Güter produzieren, sondern lediglich die Finanzierung regeln und Angebot und Nachfrage koordinieren müßte, d.h. alle Güter könnten prinzipiell privatwirtschaftlich produziert werden. Aber die privaten Produzenten müßten sich auch in diesem Fall des Staates bedienen, um die Konsumenten zu zwingen, die entsprechenden Preise in Form von Zwangsabgaben zu zahlen. Denn die *Form der Steuer* als Zwangsabgabe entspringt, wie die Analyse gezeigt hat, den gesellschaftlichen Verhältnissen des Konkurrenzpreissystems. Aufgrund des Eigennutzstrebens wird der einzelne Akteur konsequenterweise versuchen, sich dem Finanzierungszwang soweit wie möglich zu entziehen. Der „Täuschungsabsicht" hinsichtlich der wahren Präferenzen vor der Mehrheitsentscheidung entspricht der Versuch, ex post die Finanzierungslasten abzuwälzen oder ihnen auszuweichen. Im Preissystem bietet sich diese Möglichkeit durch Über- und Rückwälzung der Steuerlast oder durch Korrekturen in der Mengenplanung (Steuervermeidung); und gerade weil die staatlichen Zwangsabgaben in Widerspruch zu einer essentiellen Grundnorm – den „angeborenen" Freiheitsrechten – des Tauschsystems erhoben werden, wird die Steuerüberwälzung wie jede andere legale Form des Steuerwiderstandes als gerechtfertigt und illegale Formen im allgemeinen als „Kavaliersdelikte" betrachtet. Auch wenn für die staatlichen Zwangsabgaben

die Rechtsgrundsätze der Allgemeinheit und Gleichheit gelten, so gehören die Zwangsabgaben zu einer Vergesellschaftungsform, die der immer noch dominanten Vergesellschaftung mittels Tausch grundsätzlich fremd und nicht in diese integrierbar ist bzw. in dieser nicht „aufgehoben“ werden kann. Zur inneren Logik der Beziehungen zwischen Privatakteur und Staat gehört, daß das Verhalten des einzelnen zum Steuerstaat immer ambivalent bleiben muß. Einerseits befürwortet und wünscht er Umweltschutz im weitesten Sinne, d.h. den Schutz seiner freien Privatsphäre, andererseits wehrt er sich gerade deswegen auch gegen die Einschränkung von Freiheitsrechten bzw. der Konsumentensouveränität durch den Staat. Dieses ambivalente Verhältnis des einzelnen gegenüber dem Staat ist der Ausdruck dafür, daß es zwei unterschiedliche Vergesellschaftungsformen gibt, denen wiederum zwei unverträgliche Ideologien zugeordnet sind: Die Ideologie des Eigennutzes steht der Ideologie der Solidarität fremd oder sogar feindlich gegenüber. Die Pareto-Regel des Marktes läßt sich nicht mit der Mehrheitsregel demokratischer Entscheidungen vereinbaren. In diesem Spannungsfeld hat die Frage „Macht oder ökonomisches Gesetz“ ihren immer wieder aktuellen Bezugspunkt und, wie deutlich werden wird, ist insbesondere die Steuerpolitik den Bewegungskräften dieses polit-ökonomischen Spannungsfeldes ausgesetzt. Allerdings wird mittels der o.g. formalen Rechtsprinzipien versucht, die miteinander unvereinbaren Vergesellschaftungsformen ideologisch zu versöhnen, so daß Steuerwiderstand sich nicht als Widerstand gegen staatliche Zwangsmaßnahmen als solche richtet. Aber inwieweit die ökonomische Kanalisierung bzw. die politische Einfriedung des Steuerwiderstandes effektiv gelingt, muß im Laufe der Untersuchung geprüft werden. Die systemimmanente tendenzielle Orientierung der Privaten am Nettoeinkommen, soviel sei vorweggenommen, verstärkt die Instabilität des ökonomischen Systems und kann somit auf indirektem Wege zur Verschärfung sozialer und politischer Krisen beitragen.

2. Der Pragmatismus des Leistungsfähigkeitsprinzips

Es ist nur konsequent, eine „Opfertheorie“ der Besteuerung zu vertreten, wenn offensichtlich das Äquivalenzprinzip keine reale Basis und insofern auch keine Gültigkeit hat. Für jeden Bürger stellen somit Steuern und Abgaben ein, wenn auch nur virtuelles Opfer dar, das, wenn schon keine inhaltliche Gleichheit von Leistung und

Gegenleistung erreichbar ist, zumindest nach formalen Gesichtspunkten gleich verteilt sein soll; und zwar nicht nur in dem Sinne, daß gleiche Einkommen in gleichem Maße steuerlich belastet werden sollen (horizontale Gleichheit), sondern derart, daß ungleiche Einkommen auch ungleich belastet werden (vertikale Gleichheit). Da die Theorie des gleichen Opfers ebenfalls nutzentheoretisch fundiert ist, stellen sich allerdings sofort Zweifel an ihrer Gültigkeit ein. Denn durch die kritische Analyse des Äquivalenzprinzips ist gerade klar geworden, daß die ganze Besteuerungsproblematik gelöst werden könnte, wäre nur jedermanns Nutzenfunktion bekannt. Wie auch immer, die „Opfertheorie" geht aus von dem Gleichheitsgrundsatz, daß jeder bei gegebenen Staatsausgaben ein subjektiv gleiches finanzielles Opfer zu erbringen hat. Das Ausmaß des finanziellen Opfers bestimmt sich nach dem damit verbundenen Nutzenentgang.
Sei Y das Einkommen eines Privatakteurs i ($i = 1, \ldots, s$), T der Steuerbetrag und $U^i = U^i(Y)$ die (unbekannte) Nutzenfunktion des i-ten Akteurs mit positivem und abnehmendem Grenznutzen ($U^i_Y > 0$). Als Gleichheitsmaß kommen in Frage (für zwei beliebige Akteure i,j) (24).

Gleiches absolutes Opfer
$$U^i(Y) - U^i(Y-T) = U^j(Y) - U^j(Y-T)$$

Gleiches relatives Opfer
$$\frac{U^i(Y) - U^i(Y-T)}{U^i(Y)} = \frac{U^j(Y) - U^j(Y-T)}{U^j(Y)}$$

Gleiches marginales Opfer
$$\frac{dU^i(Y-T)}{d(Y-T)} = \frac{dU^j(Y-T)}{d(Y-T)} \quad \text{bzw.}$$

$$dU^i(Y-(Y-T)) = dU^j(Y-(Y-T)).$$

Ein subjektiv gleiches absolutes Opfer trägt jeder, wenn der Nutzenverlust aufgrund des Steuerabzugs gleich groß ist. Ein gleiches relatives Opfer ist dann gegeben, wenn der prozentuale Nutzenentgang durch den Steuerabzug gleich groß ist. Bei gleichem marginalen Opfer ist der Grenznutzen des Einkommens nach Steuern bei allen Haushalten gleich.
Nun wird niemand in einem Konkurrenzpreissystem infolge des nach wie vor gültigen Eigennutzprinzips der Gemeinschaft bzw. dem Staat sein wahres (absolutes, relatives oder marginales) „Opfer" bekannt-

geben; und selbst wenn er es preisgäbe, bestünde keine Möglichkeit des interpersonellen Nutzenvergleichs. Denn keiner kann die subjektiven Nutzenabwägungen eines anderen nachvollziehen, solange er nicht gleich „empfindet". Das Leistungsfähigkeitsprinzip stößt somit auf die gleichen immanenten Einwände wie das Äquivalenzprinzip. Die Opfertheorie verfügt über *keine Theorie der „Opferfreudigkeit"* der Privaten gegenüber dem Staat. Sie muß vielmehr von den Verhaltensweisen ausgehen, die das Konkurrenzpreissystem hervorbringt und erfordert. Dann aber ist im Prinzip nur die Besteuerung nach dem Äquivalenzprinzip anwendbar. Der Privatakteur ist nur aus Eigennutz bereit, ein Opfer zu bringen. Wäre es für ihn vorteilhaft, sich der Besteuerung ganz zu entziehen, d.h. den „Staatsverband" zu verlassen und auf alle Annehmlichkeiten, die der Staat ihm bietet, zu verzichten, dann würde er das sicher tun (25). Seine „Opferbereitschaft" wäre gleich Null.

Schließlich müßte aus den drei verschiedenen Gleichheitsdefinitionen eine als maßgeblich für die Steuerpolitik ausgewählt werden. Diese Auswahl erfordert auf jeden Fall Einstimmigkeit, da bei einem Mehrheitsentscheid das Steueropfer nicht von allen Bürgern gleich definiert wäre und somit Gleichheit nicht realisierbar wäre. Auch im Falle des Leistungsfähigkeitsprinzips kann also das Arrow'sche Unmöglichkeitstheorem hinsichtlich der Existenz einer transitiven gesellschaftlichen Präferenzordnung geltend gemacht werden. Die Anwendbarkeit des Leistungsfähigkeitsprinzips der Besteuerung kann theoretisch ebenso wenig begründet werden, wie die des Äquivalenzprinzips. Die Kontroverse zwischen den beiden Steuertheorien entpuppt sich als Scheinkontroverse.

Das Resultat dieser Überlegungen ist nun wenig erfreulich. Eine Theorie der Besteuerung existiert nicht. Das Leistungsfähigkeitsprinzip erweist sich als eine Rechtfertigungslehre: Wird – wie auch immer – nach der „Leistungsfähigkeit" besteuert, dann muß das Steueropfer bei bestehender Verteilung „gerecht" verteilt sein. In diesem Zusammenhang sei darauf hingewiesen, daß sich die Steuerpolitik zur Begründung der Steuerprogression in der Regel auf das Leistungsfähigkeitsprinzip beruft. Aber wie man aus obigen formalen Definitionen der Gleichheit sofort ersieht, ist es gar nicht sicher, daß die Steuerprogression aus der Opfergleichheit resultiert (26). Für einen „reichen Geizhals" mag der Verlust einer Steuermark ein viel größeres absolutes, relatives oder marginales Opfer sein wie für einen „gewöhnlichen Arbeiter". In diesem Fall wäre es aus der Sicht der Opfertheorie sicher gerecht, den „reichen Geizhals" steuerlich zu schonen und einen regressiven Tarif anzuwenden. Mit dem Leistunsgsfähigkeitsprinzip läßt sich somit jede Tarifgestaltung rechtfertigen; zumal der Gleichheitsgrundsatz in einer Tauschgesellschaft hohes Ansehen genießt und die Regierung sich der Zustimmung der Bürger sicher sein kann, wenn sie vorgibt, das Steueropfer möglichst „gleich“ bzw. „gerecht“ zu verteilen (27). Aber die „Gleichverteilung“ dürfte nicht zu weit gehen, denn Opfer bleibt Opfer, und in einer kapitalistischen Wirtschaftsordnung wird jeder versuchen, das Opfer zu minimieren, d.h. der Steuer zu entgehen. Diese Steuerabwehr kann allerdings unangenehme Konsequenzen haben. Steuervermeidung kann Rückgang der Investitionstätigkeit und infolgedessen Arbeitslosigkeit bedeuten; Steuerüberwälzung kann die Inflation anheizen und die Stabilität des Preissystems gefährden. Angesichts dieser Rückwirkungen einer egalisierenden Steuerpolitik, könnte niemand der Mehrheit der Bevölkerung, d.h. den abhängig Beschäftigten empfehlen, per Mehrheitsbeschluß die „Opfergleichheit“ einseitig zu ihren Gunsten zu definieren. Eine derartige Empfehlung liefe implizit auf den Vorschlag hinaus, das kapitalistische Wirtschaftssystem abzuschaffen. Denn der Steuer- und Sozialstaat kann dem Mehrheitswillen nur, wie zu zeigen sein wird, soweit genüge tun, wie es die Marktwirtschaft in ihrer jeweiligen Struktur zuläßt. Der Begriff „soziale Marktwirtschaft“ verwischt insoweit die grundsätzliche Unvereinbarkeit der Mehrheitsregel mit der Pareto-Regel. Er bestärkt die Illusion, die sozialen Schäden oder Unzulänglichkeiten der Marktwirtschaft könnten vom Sozial- und Steuerstaat beliebig repariert oder kompensiert werden.

3. Freiheit von Fiskalillusion

Der theoretischen Begründung des Steuerwiderstandes könnte das Argument der Fiskalillusion entgegengehalten werden: Da die Erhöhung der Staatsquote in der Praxis als gleich vorteilhaft oder vorteilhafter als der Erhalt des privaten realen Konsumstandards betrachtet wird, verzichten die privaten Akteure auf Steuerwiderstand. Oder man kann auch sagen, Fiskalillusion liegt dann vor, wenn sich die Steuerzahler der Illusion hingeben, die Besteuerung erfolge (approximativ) nach dem Äquivalenzprinzip oder dem Leistungsfähigkeitsprinzips. Fiskalillusion wäre somit gleichbedeutuend mit der Illusion, gegenüber dem Staat trete das Eigennutzstreben hinter dem Solidaritätsideal zurück. Bei Freiheit von Fiskalillusion orientieren sich dagegen die privaten Akteure am Nettoeinkommen. Sie werden auf

Steuererhöhungen entweder durch eine Korrektur ihrer Mengenpläne zur Steuervermeidung oder durch die Überwälzung der zusätzlichen Steuerlast auf Löhne und Preise reagieren.
Theoretisch und empirisch findet sich kein Argument für die Existenz von Fiskalillusion im Bewußtsein des Steuerzahlers. Im Gegenteil, auch die „*Neue Politische Ökonomie*" als Kritik der traditionellen ökonomischen Theorie geht durchwegs vom Eigennutzstreben der Stimmbürger und Politiker, d.h. von der ökonomischen Konditionierung des Citoyen aus (28). Die Ergebnisse der *empirischen Sozialforschung* bestätigen darüber hinaus die Vermutung, daß sich die Privaten in der Regel eigennützig verhalten (29). Hinsichtlich der Lohnempfänger wird darauf verwiesen, daß dieArbeitseinstellung vorwiegend instrumentell ist. Man will durch Lohnarbeit ein Gehalt erzielen, um im Konsum seine Bedürfnisse befriedigen zu können. Die Fakten widersprechen insoweit nicht der Theorie des Arbeitsangebots. Die empirisch festgestellte Konsumeinstellung hat sich offensichtlich verfestigt, nachdem die abhängig Beschäftigten erkennen mußten, daß ihr traditionelles Ziel, soziale Gerechtigkeit und Gleichheit insbesondere am Arbeitsplatz herzustellen, gerade durch das Lohnverhältnis unerreichbar ist. Die Gleichheit im Konsum ist infolgedessen ein Ersatzziel der abhängig Beschäftigten geworden. In einem derartigen Warenbewußtsein verliert die Solidarität am Arbeitsplatz und damit auch die Solidarität mit sozial gleichgestellten außerhalb der Arbeitswelt an Bedeutung gegenüber kollektiven gewerkschaftlichen Aktionen zur Erreichung eines möglichst hohen privaten Geldeinkommens. In dieser Sichtweise sind die Gewerkschaften nicht Solidargemeinschaft, sondern Zweckverband bzw. Instrument, um private Ziele wirksam verfolgen zu können. Schließlich wird der Staat mehrheitlich nicht als Interessenvertreter der abhängig Beschäftigten angesehen. Denn abgesehen von Transferzahlungen kann der Staat die soziale Lage der abhängig Beschäftigten nur indirekt beeinflussen: Seine Maßnahmen (Bildungs-, Gesundheits-, Arbeitsmarktpolitik, usw.) können die materielle Lage nur dann positiv wenden, wenn die Unternehmungen die entsprechenden Arbeitsplätze zur Verfügung stellen. Gleiche Bildungschancen sind beispielsweise keine hinreichende Voraussetzung für gleiche Berufschancen. Insoweit erscheint der Staat als „Unternehmerstaat", von dem die abhängig Beschäftigten nur begrenzte Verbesserungen hinsichtlich der Einkommensverteilung und der Verteilung von Lebenschancen erwarten, *so daß der gewerkschaftliche Lohnkampf weiterhin als wichtigstes Mittel im Kampf um eine gerechtere (Netto-)*

Verteilung angesehen wird. Angesichts dieser Befunde fällt es schwer, die Fiskalillusion als wesentlichen Einflußfaktor zur Milderung des Steuerwiderstandes (Steuerüberwälzung) anzusehen. Vielmehr scheint auch in den politischen Aktionen und in den sozialen Beziehungen außerhalb des Marktgeschehens das Eigennutzstreben zu dominieren. Nun wird von den Gewerkschaften häufig ein „Lohnverzicht" zugunsten der Staatsfinanzen, d.h. aber fiskalillusionäres Verhalten gefordert (30). Mit dem Hinweis auf den Willen des Gesetzgebers hinsichtlich der Steuerlastverteilung mutet man den Gewerkschaften in diesem Fall entweder zu, die Logik des Konkurrenzpreissystems zu ignorieren, oder man gesteht ihnen – mit dem Hinweis auf für die abhängig Beschäftigten äquivalente Staatsausgaben – ein faktisches Mitbestimmungsrecht bei der Finanzplanung zu. Wie immer man diese Argumente beurteilen mag, ihre Konsequenzen scheinen jedenfalls nicht in ausreichendem Maße bedacht zu werden. Bewertet man einerseits die Ergebnisse demokratischer Mehrheitsentscheidungen im Parlament höher als die der Marktgesetze, dann muß man konsequenterweise für eine *bewußte gesellschaftliche Planung* der Einkommensverteilung eintreten, was aber ohne Einschränkung der unternehmerischen Entscheidungsfreiheit in der Preis- und Investitionsplanung nicht möglich ist. Räumt man andererseits den verschiedenen gesellschaftlichen Gruppen einen mittelbaren oder unmittelbaren Einfluß bei den Entscheidungen über den staatlichen Haushalt ein, dann muß man auch bereit sein, diese gesamtwirtschaftliche Mitbestimmung in irgendeiner Form zu institutionalisieren, wenn Verfassung und Verfassungswirklichkeit in Einklang stehen sollen.

Anmerkung 1:

Sei $U=U(u^1, \ldots\ldots, u^s) \rightarrow \max!$

mit $u^i=u^i(x_1^i, \ldots\ldots, x_n^i; x_{n+1}, \ldots\ldots, x_{n+m})$

unter den Nebenbedingungen

$$x_j = \sum_{i=1}^{s} x_j^i$$

$$F(x_1, \ldots\ldots, x_n; x_{n+1}, \ldots\ldots, x_{n+m}) = 0$$

Setzt man die partiellen ersten Ableitungen der folgenden Lagrange-Funktion gleich Null, dann erhält man als notwendige Bedingungen für das Maximum der Wohlfahrtsfunktion

$$l(x_j^i, x_j, x_r) = U(u^1, \ldots\ldots, u^s)$$

$$-\lambda \cdot F(x_1, \ldots; x_{n+1}, \ldots)$$

$$-\sum_{j=1}^{n} \sigma_j \left(\sum_{i=1}^{s} x_j^i - x_j \right)$$

$$\frac{\delta l}{\delta x_j^i} = U_i u_j^i - \sigma_j = 0 \qquad i = 1, \ldots, s \qquad j = 1, \ldots, n \qquad (1)$$

Sei i = 1 und i ≠ 1 sowie j = n, dann gilt

$U_1 u_n^1 = \sigma_n; \quad U_i u_n^i = \sigma_n$ daraus folgt

$$\frac{U_i u_1^i}{U_1 u_1^1} = 1 \qquad (1')$$

$$\frac{\delta l}{\delta x_j} = -\lambda \cdot F_j + \sigma_j = 0 \qquad j = 1, \ldots, n \qquad (2)$$

Für j, k ist dann

$$\frac{\lambda \cdot F_j}{\lambda \cdot F_k} = \frac{F_j}{F_k} = \frac{\sigma_j}{\sigma_k} = \frac{u_j^i}{u_k^i}, \text{ d.h. } \frac{u_j^i}{u_k^i} = \frac{F_j}{F_k}$$

Denn aus Gl. (1) folgt für i und j, k

$$U_i u_j^i = \sigma_j; \; U_i u_k^i = \sigma_k, \text{ somit ist } \frac{U_i u_j^i}{U_i u_k^i} = \frac{\sigma_j}{\sigma_k}$$

$$\frac{\partial l}{\partial x_r} = \sum_{i=1}^{s} U_i u_r^i - \lambda F_r = 0 \qquad r=n+1,\ldots,n+m \tag{3}$$

$$\sum_{i=1}^{s} U_i u_r^i = \lambda F_r \tag{3'}$$

Wegen Gl. (2) ist für j = 1 $\quad \lambda F_1 = \sigma_1$

und wegen Gl. (1) ist für j = 1 und beliebiges i

$$U_i u_1^i = \sigma_1 \quad \text{also gilt} \quad U_i u_1^i = \lambda F_1$$

Demnach läßt sich (3') erweitern zu

$$\frac{\sum_{i=1}^{s} U_i u_r^i}{U_i u_1^i} = \frac{F_r}{F_1}$$

Außerdem ist wegen Gl. (1') für j = 1 und i = 1, . . . , s

$$U_1 u_1^1 = U_2 u_1^2 = \ldots\ldots = U_s u_1^s = \sigma_1 .$$

Deshalb gilt

$$\frac{U_1 u_r^1}{U_1 u_1^1} + \frac{U_2 u_r^2}{U_2 u_1^2} + \ldots + \frac{U_s u_r^s}{U_s u_1^s} = \frac{F_r}{F_1}$$

oder

$$\sum_{i=1}^{s} \frac{u_r^i}{u_1^i} = \frac{F_r}{F_1} \qquad r=n+1,\ldots,n+m; \quad j = 1 \tag{3''}$$

$$\frac{\partial l}{\partial \lambda} = F(x_1, \ldots, x_n; x_{n+1}, \ldots) = 0 \tag{4}$$

$$\frac{\partial l}{\partial \sigma_j} = \sum_{i=1}^{s} x_j^i - x_j = 0 \qquad j = 1, \ldots, n \tag{5}$$

Aus Gl. (4) und (5) findet man

$$F\left(\sum_{i=1}^{s} x_j^i, \ldots\ldots, \sum_{i=1}^{s} x_n^i; x_{n+1}, \ldots, x_{n+m}\right) = 0$$

Anmerkung 2:

Sei die zu maximierende individuelle Nutzfunktion gegeben durch

$$u^i = u^i(x_1^i, \ldots., x_n^i; x_{n+1}, \ldots) \rightarrow \max!$$

und die Budgetgleichung als Nebenbedingung durch

$$p_1 x_1^i + \ldots.. + p_n x_n^i + p_{n+1}^i x_{n+1} + \ldots. +$$

$$+ p_{n+m}^i x_{n+m} = L^i \gtrless 0,$$

wobei beliebiges L^i = Nettotransferzahlung. Bildet man die Lagrange-Funktion, und setzt man die ersten partiellen Ableitungen gleich Null, dann erhält man folgende notwendige Maximumbedingungen

$$l(x_1^i, \ldots, x_j^i, x_r) = u^i(x_1^i, \ldots., x_n^i; x_{n+1}, \ldots)$$

$$+ \lambda_i (L^i - (p_1 x_1^i + \ldots. + p_{n+1}^i x_{n+1} + \ldots.)$$

$$\frac{\partial l}{\partial x_1^i} = u_1^i - \lambda_i p_1 = 0 \tag{1}$$

$$\frac{\partial l}{\partial x_j^i} = u_j^i - \lambda_i p_j = 0 \tag{2}$$

Aus Gl (1) und (2) findet man

$$\frac{p_j}{p_1} = \frac{u_j^i}{u_1^i} \tag{2'}$$

$$\frac{\partial l}{\partial x_r} = u_r^i - \lambda_i p_r^i = 0 \tag{3}$$

Aus Gl. (1) und (3) findet man

$$\frac{p_r^i}{p_1} = \frac{u_r^i}{u_1^i} \tag{4}$$

Dem Staat fallen für die Bereitstellung eines öffentlichen Gutes x_r Kosten in Höhe von $p_r x_r$ an. Die individuellen Finanzierungsbeiträge in Form von Steuern bzw. Abgaben belaufen sich auf $p_r^i x_r$, so daß

$$p_r x_r = \sum_{i=1}^{s} p_r^i x_r = x_r \sum_{i=1}^{s} p_r^i \quad \text{oder}$$

$$p_r = \sum_i p_r^i \text{ ist.}$$

Somit findet man aus Gl. (4) unter Berücksichtigung daß

$$\frac{U_1 u_r^1}{U_1 u_1^1} + \ldots\ldots + \frac{U_s u_r^s}{U_s u_1^s} = \sum_{i=1}^{s} \frac{u_r^i}{u_1^i}$$

gilt

$$\sum_{i=1}^{s} \frac{p_r^i}{p_1} = \frac{p_r}{p_1} = \sum_{i=1}^{s} \frac{u_r^i}{u_1^i} \tag{4'}$$

Somit existieren wegen

$$\frac{p_j}{p_1} = \frac{u_j^i}{u_1^i} = \frac{F_j}{F_1} \qquad\qquad \frac{p_r}{p_1} = \sum_{i=1}^{s} \frac{u_r^i}{u_1^i} = \frac{F_r}{F_1}$$

für jeden beliebigen Pareto-optimalen Zustand entsprechende Preisrelationen. Umgekehrt sind in jedem Gleichgewichtszustand, in dem die Akteure ihren Nutzen bzw. Gewinn maximieren, die Optimumbedingungen erfüllt. Formal gilt somit die Aussage (Basistheorem): Jedes Optimum ist ein Gleichgewicht und jedes Gleichgwicht ein Optimum.

Literaturverzeichnis

(1) Vgl. u.a. *Heinz Kolms,* Finanzwisschenschaft II, 4. Auflage, Walter de Gruyter: Berlin, et al., 1974, S. 26,

(2) Vgl. u.a. *Charles M. Allan,* The Theory of Taxation, Penguin modern economics, Harmondsworth, 1971, pp. 32 sowie Heinz Kolms, a.a.O., Seite 111 ff.

(3) Vgl. auch *Heinz Haller,* Die Steuern, Tübingen 1964.

(4) Vgl. *Paul A. Samuelson,* Pure Theory of Public Expenditure and Taxation, in: R.W. Houghton (ed.), Public Finance, 2nd edition, Penguin Books Inc.: Harmondsworth 1973, pp. 231-260, insbes. p. 242.

(5) Vgl. Ders., a.a.O., Seite 243, Fn. 18.

(6) *Rümelin,* Reden und Aufsätze, Neue Folge (1881), S. 200 (Zitiert nach *Erik Lindahl,* Die Gerechtigkeit der Besteuerung, Eine Analyse der Steuerprinzipien auf der Grundlage der Grenznutzentheorie, Lund 1919, Seite 5, Fn. 1).

(7) *Karl Marx,* Das Kapital, Bd. I., Ullstein: Ffm. 1969, S. 146.

(8) Ders., Grundrisse der Kritik der politischen Ökonomie, EVA: Ffm., o.J., Seite 156.

(9) *Erik Lindahl,* Die Gerechtigkeit der Besteuerung, a.a.O., S. 80.

(10) Vgl. *Winfried Vogt,* Zur langfristigen Entwicklung eines kapitalistischen Systems, in: Leviathan. Zeitschrift für Sozialwissenschaft, Heft 2 (1973), Seite 161-188.

(11) Vgl. *Paul A. Samuelson,* The Pure Theory of Public Expenditure, in: Review of Economics and Statistics, Vol. XXXVI (1954), Ders., Diagrammatic Exposition of a Theory of Public Expenditure, ebenda, Vol. XXXVII (1955), Ders., Pure Theory of Public Expenditure and Taxation, a.a.O.

(12) *Nicholas Kaldor,* Die Irrelevanz der Gleichgewichtstheorie, in: Winfried Vogt (Hrsg.), Seminar: Politische Ökonomie, Suhrkamp: Ffm. 1973, Seite 81.

(13) Vgl. u.a. *Leopold Kohn,* Probleme der Kollektivgüterallokation, Schulthess Polygraphischer Verlag: Zürich 1973.

(14) Vgl. *Hajo Riese,* Wohlfahrt und Wirtschaftspolitik, rororo-Studium: Reinbek 1975, S. 11.

(15) Vgl. *P.A. Samuelson,* Diagrammatic Exposition . . . , a.a.O., S. 352.

(16) Insoweit ist der Titel von Samuelson's zitierten Aufsätzen irreführend.

(17) Vgl. *K.J. Arrow/F.H. Hahn,* General Competitive Analysis, San Francisco/ Edinburgh, 1971, Seite 132 ff.

(18) Vgl. *Bob Rowthorn,* Die neoklassische Volkswirtschaftslehre und ihre Kritiker – eine marxistische Beurteilung, in: W. Vogt (Hrsg.) Seminar: . . . , a.a.O., Seite 256 ff.

(19) Für eine leicht verständliche Darstellung vgl. *L. Kohn,* a.a.O., Seite 34 ff.

(20) *Joseph Schumpeter,* Die Krise des Steuerstaates, Graz und Leipzig, 1918, Seite 22.
(21) *Amartya K. Sen,* Collective Choice and Social Welfare, San Francisco et al., chap. 3, 1970.
Ekkehart Schlicht, Die Theorie der kollektiven Entscheidung und der individualistische Ansatz, in: Leviathan, Heft 2 (1974), Seite 263-279.
(22) *Knut Wicksell,* Finanztheoretische Untersuchungen, Neudruck der Ausgabe Jena 1896, Aalen 1969, Seite 111.
(23) Vgl. *Paul A. Samuelson,* Pure Theory . . . , a.a.O., Seite 239/240, Fn. 14.
(24) Vgl. *Walter Wittmann,* Einführung in die Finanzwissenschaft, II. Teil, Die öffentlichen Einnahmen, Gustav Fischer Verlag: Stuttgart 1971, Seite 84 ff.
(25) Vgl. *Duncan K. Foley,* Lindahl's Solutions and the Core of an Economy with Public Goods, in: Econometrica, Vol. 38, Nr. 1 (Jan. 1970), Seite 66 ff.
(26) Vgl. *Heinz Haller,* Bermerkungen zur progressiven Besteuerung und zur steuerlichen Leistungsfähigkeit, in: Finanzarchiv, NF. Bd. 20 (1959/60), Seite 35 ff.
(27) Vgl. auch *Rudi Ulbrich,* Das Leistungsfähigkeitsprinzip der Besteuerung. Eine kritische Würdigung seiner opfertheoretischen Grundlagen und Konsequenzen für die Steuerpolitik, Diss., Ffm. 1975.
(28) Vgl. u.a. *Hans Peter Widmaier,* Politische Ökonomie des Wohlfahrtsstaates, in: Ders. (Hrsg.), Politische Ökonomie des Wohlfahrtsstaates, Eine kritische Darstellung der Neuen Politischen Ökonomie, Athenäum Fischer Taschenbuch-Verlag: Ffm. 1974, Seite 9-29.
(29) Vgl. u.a. *Jürgen Frank,* Kritische Ökonomie. Einführung in Grundsätze und Kontroversen wirtschaftswissenschaftlicher Theoriebildung, rororo studium; Reinbek 1976, Seite 168 ff. *Martin Baethge/Michael Schumann,* Legitimation und Staatsillusion im Bewußtsein der Arbeiter, in: Arbeitssituation, Lebenslage und Konfliktpotential. Festschrift für Max. E. Graf zu Solms-Roedelheim, Europäische Verlagsanstalt; Ffm. 1974, Seite 39-69.
(30) Vgl. u.a. *Hans-Jürgen Krupp,* Verwirrspiel mit Lohnprozenten - Was ist drin ohne Gefahr für die Preise?, in: Frankfurter Rundschau, No. 18, 22. Jan. 1977, Seite 5.

II. Die systematische Beschränkung der Steuerquote

Nachdem ausgehend von den Prämissen der neoklassichen Theorie nachgewiesen wurde, daß die privaten Akteure im Durchschnitt frei von Fiskalillusion sind, d.h. sich in ihrer Lohn- und Preiskalkulation in der Regel am Nettoeinkommen orientieren, soll *die These begründet werden, daß der relative Anstieg des Steuervolumens endogen beschränkt ist.* Und zwar deshalb, weil infolge des Steuerwiderstandes bei steigender Steuer- und Ausgabenquote beschleunigte Inflation und/oder Arbeitslosigkeit resultieren. Dem Staat erwächst somit aus der Allokationsfunktion notwendig eine Stabilisierungsfunktion. Bei Freiheit von Fiskalillusion wird das Ziel einer konjunkturneutralen Ausdehnung der Staatstätigkeit zur Illusion; im Konkurrenzpreissystem können die Einnahmen (und Ausgaben) des Staates nur in „kleinen Schritten" ausgedehnt werden, wenn größere Störungen im Preis-Mengen System vermieden werden sollen. – Es läßt sich zeigen, daß die genannte These im Rahmen der neoklassischen Keynes-Interpretation wie auch im Rahmen des Postkeynesianismus gültig ist. Nach der neoklassischen Theorie beinhaltet Steuerwiderstand bei entsprechenden Steuererhöhungen eine *Revision der individuellen Mengenplanung:* Die Kapitalakkumulation und/oder das Arbeitsangebot werden eingeschränkt, wodurch wiederum Preisänderungen hervorgerufen werden. Diese Reaktionsweise wird häufig als *Abnahme der Leistungsbereitschaft* beklagt. Nach der postkeynesianischen Theorie beinhaltet Steuerwiderstand bei entsprechenden Steuersatzvariationen eine *Korrektur der individuellen Preiskalkulation:* Steuererhöhungen werden direkt als Kostenfaktor auf Löhne und Preise überwälzt. Diese Reaktionen im Preissystem werden als *Lohn - Preis - Steuer Spirale* charakterisiert oder moralisierend je nach Interessenstandort als „Anspruchs-Inflation" ausgegeben. Läßt sich schließlich zeigen, daß die relative Zunahme der Staatstätigkeit endogen, d.h. aus dem Funktionszusammenhang des Preis-Mengen Systems generiert wird, dann resultiert aus der oben genannten These, *daß der Staat mit innerer Notwendigkeit in eine permanente Finanzklemme gerät.* Bei systemimmanent zu kurzer Finanzdecke stellt sich Fiskalpolitik als Krisenmanagement der Regierung dar. Auf der Ausgabenseite bieten sich der Regierung als entsprechende Gegenstrategien an:
(1) Rationalisierung des öffentlichen Dienstes,
(2) Reprivatisierung staatlicher Tätigkeiten und
(3) relative Kürzung bzw. Einfrieren von Ausgaben.

Auf der Einnahmenseite bleibt nur die Vermeidung bzw. die Brechung des Steuerwiderstandes:

(1) Durch „konzertierte Aktionen" zwischen Staat und Sozialpartnern,

(2) durch Auferlegung von „unmerklichen Steuern",

(3) durch steuerliche Umverteilungen und

(4) durch eine Politik der „Lohndisziplinierung".

Insoweit ist mit der Frage nach dem Steuervolumen zugleich die Frage nach der Steuerstruktur angesprochen. Welche Maßnahmen und in welchem Ausmaß die Regierung ergreifen wird, um die Ausgaben - Einnahmen Schere in der krisenhaften sozio-ökonomischen Entwicklung zu schließen, hängt ab vom Kräfteverhältnis der Interessengruppen in den ökonomisch-politischen Auseinandersetzungen. Eine Finanzkrise des Staates ließe sich nur begründen, wenn nachgewiesen werden könnte, daß dem Steuerstaat (in beliebiger Regierungsform) das fiskalpolitische Krisenmanagement systembedingt nicht mehr gelingt. D.h. es müßte mindestens gezeigt werden, daß sich die Einnahmen - Ausgaben Schere des Steuerstaates trotz aller Bemühungen der Regierung *zunehmend* öffnet und der Steuerstaat unaufhaltsam dem *Staats*bankrott entgegengeht.

1. *Destabilisierende Fiskalpolitik: Eine neoklassische Keynes-Interpretation bei Freiheit von Fiskalillusion*

Die Keynes'sche Theorie geht in der Regel von der Annahme aus, die Lohnbezieher unterlägen der Fiskal- und Geldillusion. In diesem Fall kann die Steuerpolitik ihre stabilisierende und allokative Funktion im wesentlichen wirksam und ohne hemmende Funktionskonflikte erfüllen: Ein steigender Staatsanteil kann konjunkturneutral durch höhere Steuern und Abgaben finanziert; eine überschäumende Konjunktur durch höhere Steuern und Abgaben gezügelt und eine dahinsiechende Wirtschaft durch Steuererleichterungen stimuliert werden. Denn höhere Lohn- und Einkommensteuern z.B. vermindern das verfügbare Einkommen der privaten Haushalte und höhere indirekte Steuern reduzieren ihre reale Kaufkraft, so daß die Konsumnachfrage gedrosselt, die Preise unter Druck geraten sowie Beschäftigung und Produktion via Multiplikator - Akzelerator Prozesse eingeschränkt werden (1).

In den letzten Jahren wurden jedoch vermehrt Zweifel laut, daß bei beschleunigter Inflation, Steuerprogression und merklich zunehmender Steuer- und Abgabenbelastung der Bruttonominallohn Grundlage des Lohnkalküls der abhängig Beschäftigten ist. Empirische Untersuchungen haben gezeigt, daß eher der Nettoreallohn als Orientierungsgröße für Lohnverhandlungen dient (2). Die empirischen Befunde zur Lohnpolitik der abhängig Beschäftigten entsprechen somit dem Ergebnis der theoretischen Analyse des Steuerwiderstandes, daß sich die privaten Akteure in der Regel frei von Fiskalillusion in ihrer Preis- und Lohnkalkulation am Nettoeinkommen orientieren. Die These, daß bei Freiheit von Fiskalillusion und bei zunehmender Steuer- und Ausgabenquote Inflation und/oder Arbeitslosigkeit resultieren und deshalb die Allokations- und/oder Distributionsfunktionen des Staates durch die Stabilisierungserfordernisse systematisch blockiert werden, wird im folgenden in Anlehnung an Arbeiten von A.S. Blinder (3), A.C. Porzecanski (4) und Th.F. Dernburg (5) anhand eines allgemeinen, nicht-linearen, makro-ökonomischen Modells bei Existenz einer allgemeinen Mehrwertsteuer auf Konsum- und Investitionsgüter sowie einer proportionalen Lohn- bzw. Einkommensteuer untersucht. Wie aus der folgenden Modellkonstruktion hervorgeht, wird an den Keynes'schen Grundannahmen bzw. Theorien zum Güter-, Geld- und Arbeitsmarkt und zunächst ebenfalls an der Annahme der Existenz von Geldillusion festgehalten. Die Ergebnisse würden sich im übrigen nicht wesentlich ändern, wenn man Freiheit von Geldillusion zugrunde legte.

Im Gleichgewicht stimmen auf dem Gütermarkt Angebot und Nachfrage überein (Gleichung 1), wobei die private Konsumnachfrage (Gleichung 2) vom verfügbaren Einkommen als Differenz von Nettosozialprodukt und direkten Abgaben und Steuern (Lohn- und Einkommensteuern sowie Sozialversicherungsbeiträge) abhängen, die Nettoinvestitionen negativ mit dem Kapitalmarktzins korreliert (Gleichung 3) und die Staatsausgaben (G) exogen bestimmt sind. Im Rahmen der weiter unten durchgeführten dynamischen Analyse wird von endogen steigenden Staatsausgaben ausgegangen. Das Geldangebot (M^s) wird ebenfalls exogen vorgegeben, während die Geldnachfrage abhängt vom Volkseinkommen und vom Zinssatz (Gleichung 4). Das Nettosozialprodukt zu laufenden Preisen ergibt sich definitorisch aus dem Produkt von Preisindex und Sozialprodukt zu konstanten Preisen (Gleichung 5), letzteres variiert kurzfristig mit der Beschäftigung (Gleichung 6). Die Nachfrage nach Arbeitskraft (Gleichung 7) resultiert aus dem Profitmaximierungskalkül der Unternehmungen: Bei vollkommener Konkurrenz entspricht der Nominallohn dem Nettowertgrenzprodukt; d.h. die Unternehmungen gehen in ihrer Lohnkalkulation von den realisierbaren Marktpreisen abzüglich Mehrwertsteuer aus bzw. von vollständiger Rückwälzung der indirekten Steuern auf die Nominallöhne; letzteres entspricht einer Reduktion des Reallohns infolge von Preissteigerungen aufgrund von Steuerüberwälzung. Das Arbeitsangebot schließlich basiert auf dem Nutzenmaximierungskalkül, in das der Nettolohn zur Bestimmung des optimalen Arbeitsangebots (Gleichung 8) eingeht. Unterstellt man weiterhin, daß zusätzlich verfügbares Einkommen nicht vollständig für zusätzlichen privaten Konsum ausgegeben wird (die Grenzneigung zum Konsum ist kleiner als 1), daß die Investitionstätigkeit mit steigendem Zinssatz bzw. mit fallendem Zinssatz zurückgeht bzw. sich belebt, daß mit steigendem Einkommen die Kassenhaltung für Transaktionszwecke ausgedehnt und mit steigendem Zinssatz eingeschränkt wird, daß das Gesetz der abnehmenden Grenzerträge gilt, und daß mit steigendem Arbeitskräfteangebot der Geldlohn steigt, während er infolge der Existenz von Geldillusion auf Preisniveauvariationen nicht reagiert, dann lassen sich die genannten Beziehungen auf dem Güter-, Geld- und Arbeitsmarkt in folgendem allgemeinen Modell zusammenfassen.

$$Y = C+J+G \qquad (1)$$

$$C = C(Y^d) = C((1-t)Y); \quad 0 < C' < 1 \qquad (2)$$

$$J = J(i); \quad J' < 0 \qquad (3)$$

$$\frac{M^S}{p} = L(Y,i); \quad L_Y > 0,\ L_i < 0 \qquad (4)$$

$$Y = p \cdot X \qquad (5)$$

$$X = f(N) \quad f'(N) > 0,\ f''(N) < 0 \qquad (6)$$

$$w = p(1-\emptyset)\ f'(N) \qquad (7)$$

$$w = \frac{1}{1-t}\, h(p,N); \quad h_p = 0,\ h_N > 0 \text{ sowie} \qquad (8)$$

$$\frac{dN}{dt} \leqq 0 \text{ und } \frac{dw}{dt} \geqq 0 \text{ bei}$$

Steuersatzerhöhungen bzw. -senkungen

Bei Freiheit von Geldillusionen gälte für die Gleichung (8) $h_p > 0$, d.h. die abhängig Beschäftigten unterlägen nicht der Illusion, die Veränderung des Preisniveaus ließe ihre Einkommensposition unberührt. Unter Berücksichtigung der Gleichgewichtsbedingungen für den Güter-, Geld- und Arbeitsmarkt und unter Beachtung von Gl. (5) und (6) läßt sich dieses System auf drei Gleichungen reduzieren.

$$pf(N) - C(pf(N)(1-t)) - J(i) = G \tag{9}$$

$$pL(pf(N), i) = M^S \tag{10}$$

$$p(1-\emptyset) f'(N) - \frac{1}{1-t} h(p,N) = 0 \tag{11}$$

Endogene (Ziel-) Variable sind N = Beschäftigungsvolumen, p = Preisniveau und i = Zinssatz. Exogene (Instrumenten-) Variable sind G = Staatsausgaben, M^s = Geldmenge sowie die Steuersätze t (Lohn- und Einkommensteuer) und $\emptyset$ (Mehrwertsteuer, vgl. Anmerkung 1). Dieses System muß simultan gelöst werden, da die Dichotomisierung der Märkte infolge der Existenz der Freiheit von Fiskalillusion (die Arbeitsmarktbeziehung (11) enthält zwei endogene Variable) aufgegeben ist.

Aus den Gleichgewichtsbeziehungen für den Gütermarkt und den Geldmarkt (Gl. 9 und 10) erhält man in Verbindung mit der Produktionsfunktion (Gl. 6) die gesamtwirtschaftliche Nachfragefunktion (vgl. Anmerkung 2).

$$X = C(X(1-t)) + \frac{1}{p} J(i(M^S, X, p)) + \frac{1}{p} G. \tag{12}$$

Bei konstanter Geldmenge (M^s) und unveränderten Staatsausgaben (G) vermindert sich für jedes beliebige Preisniveau (d.h. dp = 0) bei einer Erhöhung der Lohn- und Einkommensteuer (t) die gesamtwirtschaftliche Nachfrage. Denn wegen

$$dX = C'(-X)\, dt \text{ ist}$$

$$\frac{dX}{dt} = - C'X < 0 \tag{13}$$

Außerdem hat die gesamtwirtschaftliche Nachfragekurve einen negativen Anstieg.

Aus der Gleichgewichtsbeziehung für den Arbeitsmarkt (Gl. 11) erhält man in Verbindung mit der Produktionsfunktion (Gl. 6) die gesamtwirtschaftliche Angebotsfunktion (vgl. Anmerkung 3) mit positivem Anstieg, d.h. Preiserhöhungen sind zur Ausdehnung der Produktion nötig, damit sich das Angebot der gestiegenen Nachfrage anpassen kann.

$$X = f(N(p,\emptyset,t)) \tag{14}$$

Bei konstantem Preisniveau (dp = 0) und unveränderter Technik vermindert sich aufgrund einer Erhöhung der Mehrwertsteuer und/ oder der Lohn- bzw. Einkommensteuer die reale Produktion.

$$dX = f'(N) \left(\frac{\partial N}{\partial \emptyset} \cdot d\emptyset + \frac{\partial N}{\partial t} \cdot dt\right) < 0 \tag{15}$$

Bei steigenden Steuersätzen geht das Angebot an bzw. die Nachfrage nach Arbeitskräften zurück und bei vermindertem Arbeitseinsatz sinkt die Produktion. Die Auswirkungen von Steuersatzänderungen auf Preisniveau und Produktionsvolumen lassen sich durch folgende Abbildung illustrieren.

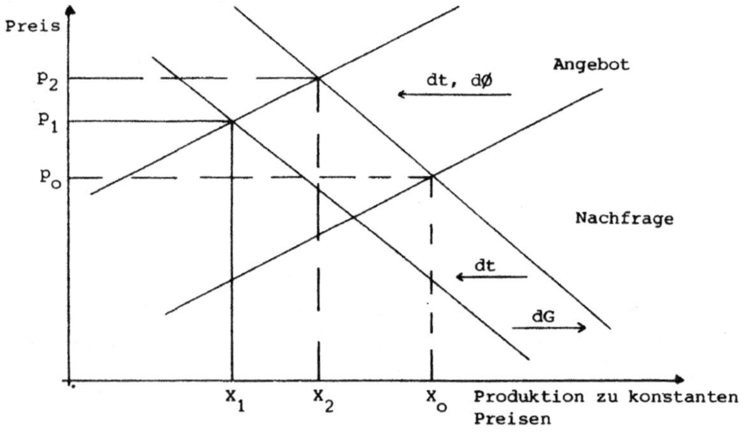

Abb. 2-2: Gesamtwirtschaftliche Produktion und Nachfrage

Wird die Mehrwertsteuer erhöht, dann wird die Produktion eingeschränkt (von X_o auf X_2) und die Preise heraufgesetzt (von p_o nach p_2). In der Abbildung 2-2 verschiebt sich die Angebotskurve nach links. Bei einer Erhöhung der Lohn- und Einkommensteuer wird zwar ebenfalls die Produktion eingeschränkt (von X_o auf X_1), aber das

Preisniveau kann steigen (hier: von p_0 nach p_1), konstant bleiben oder fallen, je nachdem wieweit die private Konsumnachfrage durch die Steuererhöhung gedämpft wird. In der Abbildung 2-2 verschieben sich die Angebots- bzw. Nachfragekurve nach links. Steuererhöhungen drosseln somit auf jeden Fall die Produktionstätigkeit und tragen zum Abbau von Beschäftigung bei oder führen zu Kurzarbeit und Arbeitslosigkeit. Im Falle einer Mehrwertsteuererhöhung steigt das Preisniveau unbedingt, im Falle einer Lohn- und Einkommensteuererhöhung kann – unter noch näher zu analysierenden Bedingungen – der Preisanstieg gebremst oder beschleunigt werden. Geht man allerdings von einer endogen steigenden Staatsquote aus, dann wird die Nachfragedämpfung infolge der Erhöhung der direkten Steuern durch die (die Nachfrage stimulierende) Ausgabenausdehnung des Staates mehr als wettgemacht, wie aus der einfachen Multiplikator-Analyse bereits bekannt ist (Haavelmo-Theorem). Bei Freiheit von Fiskalillusion ist die konjunkturneutrale Ausdehnung des Staatshaushaltes unmöglich. Das Konzept des Sachverständigenrates (6) für einen konjunkturneutralen Staatshaushalt beruht auf *systemfremden*, also unrealistischen Verhaltensannahmen; deshalb ist dieses Konzept auch unrealistisch. Bei einer steuerfinanzierten relativen Ausdehnung der Staatstätigkeit wird *die Inflation beschleunigt* und/oder die Beschäftigung abgebaut bzw. die Arbeitslosigkeit vergrößert. Diese beiläufige, immanente Kritik am Konzept des konjunkturneutralen Staatshaushaltes beruht, wohlgemerkt, vollständig auf der Axiomatik der neoklassischen Theorie. Den immer wieder aufbrechenden Konflikt zwischen allokations- und distributionspolitischen Zielsetzungen einerseits und stabilitätspolitischen Zielsetzungen andererseits kann der Staat dadurch zu begrenzen versuchen, daß er die relative Ausdehnung des Staatsanteils und somit der Steuerquote möglichst beschränkt und/oder den Steuerwiderstand vor allem der Lohn- und Gehaltsbezieher bricht.

Ausgabensanierung und Lohndisziplinierung – beides hängt aufgrund des hohen Personalkostenanteils der öffentlichen Haushalte eng zusammen – lassen sich in rezessiven wirtschaftlichen Phasen leichter durchsetzen, weil dann die abhängig Beschäftigten aus Angst vor zunehmender Arbeitslosigkeit gezwungenermaßen bereit sind, eher auf Lohnsteigerungen zu verzichten und den Konsum – auch hinsichtlich öffentlicher Güter – auf das „Notwendigste" einzuschränken. Auf das systembedingt widersprüchliche Verhalten der privaten Akteure kann der Staat auch nur mittels widersprüchlicher Interventionen reagieren. Die Theorie der politischen Konjunkturzyklen erscheint somit methodologisch in einem anderen Licht. Denn es erscheint nur so, *als ob* die

Konjunkturzyklen das Ergebnis rationalen politischen Kalküls der Regierungen sind. Tatsächlich kann keine Regierung in einem kapitalistischen Wirtschaftssystem dem Dilemma widersprüchlicher wirtschaftspolitischer Interventionen entgehen; und es ist dann nur eine Frage der Geschicklichkeit der Politiker, dieses Dilemma in wahltaktische Vorteile umzumünzen. D.h., die Theorie der politischen Konjunkturzyklen *erklärt* die Zyklen nicht, sondern sie ermöglicht lediglich Prognosen über das wirtschaftspolitische Taktieren der Regierung (7).

Zur näheren Untersuchung der Bedingungen, unter den die endogenen (Ziel-)Variablen Beschäftigung und Preisniveau auf Veränderungen der Instrumentenvariablen, insbesondere der beiden Steuersätze t und Ø positiv oder negativ reagieren, werden Gl. (9) - (11) total differenziert, wobei zu beachten ist, daß $h_p = 0$. In Matrixschreibweise erhält man folgende Gl. (16):

$$\begin{bmatrix} \frac{1-C'(1-t)}{1-\emptyset}w & (1-C'(1-t))X & -J' \\ \frac{p\cdot w}{1-\emptyset}L_Y & \frac{M}{p}+Y\cdot L_Y & pL_i \\ p(1-\emptyset)f''-\frac{1}{1-t}h_N & \frac{w}{p}-\frac{1}{1-t}h_p & 0 \end{bmatrix} \cdot \begin{bmatrix} dN \\ dp \\ di \end{bmatrix} = \begin{bmatrix} dG-C'Ydt \\ dM \\ \frac{w}{1-\emptyset}d\emptyset+\frac{w}{1-t}d \end{bmatrix} \tag{16}$$

Entwickelt man die Koeffizientenmatrix nach der dritten Spalte, dann erhält man

$$\det A = -J'\left[\frac{p\cdot w}{1-\emptyset}\cdot L_Y\cdot\frac{w}{p}-\left(\frac{1}{e_d}-\frac{1}{e_s}\right)\frac{w}{N}\left(\frac{M}{p}+YL_Y\right)\right]$$

$$-pL_i\left[\frac{w}{p}\,\frac{1-C'(1-t)}{1-\emptyset}\,w-\left(\frac{1}{e_d}-\frac{1}{e_s}\right)\frac{w}{N}(1-C'(1-t))X\right] > 0$$

wobei für das 1. Element der 3. Zeile wegen Gl. (7) und (8) gilt (vgl. Anmerkung 3)

$$\left(\frac{1}{e_d} - \frac{1}{e_s}\right) \frac{w}{N} < 0$$

Mit det A > 0 wird angenommen, daß das System stabil ist.
Aufgrund von Gl. (16) findet man für die Reaktion der Beschäftigung auf die Variation der Steuersätze folgende Ausdrücke.

$$\frac{dN}{dt} = \frac{1}{\det A} \left[L_i wC'Y + L_i (1-C'(1-t))Y \frac{w}{1-t} + J'(\frac{M}{p} + Y \cdot L_y) \frac{w}{1-t} \right] < 0 \tag{17}$$

oder nach Umformung (vgl. Anmerkung 4)

$$\frac{dN}{dt} = \frac{1}{\det A}\left[L_i \; wC'Y + \frac{1}{m} L_i \; Y \frac{w}{1-t} + J' \frac{M}{p} \frac{w}{1-t}\right] < 0,$$

wobei m = Fiskalpolitischer Multiplikator.

$$\frac{dN}{d\emptyset} = \frac{1}{\det A}\left[L_i (1-C'(1-t))Y \frac{w}{1-\emptyset} + J'(\frac{M}{p} + YL_y) \frac{w}{1-\emptyset}\right] < 0 \tag{18}$$

oder nach Umformung

$$\frac{dN}{d\emptyset} = \frac{1}{\det A}\left[\frac{1}{m} L_i \; Y \frac{w}{1-\emptyset} + J' \frac{M}{p} \frac{w}{1-\emptyset}\right] < 0$$

Erhöhungen des Lohnsteuer- und Mehrwertsteuersatzes führen bei gegebenem Bruttononimallohn über die enstprechenden Reaktionen auf dem Arbeits- und Geldmarkt zu einem Abbau des Beschäftigungsdruckes bzw. verstärken die Arbeitslosigkeit.
Darüber hinaus reduziert eine Verminderung der Geldmenge oder der Staatsausgaben die Beschäftigung. Umgekehrtes gilt umgekehrt. Denn es ist

$$\frac{dN}{dM} = \frac{1}{\det A}\left[- J' \frac{w}{p}\right] > 0 \tag{19}$$

$$\frac{dN}{dG} = \frac{1}{\det A}\left[- L_i \; w\right] > 0 \qquad (20)$$

Die Reaktion des Preisniveaus auf eine Erhöhung des Einkommensteuersatzes bzw. von Sozialversicherungsbeiträgen ist nicht, wie bisher in der Regel angenommen (8), eindeutig bestimmt. Das Preisniveau fällt genau dann, wenn folgende Bedingung gilt (vgl.Anmerkung 5), d.h. $\frac{dp}{dt} < 0$, wenn

$$\left[\frac{1}{e_s} - \frac{1}{e_d}\right] > \frac{1}{C'm} \cdot \frac{1}{(1-\emptyset)(1-t)} = \frac{1}{C'm} \cdot \frac{1+t_i}{1-t}, \qquad (21)$$

wobei 1 = Bruttolohnquote und C'm = Steuermultiplikator

Ein Sinken des Preisniveaus ist somit infolge eines erhöhten Einkommensteuertarifs oder erhöhter Sozialversicherungsbeiträge um so eher zu erwarten, je

- geringer die Lohnquote,
- größer der Steuermultiplikator,
- geringer der Lohnsteuersatz und/oder der Mehrwertsteuersatz,
- geringer die (positive) Angebotselastizität und/oder die (negative) Nachfrageelastizität der Arbeit ist.

Andernfalls ist $\frac{dp}{dt} > 0$, wenn

$$\left[\frac{1}{e_s} - \frac{1}{e_d}\right] < \frac{1}{C'm} \cdot \frac{1+t_i}{1-t}$$

Die Frage, ob Preisniveau und direkte Steuer bzw. Abgabenbelastung positiv oder negativ korreliert sind, läßt sich nicht theoretisch, sondern nur *empirisch beantworten*. Blinder hält die Bedingung (21) für empirisch plausibel, d.h. er geht davon aus, daß mit Hilfe der Steuerpolitik (direkte Steuern) die Inflation wirksam bekämpft werden kann.
Eine Erhöhung des Mehrwertsteuersatzes beschleunigt aber in jedem Fall die Inflation, denn es gilt

$$\frac{dp}{d\emptyset} = \frac{1}{\det A}\left[-\left(pL_i \frac{1-C'(1-t)}{1-\emptyset} w + J' \frac{p \cdot w}{1-\emptyset} L_y\right)\frac{w}{1-\emptyset}\right] > 0 \qquad (22)$$

oder nach Umformung

$$\frac{dp}{d\emptyset} = \frac{1}{\det A}\left[-\frac{1}{m} L_i \frac{pw}{1-\emptyset} \cdot \frac{w}{1-\emptyset}\right] > 0$$

Geldmengen- und Staatsausgabenvariationen sind positiv mit dem Preisniveau korreliert. Eine Erhöhung der Geldmenge bzw. der Staatsausgaben führt via steigender (Investitions-)Nachfrage zu einem Anstieg des Preisniveaus, und umgekehrt. Es gelten die Bedingungen

$$\frac{dp}{dM} = J' \left[\frac{1}{e_d} - \frac{1}{e_s}\right] \frac{w}{N} > 0 \qquad (23)$$

$$\frac{dp}{dG} = pL_i \left[\frac{1}{e_d} - \frac{1}{e_s}\right] \frac{w}{N} > 0 \qquad (24)$$

Schließlich sei noch für Interpretationszwecke erwähnt, daß der Zinssatz mit steigenden Staatsausgaben und steigendem Mehrwertsteuersatz steigt; er sinkt mit zunehmender Geldmenge. Seine Reaktion auf eine Variation der direkten Abgabenlasten ist nicht eindeutig bestimmbar.

Die Frage, was insbesondere *die Lohnabhängigen gewinnen können,* wenn sie der Systemlogik folgend den Nettolohn als Orientierungsgröße ihrer Lohnpolitik wählen, kann nicht eindeutig beantwortet werden. Die Lohnsumme $W = wN$ als Produkt aus Nominallohnsatz und Zahl der Beschäftigten kann steigen oder konstant bleiben. Zwar ist $\frac{dN}{dt}$ und $\frac{dN}{d\emptyset} < 0$, aber es ist durchaus möglich, daß der Lohnanstieg den Beschäftigungsrückgang kompensiert bzw. überkompensiert. Im Fall einer steigenden Lohnquote wären die Erwerbstätigen die Gewinner der Verteilungsauseinandersetzungen. Aber der Hinweis, daß die jeweilige Netto-Lohnpolitik der Gewerkschaften so oder so auf Kosten der schließlich *arbeitslosen* Erwerbspersonen durchgesetzt wird, und es deshalb *„rationaler" gewerkschaftlicher* Lohnpolitik entspräche, sich nicht am Nettolohn zu orientieren, kann nicht verfangen. Denn im Grunde verlangt man von den abhängig Beschäftigten mit Hinweis auf die Machtstrukturen ein systemwidriges, also *systemirrationales* Verhalten. Außerdem kann man nicht von einer Gruppe im Spiel mit der Lohn - Preis - Steuer Spirale *gesamtwirtschaftlich* rationales Verhalten erwarten, wenn nicht sichergestellt ist, daß alle sozialen Gruppen auf einen gemeinsamen Plan, der gesamtwirtschaftliche Rationalität gewährleisten soll, verantwortlich verpflichtet sind. Deshalb könnte man billigerweise allein auf eine *bewußte* gesellschaftliche Planung der Verteilung drängen. Wenn sich die Gewerkschaften *de facto* nicht am Nettolohn orientieren, dann kann man im Denkmuster des Tauschsystems nicht auf „rationales" Verhalten schließen, sondern auf die Existenz einer Machthierarchie, die eine derartige Lohnpolitik als scheinrationale „Optimierung des Übels" erzwingt. Schließlich stellt sich auch für jede (beliebige) Arbeitskraft gar nicht die Alternative geringere Arbeitslosigkeit und geringerer Reallohnzuwachs oder höhere Arbeitslosigkeit und höherer Reallohnzuwachs. Denn der einzelne abhängig Beschäftigte ist und kann auch gar nicht sicher sein, daß *sein* „Lohnverzicht" mit dem Erhalt *„seines"* Arbeitsplatzes honoriert wird. Die Entscheidung hierüber trifft der jeweilige Kapitaleigentümer in Abhängigkeit von den jeweiligen Marktverhältnissen.

Zur Überprüfung der These, daß mit zunehmender Steuer- *und* Ausgabenquote Inflation und/oder Arbeitslosigkeit resultieren, wird in einem ersten Schritt eine Iso-Preislinie konstruiert, die angibt, bei welcher Kombination von Staatsausgaben und Steuersätzen (G,t) bzw. (G, $\emptyset$) das Preisniveau stabil bleibt. Aus Gleichung (16) erhält man für $d\emptyset = 0$ und $dM = 0$

$$dp = \frac{1}{\det A}\left\{\left[-\,pL_i\left(\frac{1}{e_d} - \frac{1}{e_s}\right)\frac{w}{N}\,C'Y\right]dt - \left[\frac{1}{m}\,L_i\,\frac{pw}{1-\emptyset}\,\frac{w}{1-t}\right]dt + pL_i\left(\frac{1}{e_d} - \frac{1}{e_s}\right)\frac{w}{N}\,dG\right\} \qquad (25)$$

Daraus folgt als Bedingung für dp = 0, d.h. für simultane preisneutrale Variationen von t und G

$$\left(\frac{dG}{dt}\right)_{dp\,=\,o} = C'Y - \frac{w\,\dfrac{1+t_i}{1-t}}{m\left(\dfrac{1}{e_s} - \dfrac{1}{e_d}\right)} \qquad (26)$$

Der Anstieg der Iso-Preislinie ist gleich Null, wenn

$$\frac{1}{e_s} - \frac{1}{e_d} = \frac{1 \cdot \dfrac{1+t_i}{1-t}}{C'm} \qquad (27)$$

In diesem Fall erzeugen zusätzliche Staatsausgaben Inflation, die durch eine entsprechende Steuererhöhung nicht kompensiert oder gedämpft werden kann. Im Falle von Gl. (27) berühren Steuererhöhungen (Lohn- und Einkommensteuer) das Preisniveau nicht, weil der Kosteneffekt der Steuererhöhung und der gegenwirkende Nachfrageeffekt sich gerade ausgleichen. Aus der folgenden Abb. 2.3 ist ersichtlich, daß bei jeder beliebigen Ausgaben-Steuer Kombination auf der Iso-Preislinie pp' (z.B. Punkt A) eine preisneutrale steuerfinanzierte Ausweitung der Staatstätigkeit (z.B. Punkt B) nicht möglich ist $\left(\text{Fall: } \left(\frac{dG}{dt}\right)_{dp=0} = 0\right)$.

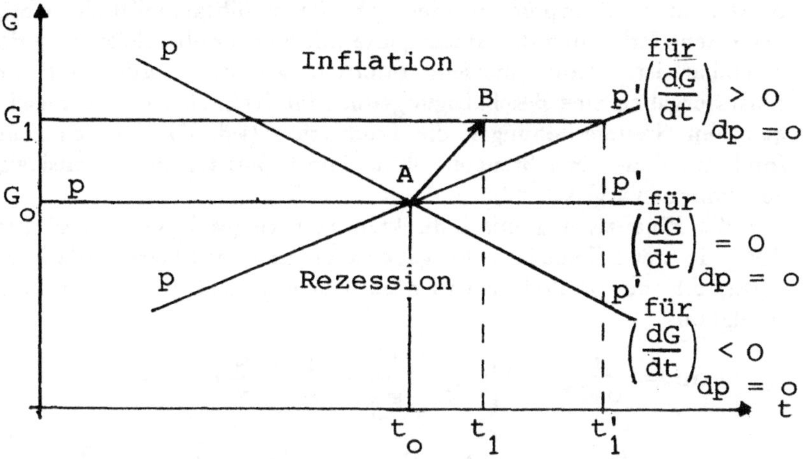

Abb. 2-3: Fiskalpolitik und Preisstabilität

Aus Gleichung (26) findet man ebenfalls, daß $\left(\frac{dG}{dt}\right)_{dp=0} \lesseqgtr 0$, wenn

$$\left[\frac{1}{e_s} - \frac{1}{e_d}\right] \lesseqgtr \frac{1 \cdot \frac{1+t_i}{1-t}}{C'm} \tag{28}$$

Im ersten Fall $\left(\frac{dG}{dt}\right)_{dp=0} < 0$ wird die inflationär wirkende Ausdehnung der Staatstätigkeit sogar durch preisdestabilisierende Steuererhöhungen verstärkt. Im zweiten Fall $\left(\frac{dG}{dt}\right)_{dp=0} > 0$ vermindert die partiell preisstabilisierende Steuererhöhung (von t_0 auf t_1) den inflationären Ausgabeneffekt. Die Steuerpolitik wirkt zwar in die richtige Richtung, aber sie kann nur bei hinreichender Erhöhung der Steuerquote (von t_0 auf t'_1) den inflationären Ausgabeneffekt kompensieren. Aber nur wenn die relevanten Informationen (Steuermultiplikator, Elastizitäten von Angebot und Nachfrage auf dem Arbeitsmarkt) zur Verfügung stehen und die Werte dieser Strukturkoeffizienten sich im Laufe der Konjunktur nicht verändern, kann eine derartige stabilitätspolitisch effiziente Fiskalpolitik durchgeführt werden. Außerdem muß geprüft werden, ob die stabilitätspolitisch richtig bemessene Erhöhung der Steuerquote mit dem Vollbeschäftigungsziel vereinbar ist. Denn einerseits resultiert aus der Ausdehnung der Staatsausgaben eine Beschäftigungszunahme (vgl. Gl. 20), andererseits dämpfen Steuererhöhungen die Produktion (vgl. Gl. 15). Es kann somit im Falle einer Steuererhöhung von t_0 auf t'_1 zur Arbeitslosigkeit kommen (vgl. Gl. 17).

Für die Finanzierung mit indirekten Steuern (Mehrwertsteuer) gilt, daß jede steuerfinanzierte Ausgabensteigerung des Staates inflationär wirkt, d.h. die Iso-Preislinie ist negativ geneigt. Für dt = 0 und dM = 0 folgt aus

$$dp = \frac{1.}{\det A} \left\{ \left[pL_i \left(\frac{1}{e_d} - \frac{1}{e_s} \right) \frac{w}{N} \right] dG - \left[\dot{p}L_i \; \frac{1-C'(1-t)}{1-\emptyset} \; w + J' \frac{p \cdot w}{1-\emptyset} L_Y \right] \frac{w}{1-\emptyset} \, d\emptyset \right\} = 0$$

als Bedingung für eine simultane *preisneutrale Variation* von $\emptyset$ und G

$$\left(\frac{dG}{d\emptyset}\right)_{dp=0} = \frac{-\left[pL_i \; \frac{1-C'(1-t)}{1-\emptyset} \; w + J' \; \frac{p \cdot w}{1-\emptyset} \; L_y \right] \frac{w}{1-\emptyset}}{- \; pL_i \left(\frac{1}{e_d} - \frac{1}{e_s} \right) \frac{w}{N}} < 0 \qquad (29)$$

Durch Konstruktion einer Iso-Beschäftigungslinie, NN', die angibt, bei welcher Kombination von Staatsausgaben und Steuersätzen (G,t) bzw. (G, $\emptyset$) Vollbeschäftigung herrscht, kann im Vergleich zur Iso-

Preislinie festgestellt werden, unter welchen Bedingungen bei steigenden Staatsausgaben durch entsprechende Erhöhung der Steuersätze Preisniveaustabilität *und* Vollbeschäftigung gewährleistet werden können, d.h. ein konjunkturneutraler Staatshaushalt realisiert werden kann.
Aus Gl. (16) erhält man für dM = 0 und d$\emptyset$ = 0 den Ausdruck

$$dN = \frac{1}{\det A}\left[-L_i\, w\, dG + L_i wC'Ydt + \left(\frac{1}{m} L_i Y \frac{w}{1-t} + J' \frac{M}{p}\frac{w}{1-t}\right) dt\right] \tag{30}$$

Für dN = 0, d.h. für simultane beschäftigungsneutrale Variationen der Staatsausgaben und des Lohn- und Einkommensteuersatzes findet man

$$\left(\frac{dG}{dt}\right)_{dN=0} = C'Y + \frac{\left(\frac{1}{m} L_i Y + J' \frac{M}{p}\right)\frac{w}{1-t}}{L_i w} > 0 \tag{31}$$

Die Iso-Beschäftigungslinie ist somit im Gegensatz zur Iso-Preislinie *immer* positiv geneigt. In den Fällen $\left(\frac{dG}{dt}\right)_{dp=0} = 0$ und $\left(\frac{dG}{dt}\right)_{dp=0} < 0$

läßt sich ein konjunkturneutraler Haushalt, wie man sofort erkennt, nicht realisieren. Je nach Erhöhung von Ausgaben und Steuersätzen erhält man Vollbeschäftigung bei Inflation, Stagflation oder Preisstabilität bei Arbeitslosigkeit. Die Frage ist somit, unter welchen Bedingungen $\left(\frac{dG}{dt}\right)_{dN=0} > \frac{dG}{dt}_{dp=0} > 0$ ist, d.h. die Iso-Beschäftigungslinie steiler verläuft als die Iso-Preislinie.
Bei (vollständiger) Fiskalillusion verlaufen die beiden Linien deckungsgleich, d.h. es ergibt sich der Spezialfall $\left(\frac{dG}{dt}\right)_{dN=0} = \left(\frac{dG}{dt}\right)_{dp=0}$ $= C'Y > 0$, der als „äquivalenztheoretischer Fall" einer problemlosen Fiskalpolitik bezeichnet werden kann. Aus den Gleichungen (26) und (31) findet man, daß in jedem Fall $\left(\frac{dG}{dt}\right)_{dN=0} > \frac{dG}{dt}_{dp=0} > 0$

gelten muß, denn es ist

$$F_1 = \frac{\left[\frac{1}{m} L_i Y + J' \frac{M}{p}\right] \frac{w}{1-t}}{L_i w} > 0$$

und

$$F_2 = \frac{W \frac{1+t_i}{1-t}}{m\left(\frac{1}{e_s} - \frac{1}{e_d}\right)} > 0$$

Deshalb muß immer $C'Y + F_1 > C'Y - F_2$ sein, wenn Freiheit von Fiskalillusion existiert. Da Freiheit von Fiskalillusion nach den Prämissen der Neoklassik das systemnotwendige Regelverhalten darstellt, muß somit die Iso-Beschäftigungslinie allgemein steiler verlaufen als die Iso-Preislinie. Dieses Ergebnis gilt für die Erhöhung der Mehrwertsteuer um so eher, da (unbedingt) $\left(\frac{dG}{d\phi}\right)_{dp = 0} < 0$ ist. Das Konzept des konjunkturneutralen Haushalts hat somit nur im Spezialfall von *erzwungener Fiskalillusion* Gültigkeit. *Allgemein gilt, daß bei steuerfinanzierter relativer Ausdehnung der Staatsstätigkeit Inflation, Stagflation oder Arbeitslosigkeit resultieren.* Diese systemimmanente Instabilität der ökonomischen Entwicklung beschränkt bei Freiheit von Fiskalillusion endogen den Anstieg der Steuerquote. An irgendeinem Punkt der sozio-ökonomisch ungleichgewichtigen Entwicklung wird die Regierung ihre eigene Allokations- und/oder Distributionspolitik stabilitätspolitisch durchkreuzen müssen, um die Beschleunigung der Inflation zu stoppen und/oder Arbeitslosigkeit zu bekämpfen. Die dargestellten ökonomischen Zusammenhänge sind aus der folgenden Abbildung 2 - 4 ersichtlich.

Im Ausgangspunkt A herrschen beim Ausgabenvolumen G_o und Steuersatz t_o Vollbeschäftigung und Preisstabilität. Erhöht der Staat die Ausgaben auf G*, dann kann der Steuersatz *beschäftigungsneutral* von t_o auf t_N^* heraufgesetzt werden. Aber diese Steuererhöhung reicht nicht aus, um Preisstabilität zu sichern. Strebt die Regierung ein stabiles Preisniveau an, dann müßte sie den Steuersatz von t_o auf t_p^* erhöhen. In diesem Fall wird sie aber erhebliche Arbeitslosigkeit in Kauf nehmen müssen. Sie kann zwar auf diesem Wege die Gewerkschaften lohnpolitisch zu disziplinieren versuchen und somit Fiskal-

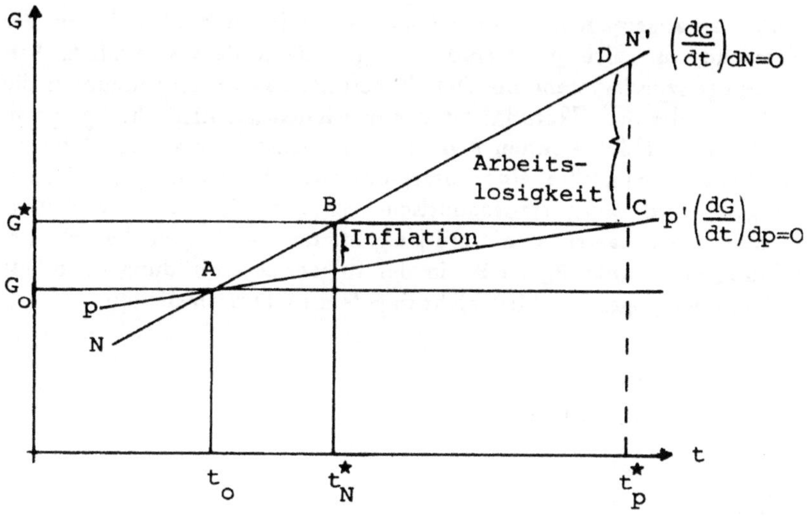

Abb. 2-4: Destabilisierende Fiskalpolitik

illusion erzwingen, so daß sich die Iso-Beschäftigungslinie und die Iso-Preislinie aufeinander zudrehen, aber aus wahltaktischen Gründen ist eine derartige Strategie für jede Regierung mit erheblichen Risiken verbunden. Wahrscheinlicher ist, daß die Regierung entsprechend der Theorie der politischen Konjunkturzyklen Inflation in Kauf nimmt und zwischen den Wahlterminen bei sich beschleunigender Inflation Maßnahmen zur Inflationsbekämpfung ergreift und den Staatshaushalt saniert. Es sprechen somit starke Argumente für die These, daß sich die staatliche Ausgabentätigkeit an der stabilitätspolitisch vertretbaren Einnahmepolitik orientiert. Denn je „maßvoller" die staatlichen Ausgaben ausgeweitet werden, um so geringer sind die inflationär wirkenden Steuererhöhungen, und um so geringer sind die stabilitätspolitischen Risiken der Regierung. Die „goldene Regel" der Klassiker, „ ‚daß der allerbeste aller Finanzpläne ist, wenig auszugeben, und die beste aller Steuern diejenige ist, welche die niedrigste ist' " (9) hat offensichtlich – wenn auch in einem „modernen" Theoriegewande – ihre Bedeutung für die Stabilität der kapitalistischen Wirtschaftsordnung nicht verloren.

Insgesamt bestätigen die Ergebnisse der neoklassischen Keynes-Interpretation die Ausgangshypothesen, und zwar hinsichtlich der Tatsache, daß eine konjunkturneutrale Ausdehnung des Staatshaushalts im allgemeinen nicht möglich ist, wie auch hinsichtlich der Tatsache, daß sich die Demokratie gegenüber dem *kapitalistischen* Konkurrenzpreissystem im Defizit befindet. Denn angenommen die Mehrheit der Bevölkerung, zu der durchaus „altruistische" Kapitaleigentümer zählen können (vgl. dazu die Ausführungen zur Äquivalenztheorie), wünschte eine Pareto-optimale Ausdehnung des Staatsbudgets, und zwar steuerpolitisch (bzw. hinsichtlich der Steuerinzidenz) zu Lasten der Kapitaleigentümer – vergleichbar als Bewegung von Punkt P_o zu P_1 in der folgenden Abbildung - , so läßt sich ein derartiger Beschluß nicht in jedem Fall verwirklichen.

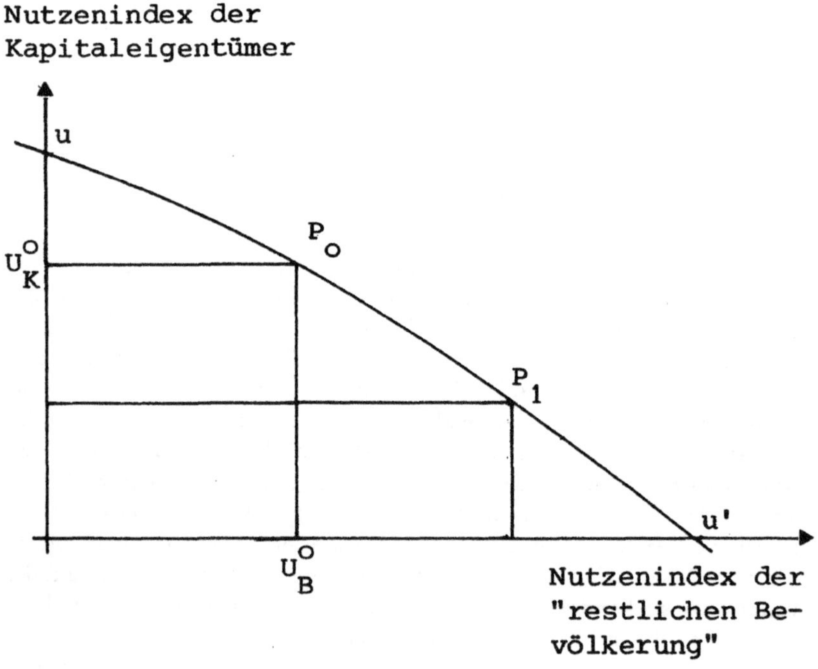

Abb. 2-5: „Klassenspezifische" Nutzengrenze uu' als Ort Pareto-optimaler Zustände

Denn aufgrund des systemimmanenten Steuerwiderstandes entsteht, wie die vorangehende Analyse zeigte, ein Ungleichgewicht auf dem Güter- und/oder Arbeitsmarkt. Da aber nur im Gleichgewicht allokative Effizienz gegeben ist, kann der angestrebte Zustand P_1 nicht erreicht werden. Gegen das Interesse der Kapitaleigentümer, einen möglichst hohen Profit zu erzielen, kann sich das Interesse der Mehrheit der Bevölkerung, eine bestimmte optimale Ressourcen-Allokation und Distribution zu realisieren, nicht durchsetzen. Selbst wenn Existenz von Interessenpluralismus im politischen System angenommen werden könnte, ist der Mehrheitswille hinsichtlich der materiellen Versorgung der Bevölkerung nicht in jedem Fall ausschlaggebend. Verletzte ein derartiger Mehrheitsbeschluß die Interessen der Kapitaleigentümer, dann ließe er sich nicht in die Wirklichkeit umsetzen. Es ist also eine Illusion zu glauben, der Steuer- und Sozialstaat könne die „Marktwirtschaft" für soziale Zwecke beliebig „instrumentalisieren". Das Konkurrenzpreissystem ist kein Instrument, sondern es wirkt als überpersönlicher Sanktionsmechanismus bei der Durchsetzung gesellschaftlich determinierter Interessen, und wie gezeigt wurde, müssen die Interessen der Mehrheit gegebenenfalls hinter den Interessen einer Minderheit zurückstehen.

In der Gleichgewichtstheorie wird – wie erinnerlich – nachgewiesen, daß bei Existenz von externen Effekten in Konsumtion und Produktion einzelwirtschaftlich nicht aber gesamtwirtschaftlich effizient produziert wird. Um bei gegebener Technik die Produktionsmöglichkeiten voll auszuschöpfen, d.h. allokative Effizienz zu erzielen, muß, so wird gefolgert, der Staat die Produktion bestimmter Güter (öffentlicher Güter) organisieren. Auf die logischen Mängel dieser Argumentation wurde oben schon verwiesen. Aber darüber hinaus hätte diese Theorie keine praktische Bedeutung. Denn bei bestehenden ökonomischen und politischen Institutionen (Preissystem plus Mehrheitsentscheidung) wird gerade durch die spezifischen Mechanismen zur Allokation und Distribution der Ressourcen (völlig unabhängig von der Konkurrenzform) die volle Ausschöpfung der Produktionsmöglichkeiten systematisch verhindert. In der praktischen Finanzpolitik ist also nicht einmal die „Optimierung des Übels" oder das Anstreben „zweitbester" Lösungen machbar, sondern bestenfalls das Krisenmanagement als Mängelverwaltung. Diese Einsicht bewahrt zumindest vor der Reformillusion, der Staat könne im marktwirtschaftlichen System, selbst wenn die Mehrheit der Bevölkerung es wollte, autonom Ressourcen umverteilen.

Literaturverzeichnis

(1) Eine derartige Steuerautomatik existiert allerdings nur im formalen Sinn. Vgl. dazu *Carl Christian von Weizsäcker,* Grenzen der traditionellen Globalsteuerung, in: Jahrbücher für Nationalökonomie und Statistik, Bd. 89 (1975), Seite 1-41.
(2) Vgl. u.a.
D.A.L. Auld, The Impact of Taxes on Wages and Prices, in National Tax Journal, Vol XXVII. (1974), pp. 147-150.
C.J. Bruce, The Wage-Tax Spiral: Canada 1953-1970, in: The Economic Journal, Vol. 85 (June 1975), pp. 372-376.
J. Johnston/M. Timbrell, Empirical Tests of a Bargaining Theory of Wage Rate Determination, in: The Manchester School of Economic and Social Studies, Vol. XLI, No. 2 (June 1973), pp. 141-167.
(3) *Alan S. Blinder,* Can Income Tax Increases be Inflationary? An Expository Note, in: National Tax Journal, Vol. XXVI, (1973), pp. 295-301.
(4) *Arturo C. Porzecanski,* General Indirect Taxation as a Macroeconomic Policy Instrument, in: National Tax Journal, Vol. XXVII, (1974), pp. 625-632.
(5) *Thomas F. Dernburg,* The Macroeconomic Implications of Wage Retaliation against higher Taxation, in: International Monetary Fund Staff Papers, Vol. 21 (1974), pp. 758-788.
(6) Vgl. Jahresgutachten 1976/77 des Sachverständigenrates zur Begutachtung der gesamtwirtschaftlichen Entwicklung, Bundestag-Drucksache 7/5902, Seite 202-204.
(7) Vgl. zum Problem der „Als-ob“-Hypothese *Jürgen Frank,* Kritische Ökonomie. Einführung in Grundsätze und Kontroversen wirtschaftswissenschaftlicher Theoriebildung, rororo studium: Reinbek/Hamburg, 1976, Seite 208ff.
(8) Vgl. u.a. *Leif Johansen,* Publik Economics, Amsterdam-London: North-Holland Publishing Company, 1971, pp. 88.
(9) *David Ricardo,* Grundsätze der politischen Ökonomie und der Besteuerung, a.a.O., Seite 181.

Anmerkung 1:

Wird die indirekte Steuer wie in der Praxis auf die Wertschöpfung berechnet, dann muß bei gleichem Steueraufkommen gelten

$$(1+t_i)(wN+\pi)\,\emptyset = t_i(wN+\pi), \text{ wobei } \pi = \text{Gewinn}$$

Somit folgt für das Verhältnis der Mehrwertsteuersätze

$$\emptyset = \frac{t_i}{1+t_i} \quad \text{oder} \quad 1+t_i = \frac{1}{1-\emptyset}$$

Anmerkung 2:

Aus Gleichung (9) und (10) erhält man zunächst

$$X = C(X(1-t)) + \frac{1}{p} J(i) + \frac{1}{p} G$$

$$M^S = pL(pX, i)$$

Aus der Gleichgewichtsbedingung für den Geldmarkt ergibt sich

$$i = i(M^S, X, p) \text{ mit } i_x > 0 \text{ und } i_p > 0$$

Denn mit steigender Produktion erhöht sich die Nachfrage nach Transaktionskasse und bei steigendem Preisniveau sinkt die reale Geldmenge. Steigende Nachfrage bzw. sinkende reale Geldmenge führen auf dem Geldmarkt zu steigendem Zinssatz.

Durch totale Differentation der Gleichgewichtsbeziehung für den Geldmarkt erhält man

$$dM^S = p \cdot L_y pdX + pL_y Xdp + L(p \cdot X, i)dp + pL_i di$$

Für dp = 0 und dMˢ = 0 folgt dann

$$\frac{di}{dX} = i_x = \frac{-pL_y}{L_i} > 0, \text{ wegen } L_y > 0;\ L_i < 0$$

Für dX = 0 und dMˢ = 0 folgt

$$\frac{di}{dp} = i_p = \frac{-pL_y X - L(p \cdot X, i)}{pL_i} > 0$$

Setzt man i = i (Mˢ, X, p) in die Investitionsfunktion ein, dann erhält man Gleichung (12) im Text aus der Gleichgewichtsbeziehung für den Gütermarkt.

Hinsichtlich des Anstiegs der gesamtwirtschaftlichen Nachfragefunktion sind folgende Berechnungen durchzuführen. Sei t, Mˢ, G = konstant, dann findet man durch totale Differentation von Gleichung (12)

$$dX = C'(1-t)\ dX - \frac{1}{p^2} J(i(M^S, X, p))\ dp +$$

$$\frac{1}{p} J' i_p dp + \frac{1}{p} J' i_X\ dX - \frac{1}{p^2} G\ dp$$

Umformung ergibt

$$dX\left(1-C'(1-t) - \frac{J'i_X}{p}\right) = \left(\frac{J'i_p}{p} - \frac{1}{p^2}G - \frac{1}{p}J(i(M^S, X, p))\right)dp,$$

so daß

$$\frac{dp}{dX} = \frac{1 - C'(1-t) - \frac{J'i_X}{p}}{\frac{1}{p}\left(J'i_p - \frac{1}{p}G - \frac{1}{p}J(i(M^S, X, p))\right)} < 0$$

Anmerkung 3:

Aus der Gleichgewichtsbeziehung für den Arbeitsmarkt erhält man in Verbindung mit der Produktionsfunktion

$$p(1-\emptyset)\ f'(N) = \frac{1}{1-t}\ h\ (p, N) = w \quad \text{oder}$$

$$N = N(p, \emptyset, t), \text{ mit } N_{\emptyset} < 0,\ N_t < 0$$

Mit steigenden Steuersätzen $\emptyset$, t sinkt die Beschäftigung. Die Anbieter von Arbeitskraft sind nur bereit, die gleiche Arbeitszeit anzubieten, wenn mit steigenden Lohnsteuersätzen auch der Bruttolohn ansteigt. Andernfalls reduzieren sie bei unverändertem Bruttolohnsatz das Arbeitszeitangebot. Die Nachfrager nach Arbeitskraft sind nur bereit, die gleiche Arbeitsleistung nachzufragen, wenn mit steigendem Mehrwertsteuersatz der Bruttolohnsatz sinkt. Bei unverändertem Bruttolohnsatz fragen sie weniger Arbeitsleistung nach. Durch totale Differentation der Gleichgewichtsbeziehung für den Arbeitsmarkt erhält man

$$dp(1-\emptyset)\ f'(N)+p(1-\emptyset)\ f''(N)\ dN-p\ f'(N)\ d\emptyset =$$

$$= \frac{1}{1-t}\ h_p dp + \frac{1}{1-t}\ h_N dN + \frac{1}{(1-t)^2}\ h(p,N)\ dt$$

Für dp = 0, dt = 0 ergibt sich

$$\frac{dN}{d\emptyset} = \frac{p \cdot f'(N)}{p(1-\emptyset)\ f''(N) - \frac{1}{1-t}\ h_N} < 0$$

Für dp = 0, d$\emptyset$ = 0 ist

$$\frac{dN}{dt} = \frac{h\ (p,N)}{p(1-\emptyset)\ f''(N) - \frac{1}{1-t} h_N} < 0$$

Setzt man nun N = N (p, $\emptyset$, t) in X = f(N) ein, dann ist

$$X = f(N(p, \emptyset, t))$$

Totale Differentation führt zu Gleichung (15)

$$dX = f'(N) \left(\frac{\partial N}{\partial \emptyset} d\emptyset + \frac{\partial N}{\partial t}\right) dt \qquad < 0,$$

wegen

$$\frac{\partial N}{\partial \emptyset}, \frac{\partial N}{\partial t} < 0 \text{ muß } \frac{dX}{d\emptyset}, \frac{dX}{dt} < 0 \text{ sein.}$$

Hinsichtlich des Anstiegs der gesamtwirtschaftlichen Angebotskurve sind folgende Berechnungen anzustellen. Zunächst ist die Gleichgewichtsbeziehung für den Arbeitsmarkt total zu differenzieren.

$$dp(1-\emptyset)\ f'(N) + p\cdot(1-\emptyset)\ f''(N)\ dN - p\ f'(N)\ d\emptyset =$$

$$\frac{1}{1-t} h_p\ dp + \frac{1}{1-t} h_N\ dN + \frac{1}{(1-t)^2} h\ (p,\ N)\ dt$$

Für d$\emptyset$, dt = 0 ist dann

$$\left(p(1-\emptyset)\ f''(N) - \frac{1}{1-t} h_N\right) dN = \left(\frac{1}{1-t} h_p - (1-\emptyset)\ f'(N)\right) dp$$

Nun ist

$$p(1-\emptyset)\ f''(N) = \frac{dw}{dN^d} \text{ und } \frac{1}{1-t} h_N = \frac{dw}{dN^s},$$

so daß für e_d = die Nachfrageelastizität der Arbeit (mit $e_d < 0$) und e_s = Angebotselastizität der Arbeit (mit $e_s > 0$) geschrieben werden kann

$$p(1-\emptyset)\ f''(N) - \frac{1}{1-t} h_N = \frac{N}{w}\left(\frac{dw}{dN^d} - \frac{dw}{dN^s}\right)\frac{w}{N} =$$

$$\left(\frac{dw}{w}\frac{N}{dN^d} - \frac{dw}{w}\frac{N}{dN^s}\right)\frac{w}{N} = \left(\frac{1}{e_d} - \frac{1}{e_s}\right)\frac{w}{N} < 0$$

oder

$$\left(\frac{1}{e_s} - \frac{1}{e_d}\right)\frac{w}{N} > 0.$$ Wegen $\frac{w}{p} = (1-\emptyset)\ f'(N)$

und $h_p = 0$ (wegen Geldillusion) folgt somit aus obiger Beziehung

$$dN = -\frac{w/p}{\left(\frac{1}{e_d} - \frac{1}{e_s}\right)\frac{w}{N}}\, dp = \frac{w/p}{\left(\frac{1}{e_s} - \frac{1}{e_d}\right)\frac{w}{N}}\, dp > 0$$

Mit stiegendem Preis steigt die Nachfrage nach Arbeitskräften, d.h. das Beschäftigungsvolumen nimmt zu. Aus der Produktionsfunktion $X = f(N)$ erhält man $dX = f'(N)dN$ und nach Einsetzen von dN

$$dX = \frac{dX}{dN}\frac{w/p}{\left(\frac{1}{e_s} - \frac{1}{e_d}\right)\frac{w}{N}}\, dp$$

und nach Umformung

$$\frac{dp}{dX} = \frac{\left(\frac{1}{e_s} - \frac{1}{e_d}\right)\frac{w}{N}}{f'(N)\ \frac{w}{p}} > 0$$

Die Angebotsfunktion hat positiven Anstieg, d.h. Preiserhöhungen sind zur Ausdehnung der Produktion notwendig, damit sich das Angebot der gestiegenen Nachfrage anpassen kann. Und zwar steigen die Preise bei gegebenem Nominallohnsatz und Preisniveau sowie gegebener Beschäftigung um so mehr, je

- kleiner der Grenzertrag der Arbeit bzw. die Arbeitsproduktivität ist, d.h. je höher die Grenzkosten und je
- kleiner die (positive) Angebotselastizität und die (negative) Nachfrageelastizität der Arbeit sind.

Anmerkung 4:

Aus den Gleichgewichtsbeziehungen für den Güter- und Geldmarkt findet man durch totale Differentation

$$Y = C((1-t)\ Y) + J(i) + G$$

$$dY = C'(1-t)\ dY - C'Ydt + J_i di + dG$$

$$\frac{M}{p} = L(Y,\ i) = m$$

$$dm = L_Y dY + L_i di, \text{ für } dm = 0 \text{ ist}$$

$$di = -\frac{L_Y}{L_i}\ dY$$

Einsetzen in die Gleichung für dY ergibt nach Umformung

$$dY - C'(1-t)\ dY + \frac{J_i L_Y}{L_i}\ dY = dG - C'Ydt$$

$$dY = \frac{dG - C'Ydt}{1-C'(1-t) + \frac{J_i L_Y}{L_i}} = m\ (dG - C'Ydt), \text{ d.h.}$$

$$m = \frac{1}{1-C'(1-t) + \frac{J_i L_Y}{L_i}} = \text{Fiskalpolitischer Multiplikator}$$

Aus $L_i (1-C'(1-t))\ Y \frac{w}{1-t} + J' \frac{M}{p} \frac{w}{1-t} + J'L_Y\ Y \frac{w}{1-t}$

in Gleichung (13) folgt somit

$$\left(1-C'(1-t) + \frac{J'L_Y}{L_i}\right) L_i\ Y \frac{w}{1-t} + J' \frac{M}{p} \frac{w}{1-t}$$

oder

$$\frac{1}{m} L_i Y \frac{w}{1-t} + J' \frac{M}{p} \frac{w}{1-t}$$

Anmerkung 5:

Aus Gleichung (16) folgt nach Umformung

$$\frac{dp}{dt} = \frac{1}{\det A} \left\{ pL_i \left(\frac{1}{e_d} - \frac{1}{e_s} \right) \frac{w}{N} \left(- C'Y \right) - \left(\frac{1}{m} L_i \frac{p \cdot w}{1-\emptyset} \frac{w}{1-t} \right) \right\}$$

Da det A als positiv angenommen ist, muß geprüft werden, ob der Ausdruck in der geschweiften Klammer positiv oder negativ ist. Nach Umformung erhält man als notwendige Bedingung für $\frac{dp}{dt} > 0$

$$- pL_i \left(\frac{1}{e_d} - \frac{1}{e_s} \right) \frac{w}{N} C'Y - \left(\frac{1}{m} L_i \frac{p \cdot w}{1-\emptyset} \frac{w}{1-t} \right) > 0$$

oder

$$pL_i \left(\frac{1}{e_s} - \frac{1}{e_d} \right) \frac{w}{N} C'Y - \left(\frac{1}{m} L_i \frac{p \cdot w}{1-\emptyset} \frac{w}{1-t} \right) > 0$$

$$- \left(\frac{1}{m} L_i \frac{p \cdot w}{1-\emptyset} \frac{w}{1-t} \right) > - \left(pL_i \right) \left(\frac{1}{e_s} - \frac{1}{e_d} \right) \frac{w}{N} C'Y$$

$$- \left(pL_i w \right) \left(\frac{1}{m} \frac{w}{(1-\emptyset)(1-t)} \right) > - \left(pL_i w \right) \left(\frac{1}{e_s} - \frac{1}{e_d} \right) \frac{C'Y}{N}$$

Nach Multiplikation mit $\cdot \frac{N}{C'Y} \cdot \frac{1}{-(pL_i w)}$ erhält man

$$\frac{1}{mC'} \cdot \frac{1+t_i}{1-t} > \frac{1}{e_s} - \frac{1}{e_d} ,$$

wobei

$$l = \frac{w \cdot N}{Y}; \quad 1 + t_i = \frac{1}{1-\emptyset}$$

2. Destabilisierende Fiskalpolitik: Eine postkeynesianische Version bei Freiheit von Fiskalillusion

Die Lohn- und Preisbildung unter den Bedingungen der vollkommenen Konkurrenz, wie sie die neoklassische Theorie annimmt, stellt einen höchst unrealistischen Spezialfall dar. Außerdem läßt sich zeigen, daß bei unvollkommener Konkurrenz die Preise ihre Funktion, die individuellen Mengenpläne zu koordinieren, weitgehend verlieren. Lohn- und Preisänderungen werden vielmehr vorgenommen, um Einkommensansprüche durchzusetzen. Steuersatzvariationen führen zu Korrekturen in der Lohn- und Preiskalkulation, und zwar wird eine steuerfinanzierte Ausdehnung der Staatstätigkeit das Inflationstempo (kumulativ) beschleunigen. Läßt sich darüber hinaus der relative Anstieg der Staatsausgaben endogen bestimmen, dann muß die Einnahmepolitik mit innerer Notwendigkeit in ein Dilemma geraten. Denn eine endogen generierte Zunahme der Staatsquote macht die überproportionale Erhöhung von Steuern und Abgaben erforderlich. Diese Erhöhung von Steuer- und Abgabesätzen verschärft aufgrund von Überwälzungsversuchen im Preissystem die Verteilungsauseinandersetzungen und beschleunigt (kumulativ) das Inflationstempo. Gleichzeitig werden durch Multiplikator-Akzelerator Prozesse Ungleichgewichte im Mengensystem ausgelöst bzw. verstärkt. Da sich mit zunehmend ungleichgewichtiger Entwicklung des ökonomischen Systems die sozialen Konflikte – auch innerhalb der verschiedenen sozialen Gruppen – verschärfen, ist die Reproduktion des kapitalistischen Konkurrenzpreissystems und des vorhandenen Staatsapparates tendenziell in Frage gestellt, wenn nicht die Regierung Stabilisierungsmaßnahmen ergreift. Aufgrund widersprüchlicher Reproduktionsvoraussetzungen der marktwirtschaftlichen Ordnung (ausreichende Infrastruktur einerseits, gesicherte Profitabilität des eingesetzten privaten Kapitals andererseits) wird somit die endogen bedingte relative Ausdehnung der Staatstätigkeit, d.h. die Erhöhung der Steuerquote systematisch beschränkt und die optimale Allokation der Ressourcen bei einer von der Bevölkerung mehrheitlich gewünschten Verteilung systematisch verhindert. Eine relative Ausdehnung der Staatseinnahmen läßt sich nur im Wechsel von wirtschaftlicher Prosperität und Rezession erreichen. Die komparativ-statische Analyse der neoklassischen Keynes-Interpretation wäre somit nicht nur an unrealistische Annahmen gebunden, sondern auch nicht geeignet, die Dynamik der sozio-ökonomischen Entwicklung zu beschreiben. Deshalb sollen im folgenden zunächst die allgemeinen preis- und lohntheoretischen Grundlagen der Steuerinzidenz dargestellt, anschließend die Bedingungen der Steuerüberwälzung analysiert und schließlich der konfliktbeladene Zusammenhang zwischen Besteuerung, Beschäftigung und Inflation bei endogen trendmäßig überproportional steigenden Staatsausgaben herausgearbeitet werden.

2.1. Preis- und lohntheoretische Grundlagen der Steuerinzidenz

Die formale vom Gesetzgeber gewollte Steuerinzidenz (Steuerbelastung) unterscheidet sich in der Regel von der effektiven. Die Mehrwertsteuer z.B. wird formal beim Verkäufer einer Ware (nach Vorsteuerabzug) erhoben, aber indem der Verkäufer die Steuer auf den Preis schlägt, überwälzt er die Steuer auf den Endverbraucher, der die Steuerlast effektiv trägt. Als Maß für die Überwälzbarkeit einer Steuer gilt das Nettorealeinkommen: Bleibt das Nettorealeinkommen eines Akteurs bei zunehmender formaler Steuerinzidenz konstant, dann gelingt diesem die volle Überwälzung der Steuermehrbelastung. Die Überwälzungsversuche der Steuerschuldner beeinflussen das Preis- und Lohnniveau, die Preisstruktur sowie das Beschäftigungs- und Produktionsniveau. Preis- und Lohntheorie sind somit Grundlage einer Steuerwirkungsanalyse. Deshalb sollen zunächst einige grundsätzliche Bemerkungen zur Preis- und Lohntheorie vorausgeschickt werden.

2.1.1. Preistheoretische Grundlagen

Im folgenden wird von gewinnmaximierendem Verhalten der Unternehmungen ausgegangen. Denn es gibt weder eine theoretisch befriedigende Erklärung für die Höhe eines bestimmten Mindestgewinns – im Falle, daß ein anderes Unternehmensziel (z.B. der Umsatz) maximiert werden soll –, noch läßt sich die Höhe eines angemessenen Gewinns eindeutig bestimmen (1). Außerdem besteht der bereits erwähnte unmittelbare Zusammenhang zwischen der Gewinnerzielung und der Kapitalakkumulation: Der Profit ist Konsequenz wie Bedingung der Kapitalakkumulation. Je größer die Akkumulationsrate, um so höher ist der Gewinn, und größtmöglicher Gewinn ist wiederum Voraussetzung für beschleunigte Akkumulation (2). Aber auch ganz unabhängig von dieser Wechselbeziehung sind die Unternehmungen bei gegebener Technik zur Akkumulation und zur Erzielung eines höchstmöglichen Gewinns gezwungen, wenn sie nicht von Konkurrenten aus dem Markt verdrängt werden wollen. Das Konkurrenzpreis-

system ist somit aufgrund automatisch wirkender Sanktionsmechanismen die reale Basis für das Gewinnmaximierungsprinzip.
Sei p = Preis, λ = Arbeitskoeffizient bzw. $1/\lambda\ \gamma$ = Arbeitsproduktivität, w = Geldlohnsatz und ϵ = Preiselastizität der Nachfrage, dann erhält man bei linearer Technologie aus der notwendigen Bedingung für das Maximum der Gewinngleichung (vgl. Anmerkung 1) die Kalkulationsbedingung der Unternehmung

$$p = \frac{w}{\gamma} \cdot \frac{\varepsilon}{\varepsilon - 1} \qquad (1)$$

Bei vollständig elastischer Nachfrage ($\varepsilon = \infty$), d.h. bei vollkommener Konkurrenz entspricht Gl. (1) der bekannten Bedingung für das unternehmerische Gewinnmaximum: Grenzkosten gleich Preis oder, nach Umformung, Wertgrenzprodukt (der Arbeit) gleich Preis des eingesetzten Produktionsmittels (Lohnsatz). In dieser Betrachtungsweise fallen die Erträge den Besitzern der Produktionsmittel bzw. den Arbeitskräften entsprechend den „produktiven" Beiträgen dieser Produktionsmittel bzw. der Arbeitskraft zu. Gerechtfertigt erscheint diese Begründung für eine „Produktivitätsentlohnung" dadurch, daß sich im Produktionsprozeß die sachlichen Produktionsmittel und Arbeitskraft als willenlose Produktionsfaktoren gleichgültig gegenüberstehen, und daß zwischen diesen Faktoren keine *gesellschaftlichen*, sondern nur *technische* Beziehungen existieren. Die Auseinandersetzung über die Verteilung des Produktionsergebnisses findet bei gegebenem Privateigentum an Produktionsmitteln bzw. Arbeitskraft auf den Märkten statt. Der Preis hängt ab von den Bedingungsfaktoren der Angebots- und Nachfrageseite, und zwar vom Lohnniveau, der angewandten Produktionstechnik bzw. dem Stand des technischen Wissens und dem Nachfrageverhalten der Tauschpartner. In der allgemeinen Preisgleichung erscheinen somit unabhängig von der Konkurrenzform die Grundmaximen jeglicher Unternehmenspolitik zur Erzielung eines maximalen Gewinns: Billig kaufen (auf dem *Markt* für Arbeitskräfte und sachliche Produktionsmittel), kostengünstig produzieren (Wahl der Produktionstechnik im *Produktionsprozeß*) und teuer verkaufen (auf dem *Gütermarkt*). Unabhängig vom subjektiven Wollen der Unternehmer bzw. der Unternehmensmanager heißen die zugehörigen Strategien im Konkurrenzpreissystem: Lohndruck bzw. Druck auf Rohstoff- und Materialpreise, Rationalisierung zur Steigerung der Arbeitsproduktivität und Monopolisierung zur Erhöhung der Marktmacht. Der *Fall der vollkommenen Konkurrenz* ($\varepsilon = \infty$) ist im allgemeinen Fall unternehmerischer Absatzstrategie

($1 \leqslant \varepsilon \leqslant \infty$) als *Spezialfall,* und zwar *als ungünstigste und daher instabile Möglichkeit enthalten.* Also auch in der Theorie der Steuerinzidenz stellt der Fall der vollkommenen Konkurrenz den unwahrscheinlichen Ausnahmefall dar.
Formt man nun Gleichung (1) um zu

$$\frac{w}{p} = \gamma \, \frac{\varepsilon - 1}{\varepsilon} \qquad \text{oder} \qquad (2)$$

$$N = \frac{x_o}{w/p} \, \frac{\varepsilon - 1}{\varepsilon} = N(\frac{w}{p}, \varepsilon), \text{ wobei } x_o = \text{output der Unternehmung} \qquad (2')$$

dann erhält man das Reallohnangebot (Stück pro Arbeitsstunde) der Unternehmung bzw. die Nachfrage nach Arbeitskräften bei gegebener Produktion (3). Da nun in einem Konkurrenzpreissystem kein Besitzer von Produktionsmitteln auf die Idee käme, seine Produktionsmittel zur Produktion zur Verfügung zu stellen, ohne einen Vorteil (Gewinn) darauszuziehen, enthält Gleichung (2) zugleich auch *den Anspruch der Unternehmungen,* über in der Produktion vergegenständlichte gesellschaftliche Arbeitszeit zu verfügen. Je größer bei gegebenem Reallohn (w/p) die Arbeitsproduktivität (γ) bzw. die Rate des technischen Fortschritts ist, um so größer ist nach folgender Gleichung (3) der Teil der gesellschaftlichen Arbeitszeit, den sich die Unternehmungen für die Akkumulation verfügbar machen können (vgl. Anmerkung 2). Durch diese Interpretation der Preiskalkulation wird die scheinbare Sachlogik der Markt- und Produktionsgesetze erkennbar als Logik gesellschaftlicher Verhältnisse bzw. als *versachlichte* auf dem Eigentum an Produktionsmitteln beruhende Herrschaftsverhältnisse, deren Gültigkeit durch das Konkurrenzpreissystem als überpersönlicher Sanktionsmechanismus immer wieder durchgesetzt wird.

$$\pi = 1 - \frac{w/p}{\gamma} = \text{Gewinnquote, woraus für den Preis folgt} \qquad (3)$$

$$p = \frac{1}{1-\pi} \cdot \frac{w}{\gamma} = \frac{1}{1-\pi} \cdot \frac{K_v}{x} \text{ mit } \frac{K_v}{x} = \text{variable Stückkosten} \qquad (4)$$

Die Realisierung der angestrebten bzw. beanspruchten Gewinnquote bzw. Profitrate hängt bei gegebener Technik von der Nachfrage ab. Bringt eine Unternehmung ein „neues" Produkt auf den Markt, dann wird sie (vgl. die folgende Abbildung 2-6) bei erwarteter Nachfrage

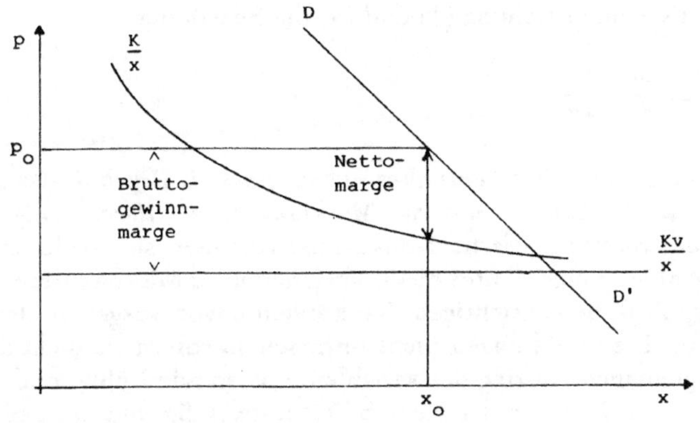

Abb. 2-6: Preiskalkulation auf dem Gütermarkt

(DD') bzw. Absatzelastizität (ε), erwartetem Nominallohnsatz (w) und gegebenem technischen Wissen gemäß Gleichung (1) die zu erwartende Profitrate bei Normalauslastung (x_o) der einzurichtenden Produktionsanlagen errechnen. Durch Vergleich mit alternativen Anlagemöglichkeiten für das vorhandene Geldvermögen läßt sich feststellen, ob die Produktion des Gutes rentabel ist.
Abgesehen von den Fällen, in denen $\varepsilon = \infty$ und ε = konstant, ist das Verhältnis von Preis und Preiselastizität der Nachfrage in Gleichung (1) nicht eindeutig bestimmt, so daß auch der Aufschlagssatz $1/1\text{-}\pi$ *unbestimmt* ist (4). Gehen darüber hinaus die Erwartungen des Produzenten nicht in Erfüllung, weil er etwa die Nachfrage nicht richtig eingeschätzt hat, dann wird die faktische Nettogewinnmarge von der erwarteten abweichen. Nur per Zufall wird die gewinnoptimale Preis-Mengen Kombination auf Anhieb realisiert. Vielmehr *impliziert das Gewinnmaximierungsprinzip im Rahmen der Vollkostenkalkulation eine flexible, weil unbestimmte Nettogewinnspanne. Insoweit stellt auch die Vollkostenkalkulation keine Theorie zur Bestimmung der Güterpreise dar. Aber sie verdeutlicht die Funktion des Preissystems zur Durchsetzung und gleichzeitigen Begrenzung von Profitansprüchen;* und gerade diese Funktion ist für die Überwälzungstheorie bedeutsam. Steuer- und Abgabenerhöhungen werden, sofern keine Fiskalillusion besteht, auf die Preise bzw. Löhne geschlagen, d.h. Steuern und Abgaben werden generell als Kostenfaktor verstanden, deren Variation in der Regel zu entsprechenden Preis- und Lohnanpassungen führen muß. Denn die Einkommensansprüche richten sich der Systemlogik folgend auf das Einkommen nach Steuern.

Nun läßt sich aus Gleichung (1) und (4) die Beziehung

$$\frac{w}{\gamma}\frac{\varepsilon}{\varepsilon-1} = \frac{w}{\gamma}\frac{1}{1-\pi} \qquad (5)$$

bilden. *Diese Indentität kann aber nur ex post als Ergebnis der oligopolistischen Konkurrenz um die Marktanteile existieren.* Oligopolistische und monopolistische Konkurrenz zeichnen sich dadurch aus, daß die Anbieter eines Gutes die Reaktionen ihrer Mitkonkurrenten in der Preispolitik berücksichtigen. Sie können davon ausgehen, daß die Mitanbieter Preiserhöhungen nicht mitmachen, sofern sie nicht durch einen allgemeinen Anstieg der variablen Kosten wie Löhne und Rohstoffpreise zur Wahrung der Rentabilität notwendig sind, während die Konkurrenten Preissenkungen folgen werden. Diese Preispolitik ergibt sich aus dem Bestreben der einzelnen Unternehmungen, einen möglichst großen Marktanteil zu erhalten (5). Infolge dieser Preispolitik bleiben die Preise eines Gutes auch bei Nachfrageschwankungen und unternehmensspezifischen Kostenänderungen über längere Zeit hindurch konstant. Sie werden von den Unternehmungen nur periodisch bei einer alle Anbieter gleichzeitig treffenden Erhöhung der variablen Stückkosten angehoben (6). Der hier dargestellte Sachverhalt läßt sich auch mit Hilfe der bekannten „kinked-demand-curve" illustrieren.

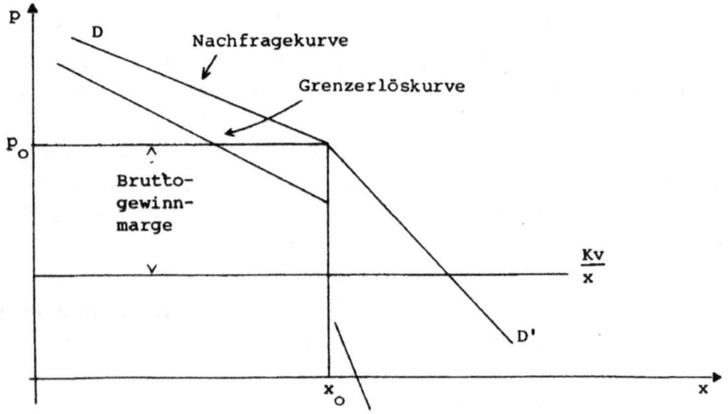

Abb. 2-7: Die geknickte Nachfragefunktion bei oligopolistischer Konkurrenz

Aus der Darstellung ist ersichtlich, daß an der Stelle x_0 der Grenzerlös ($GE = p \ (1 - \frac{1}{\varepsilon})$) bzw. die Preiselastizität der Nachfrage unbestimmt ist, und daß somit *ex ante* keine eindeutige Beziehung zwischen der Preiselastizität der Nachfrage und dem Gewinnaufschlag bestehen kann. Hat sich ein Anbieter bei Einführung eines Gutes auf dem Markt bei seiner Preiskalkulation über die Profitabilität der Produktion dieses Gutes geirrt, und beispielsweise den Preis zu hoch angesetzt, so daß die Nachfrager zu den (Substitutions-)Konkurrenten abwandern, dann wird er seine Anlagen nicht normal auslasten können, und er wird den Preis nach unten korrigieren und eine geringere Bruttogewinnspanne in Kauf nehmen. Im umgekehrten Fall wird er den Preis und damit die Bruttogewinnspanne erhöhen. Je nach der Konkurrenzintensität wird sich ein bestimmter oligopolistischer Gleichgewichtspreis bzw. eine bestimmte Gleichgewichtsbruttogewinnspanne der einzelnen Oligopolisten herausbilden; oder es setzt sich ein Preisführer durch, der u.U. aus Rücksicht auf staatliche Interventionen die Mitanbieter duldet, solange sie seine Preisführerschaft akzeptieren.

Der (Gleichgewichts-)Aufschlagssatz wird um so geringer sein, je größer die durch ϵ als Absatzelastizität dargestellte Konkurrenzintensität ist. Die *Aufschlagstheorie* bzw. die Vollkostenkalkulation bietet somit keine Erklärung für die Höhe des Preises bzw. des Aufschlagssatzes, sondern *nur eine Erklärung für Preisänderungen bei gegebenen „branchenspezifischen" Gewinnmargen.* Die Erklärung von Preisänderungen reicht aber völlig aus, um die Steuerüberwälzung und die damit verbundene Preisentwicklung zu untersuchen. Und da die hier dargestellte Vollkostenkalkulation der marginalistischen Preistheorie entspricht und den Fall der vollkommenen Konkurrenz als Spezialfall enthält, muß auch in diesem Spezialfall das Ergebnis der Überwälzungsanalyse, ob nun vollkostentheoretisch oder marginalistisch durchgeführt, gleich sein (vgl. Anmerkung 3).

Die Analyse der Preisbildung bei oligopolistischer und monopolistischer Konkurrenz zeigt, *daß Preisänderungen in der Regel kostendeterminiert sind und nicht in Abhängigkeit von Nachfrageschwankungen erfolgen* (7), obgleich nicht ausgeschlossen werden soll, daß längerfristig realisierbare Preiserhöhungensspielräume bei entsprechender Überschußnachfrage ausgenutzt werden. Unter der Annahme, daß die variablen Stückkosten allein aus den Lohnstückkosten (w/γ) bestehen, ergibt sich bei konstantem Gewinnaufschlag für die Preissteigerungsrate $\hat{p}_t$ in der Periode t durch totale Differentation von Gleichung (4)

$$\hat{p}_t = \hat{w}_t - \hat{\gamma}_t \qquad (6)$$

Die Preise steigen unabhängig von der Nachfragentwicklung direkt proportional mit den Lohnstückkosten. Bezieht man weitere Komponenten der variablen Kosten (u.a. importierte Rohstoffe) ein, dann ergeben sich entsprechende Modifikationen (vgl. Anmerkung 4) (8). Auf Änderung der mengenmäßigen Nachfrage reagieren die Unternehmungen durch entsprechende Anpassung der Produktionskapazitäten, wobei zur Ausfüllung von saisonaler oder sonstiger unerwarteter Spitzennachfrage bei gleichzeitiger Abwehr neuer bzw. ausländischer Konkurrenten eine gewisse Kapazitätsreserve gehalten wird. *Die Preise haben somit ihre (klassische) instrumentelle Funktion zur Koordination dezentral erstellter Mengenpläne verloren; statt dessen wird über sie die Verteilung der Einkommen (nach Steuern) reguliert.*

Der Zusammenhang zwischen Preis- und Mengensystem besteht nur noch mittelbar. Bleibt z.B. die faktische (mengenmäßige) Nachfrage hinter der erwarteten zurück und können die Kapazitäten nicht normal ausgelastet werden, dann sinkt aufgrund der Kostendegression (abnehmende durchschnittliche Stückkosten bei Produktionsausdehnung wie in Abb. 2-6 dargestellt) die Gewinnquote bzw. die Profitrate. Die Unternehmungen werden infolge der Nachfragestockung und der unter Druck geratenen Profitrate ihre Investitionstätigkeit vermindern, so daß via Multiplikator-Akzelerator Prozesse Kurzarbeit und Arbeitslosigkeit entstehen. Diese Unterbeschäftigung schwächt schließlich die Verhandlungsposition der Gewerkschaften; die Lohnforderungen werden zurückgeschraubt; der Kostendruck auf die Preise läßt nach und die Lohn-Preis Spirale dreht sich langsamer. Preissenkungen verschlimmerten nur die Situation der Oligopolisten bei nachgebender Nachfrage. Denn alle Anbieter eines Gutes müßten zur Verteidigung ihres Marktanteils der Preissenkung folgen, so daß bei kurzfristig unelastischer Nachfrage bzw. der Spekulation der Nachfrager auf weitere Preissenkungen die Gewinnmarge für alle noch geringer ausfiele oder sogar Verluste zu erwarten wären. Der Zusammenhang zwischen Preis- und Mengensystem hat sich somit umgekehrt: *Preisvariationen haben keine unmittelbare Anreizfunktion mehr für die Mengenplanung, sondern umgekehrt signalisiert die Mengenplanung die lohn- und preispolitischen Spielräume im Verteilungs-Bargaining.*

Für die Überwälzungstheorie bzw. Inzidenztheorie ergibt sich aus den vorhergehenden Überlegungen folgende Schlußfolgerung. *Sind Preisvariationen kostendeterminiert und orientieren sich die Unternehmen bei Freiheit von Fiskalillusion in ihrer Preispolitik am Gewinn nach*

Steuern, dann ist zu erwarten, daß indirekte Steuern und Steuern auf den Gewinn voll überwälzt werden. Denn sowohl Gewinnsteuern wie indirekte Steuern treffen alle inländischen Anbieter gleichzeitig. Eine Verschärfung der Konkurrenz durch Marktneulinge ist somit nicht zu befürchten. Etwas anders stellt sich die *Überwälzungsmöglichkeit für spezifische Steuern dar, wenn Substitutionskonkurrenz zu befürchten ist.* Verschärft sich jedoch infolge der Preiserhöhung die Konkurrenz aus dem Ausland, dann kann es zu konjunkturellen Rückschlägen kommen, weil ein Teil der Nachfrage an ausländische Produzenten abwandert. Die Konkurrenzfähigkeit mit dem Ausland wird in diesem Fall durch Lohndisziplinierung in der Rezession wieder hergestellt. Was an Steuermehrbelastung nicht überwälzt werden kann, wird somit auf die Lohneinkommen rückgewälzt, so daß letztlich immer die abhängig Beschäftigten die zusätzlichen Abgaben- und Steuerbelastung zu tragen haben.

Steuersenkungen werden im allgemeinen nicht im Preis weitergegeben, weil für keinen Oligopolisten beispielsweise infolge zunehmenden Konkurrenzdruckes dazu Veranlassung bestünde. Angesichts verschärfter ausländischer Konkurrenz und bei verstärktem Kostendruck kann jedoch vermutet werden, daß geplante Preissteigerungen aufgeschoben werden bzw. geringer ausfallen. *Stabilitätspolitisch sind somit Steuersenkungen weitgehend unwirksam, während Steuererhöhungen die Inflation beschleunigen* (9).

2.1.2. Lohntheoretische Grundlagen

Aus der Überschußnachfragefunktion für den Arbeitsmarkt, die den Zusammenhang zwischen der Überschußnachfrage und der (absoluten) Veränderung des Geldlohnes (dw/dt) beschreibt sowie aus einer weiteren Beziehung zwischen der prozentualen Überschußnachfrage und der Arbeitslosenquote (u) läßt sich eine funktionale Beziehung zwischen der prozentualen Veränderung des Geldlohnes ($\hat{w}$) und der Arbeitslosenquote konstruieren (10).

$$\hat{w} = f(u); \quad f'(u) < 0, \quad f(u_o) = 0 \quad \text{für} \quad u_o > 0 \qquad (7)$$

Diese Beziehung, bekannt als Phillips-Kurve, besagt, daß der Anstieg des Geldlohnes um so größer ist, je geringer die Arbeitslosenquote, wobei wegen Anpassungsfriktionen auf dem Arbeitsmarkt angenommen wird, daß $\hat{w} = 0$ für $u_o > 0$ (11): Die Konkurrenz der Unternehmungen um die knapper werdenden Arbeitskräfte führt zu Lohnsteigerungen.

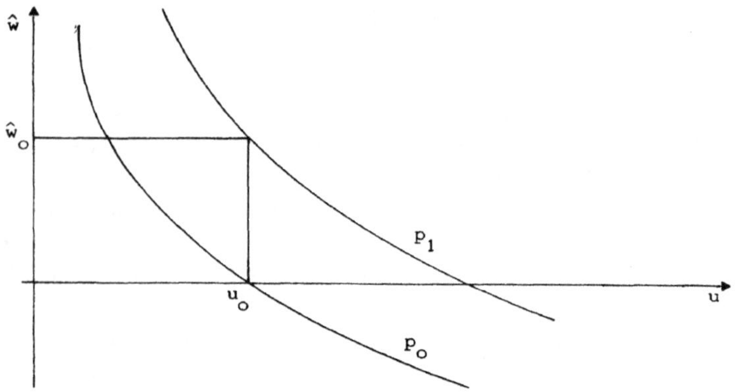

Abb. 2-8: Die Phillips-Kurve (bei unterschiedlichem Preisniveau: $p_0 < p_1$)

Aus der neoklassischen Preistheorie ist ebenfalls bekannt, daß bei gegebenem Nominallohn und steigendem Preisniveau das mengenmäßige Angebot an Arbeitskräften zurückgeht, so daß bei gegebener Nachfrage nach Arbeitskräften der Geldlohn steigen muß. Die Phillips-Relation kann deshalb erweitert werden zu

$$\hat{w} = f(u) + \eta \hat{p}, \quad 0 < \eta \leq 1 \tag{8}$$

Nun werden aber Lohnerhöhungen im Rahmen bestimmter institutioneller Einrichtungen in periodischen Abständen ex ante kollektiv ausgehandelt. Deshalb kann es sich bei der prozentualen Preissteigerungsrate $\hat{p}$ in Gleichung (8) nur um die *erwartete* bzw. antizipierte handeln: Die Gewerkschaften streben eine Verbesserung des realen Lebensstandards der abhängig Beschäftigten an. Der Koeffizient η wird deshalb auch als *„Realbargaining Faktor"* bezeichnet. Inwieweit es den Gewerkschaften gelingt, die erwarteten Preissteigerungen bei den Lohnabschlüssen einzubringen, hängt von ihrer jeweiligen Verhandlungsmacht ab. Gleichung (8) läßt sich deshalb als eine Bestimmungsfunktion für Lohnerhöhungen interpretieren, in der die Marktmacht der Kontrahenten auf dem Arbeitsmarkt und Konkurrenzkräfte wechselseitig wirksam sind. Insoweit ist es auch zulässig, die modifizierte Phillips-Kurve – wie in Gleichung (8) dargestellt – durch weitere Bargainingkomponenten zu ergänzen, wie z.B. durch Korrekturfaktoren bei Verschiebungen der Relation von abhängig zu selbständig Beschäftigten oder bei Steuer- und Abgabenerhöhungen.

Die Lage der Phillips-Kurve im ($\hat{w}$, u)-Diagramm bestimmt sich dann durch die Höhe der Preissteigerungsrate sowie der anderen Bargainingskomponenten und deren Koeffizienten. So ist aus Abbildung 2-8 ersichtlich, daß sich bei Preissteigerungen die Phillips-Kurve verschiebt. Bei der Arbeitslosenquote in Höhe von u_0 und einem Preisniveau von p_0 beträgt der prozentuale Lohnanstieg Null v.H., während bei unveränderter Arbeitslosenquote bei höherem Preisniveau p_1 die Lohnsteigerung $\hat{w}_0$ v.H. ausmacht.
Aus Gleichung (6) ist ersichtlich, daß die Preise stabil bleiben, wenn der Geldlohnsatz und die Arbeitsproduktivität mit gleicher prozentualer Rate steigen. Aus einer Verknüpfung von Gleichung (6) und (7) erhält man folgende Darstellung (12).

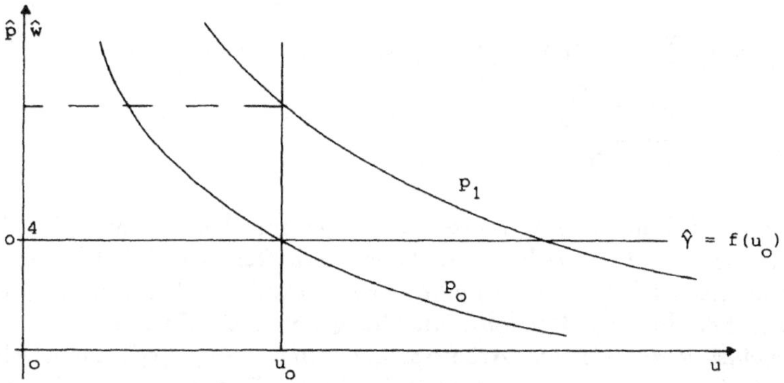

Abb. 2-9: Die Phillips-Kurve als trade-off zwischen Arbeitslosenquote und Inflationsrate

Steigt das Preisniveau ex post schneller als die Lohnstückkosten ($\hat{p}' > \hat{w} - \hat{Y}$), dann muß die Lohnquote sinken, d.h. die relative Einkommensposition der abhängig Beschäftigten wird sich verschlechtern. Wollen die abhängig Beschäftigten den status quo in der Verteilung des Volkseinkommens sichern, dann müssen sie bei jeder beliebigen Arbeitslosenquote eine Lohnsteigerung in Höhe der Inflationsrate und des prozentualen Anstiegs der Arbeitsproduktivität erzielen (vgl. Anmerkung 5). Akzeptieren sie andererseits den trade-off zwischen Arbeitslosigkeit und Inflationsrate, dann wird das Pro-Kopf-Einkommen der abhängig Beschäftigten relativ abnehmen müssen, wenn bei konstanter Lohnquote die Arbeitslosenquote verringert werden soll. Oder anders formuliert: Die Gewerkschaften verzichten bei Unterbeschäftigung auf eine proportionale Erhöhung der Pro-Kopf-Einkommen der abhängig Beschäftigten zugunsten einer höheren Beschäftigung.

Die zentrale Frage ist nun, ob der trade-off stabil bleibt, oder ob sich die Phillips-Kurve permanent nach oben verschiebt. Zur Analyse dieser Frage kann man Gleichung (8) in (6) einsetzen (13)

$$\hat{p}_t = \hat{w}_t - \hat{\gamma}_t \tag{6}$$

$$\hat{w}_t = f(u) + \eta \hat{p}^e_t \tag{8}$$

und erhält im Falle $\hat{p}_t = \hat{p}_{t-1} = \hat{p}^e_t$

$$\hat{p}_t = \eta \hat{p}^e_t + f(u) - \hat{\gamma}_t \text{ oder} \tag{9}$$

$$\hat{p}_t = \frac{f(u) - \hat{\gamma}_t}{1 - \eta} \tag{9'}$$

Somit wird die Inflationsrate kumulativ ansteigen, wenn $\eta > 1$ ist. Im Falle $\eta = 1$ betreiben die Gewerkschaften Reallohnbargaining. Denn nach Gl. (8) und (9) gibt es eine bestimmte Arbeitslosenquote (u'), bei der der Reallohn unabhängig von der Inflationsrate mit gleicher Rate wie die Arbeitsproduktivität steigt (vgl. auch Abb. 2-9) (14). Wollte die Regierung in diesem Fall versuchen, die prozentuale Arbeitslosigkeit zu senken, während die Gewerkschaften auf einer konstanten Relation der Pro-Kopf-Einkommen zwischen abhängig und selbständig Beschäftigten bestünden, dann stieg die Lohn-Preis Spirale kumulativ an, solange von der Nachfrage her die Lohnkostenüberwälzung möglich ist.

Auch ersieht man aus Gleichung (6) und (8), daß Preisstabilisierung abgesehen von einkommenspolitischen Maßnahmen nicht mehr über direkte Nachfragesteuerung gelingen kann, sondern nur indirekt durch Schaffung von Arbeitslosigkeit, um auf diesem Wege die Bargainingposition der Gewerkschaften zu verschlechtern und somit die Lohnsteigerung zu bremsen. Allerdings wird es zur Stabilisierung der Inflationsrate nicht ausreichen, die Arbeitslosigkeit auf das Ausgangsniveau zurückzubringen, sondern die Lohndisziplinierung der Gewerkschaften verlangt zunächst eine erheblich größere Ausdehnung der Arbeitslosigkeit.

Abschließend sei noch darauf hingewiesen, daß auch die *Monetaristen* genau wie die Bargaining-Interpreten der Phillips-Kurve zu dem Ergebnis eines instabilen trade-off gelangen, wobei sie nachfragereagible Preise sowie Freiheit von Geldillusion zugrunde legen; mit diesen Annahmen kehren sie zu den Neoklassikern quasi „hinter Keynes" zurück (15). Die Monetaristen behaupten die Stabilität des marktwirtschaftlichen Systems und suchen ihr Heil in geldpolitischen Stabilisierungsmaßnahmen und einer Politik des ausgeglichenen öffentlichen Budgets. Nach der Bargaining-Theorie ist das Preissystem instabil; der Staat kann nur Krisenmanagement betreiben im Spannungsfeld von Vollbeschäftigung und Arbeitslosigkeit.

2.2. Steuerüberwälzung in der Preis- und Lohnkalkulation: Die Lohn - Preis - Steuer Spirale

Im folgenden Abschnitt soll dargestellt werden, daß Steuer- und Abgabenerhöhungen (automatische und diskretionäre) die Inflation beschleunigen, wenn die Gewerkschaften bei Freiheit von Fiskalillusion höhere Abgaben- und Steuerbelastungen durch höhere Löhne zu kompensieren trachten, und die Unternehmungen im Rahmen oligopolistischer Konkurrenz Lohnsteigerungen und/oder höhere indirekte Steuern (Kostensteuern) und Abgaben (Lohnnebenkosten) sowie Gewinnsteuern in den Preisen weitergeben. Bargaining- und Vollkostentheorie liegen der folgenden Begründung inflationärer Steuer- und Abgabenpolitik zugrunde. In die entsprechenden Kalkulationsbedingungen sind deshalb Steuersätze für indirekte Steuern und Abgaben (Mehrwertsteuer, Sozialversicherungsabgaben), Gewinnsteuern (Körperschafts- und veranlagte Einkommensteuer) sowie für die Lohnsteuer einzufügen.
Nach der Vollkostentheorie entspricht, wie gezeigt, der Preis (p) den variablen Stückkosen K_v/x (im wesentlichen Lohn- und Materialkosten) plus einer Marge für die Fixkosten pro Stück und den Gewinn. Diese Marge ergibt sich aus dem Produkt von (Brutto-) Aufschlagssatz (r) und den variablen Stückkosten. Somit gilt als Kalkulationsbedingung für den Preis

$$p = \frac{K_v}{x} (1+r) \qquad (10)$$

Den Bruttoaufschlagssatz kann man aufspalten in einen Fixkostenaufschlag (s) und einen Gewinnaufschlag (m), so daß man Gleichung (10) schreiben kann.

$$p = \frac{K_v}{x} (1+s) (1+m), \text{ mit} \qquad (10')$$

$$r = s + m + sm$$

Geht man davon aus, daß die Unternehmungen versuchen werden, indirekte und Gewinnsteuern auf die Preise zu überwälzen, dann fragt sich, um wieviel Prozent der Preis steigen muß, wenn der durchschnittliche Steuersatz für indirekte Steuern bzw. der durchschnittliche Gewinnsteuersatz um einen bestimmten Betrag steigt.
Der Marktpreis einschließlich *indirekter Steuer und/oder Sozialversicherungsbeitragsanteil der Unternehmungen* ergibt sich aus Gleichung (10) bei einem Steuer- bzw. Abgabesatz in Höhe von t_i auf den Wert wie folgt

$$p^m = \frac{K_v}{x} (1+r) + t_i p = \frac{K_v}{x} (1+r) (1+t_i) \qquad (11)$$

oder

$$p^m = \frac{K_v}{x} \cdot \frac{1+r}{1-\emptyset}, \text{ wobei}$$

$\emptyset$ = Steuersatz auf den Preis incl. Steuer (vgl. Anmerkung 6)

Bei konstanten variablen Kosten und negativ geneigter Nachfragekurve wird somit bei vollständiger oder teilweiser Überwälzung eine geringere Menge bei höherem Preis angeboten. Das Ausmaß der Produktionseinschränkung wird durch die Elastizität der Gesamtnachfrage auf einem Markt bestimmt.
Eine Erhöhung des Steuersatzes um einen bestimmten Betrag dt_i (gemessen in Prozentpunkten) impliziert bei vollständiger Überwälzung einen prozentualen Anstieg des Preises ($\hat{p}_{(t_i)}$) in Höhe von

$$\hat{p}_{(t_i)} = \frac{1}{1+t_i} dt_i \qquad (12)$$

wie man durch totale Differentation von Gleichung (11) und anschließender Division mit p^m sofort ersieht. In dieser Hinsicht kommt die Vollkostentheorie zum gleichen Ergebnis wie die neoklassische Preistheorie (vgl. Anmerkung 7) (16).
Anhand von Gleichung (10) findet man ebenfalls den Preis unter Einrechnung einer *proportionalen Gewinnsteuer* mit einem Steuersatz in Höhe von t_π

$$p^m = \frac{K_v}{x}(1+s)(1+m) + t_\pi \left(p^m - \frac{K_v}{x}(1+s)\right) \quad (13)$$

Durch Umformung erhält man (vgl. Anmerkung 8)

$$p^m = \frac{K_v}{x}(1+s)\left(1 + \frac{m}{1-t_\pi}\right) \quad (14)$$

oder wegen

$$r = s + m + sm$$

$$p^m = \frac{K_v}{x}\left(1 + \frac{r-st_\pi}{1-t_\pi}\right) \quad (14')$$

Eine Erhöhung des Gewinnsteuersatzes um einen bestimmten Betrag dt_π impliziert bei vollständiger Überwälzung einen prozentualen Anstieg des Preisniveaus ($\hat{p}_{(t_\pi)}$) in Höhe von

$$\hat{p}_{t_\pi} = \frac{1 + m}{1+m+t_\pi^2-3\ m\ t_\pi} dt_\pi \quad (15)$$

Eine Erhöhung des proportionalen Gewinnsteuersatzes führt somit zu einer überproportionalen prozentualen Erhöhung des Preisniveaus, wenn die Bedingung

$$3\ m\ t_\pi > t_\pi^2 \quad \text{oder} \quad 3\ m > t_\pi$$

erfüllt ist.

Realistischerweise muß nun aber der Gewinnsteuersatz und der Steuersatz für indirekte Steuern in die Preiskalkulation einbezogen werden. Dann folgt aus Gleichung (10)

$$p^m = \frac{K_v}{x}(1+s)(1+m)+t_\pi\left[p^m(1-t_i) - \frac{K_v}{x}(1+s)\right] \quad (16)$$

und nach Umformung (vgl. Anmerkung 9)

$$p^m = \frac{K_v}{x}\left[\frac{1}{1-t_\pi(1-t_i)} + \frac{r+(1+s)\ t_\pi}{1-t_\pi(1-t_i)}\right] \quad (16')$$

Eine Erhöhung des Gewinnsteuersatzes um einen bestimmten Betrag dt_π (gemessen in Prozentpunkten) bedingt bei voller Überwälzung einen prozentualen Anstieg des Preises in Höhe von (vgl. Anmerkung 9)

$$\hat{p}_{t_\pi} = \left[\frac{1}{\frac{1}{1-t_i} - t_\pi} - \frac{1}{1+m-t_\pi} \right] dt_\pi \gtrless 0 \qquad (17)$$

1. Fall: $\hat{p}_{(t_\pi)} > 0$ dann, wenn gem. Gleichung (17)

$$(1+m)(1-t_i) > 1 \quad \text{oder}$$

$$m > \frac{t_i}{1-t_i} = 12{,}4 \text{ v.H. für } t_i = 0{,}11$$

Bei konstanten variablen Kosten und fixen indirekten Steuern sowie negativ geneigter Nachfragekurve wird somit bei vollständiger oder teilweiser Überwälzung der Gewinnsteuern eine geringere Menge zu einem höheren Preis verkauft. Die Erhöhung der Gewinnsteuer und/oder Körperschaftsteuer wirkt in diesem Fall kontraktiv, was bei den herrschenden Mehrwertsteuersätzen die Regel sein wird.

2. Fall $\hat{p}_{(t_\pi)} = 0$ dann, wenn

$$m = \frac{t_i}{1-t_i}$$

Bei konstanten variablen Kosten und fixen indirekten Steuern sowie negativ geneigter Nachfragekurve wird die gleiche Menge bei konstantem Preis trotz höherer Gewinnsteuer umgesetzt.

3. Fall: $\hat{p}_{(t_\pi)} < 0$ dann, wenn

$$m < \frac{t_i}{1-t_i}$$

Dieser letzte Fall kann aufgrund theoretischer Überlegungen – vgl. weiter unten – ausgeschlossen werden; vereinfacht kann man einen „ratchet effect“ der Preise nach unten annehmen.
Letztlich muß also die Frage, ob die Gewinnsteuer überwälzt wird, *empirisch* entschieden werden. Wichtig ist aber festzuhalten, daß selbst unter der Annahme vollständiger Überwälzung eine Erhöhung der Gewinnsteuer – wie im 2. Fall gezeigt – nicht in jedem Fall zu einer Anhebung des Preises und zur Reduktion der Produktion führt.

Außerdem können sich bei einer Gewinnsteuererhöhung die Preisrelationen verändern, weil nämlich bei für alle Unternehmungen gleichem Steuersatz für indirekte Steuern die Preise um so mehr heraufgesetzt werden, je höher der branchenspezifische Gewinnaufschlag ist. Die Gewinnsteuer wirkt in diesem Fall nicht neutral.
Schließlich fällt der aus einer Gewinnsteuererhöhung resultierende Preisanstieg um so geringer aus, je höher die bei der Ermittlung des zu versteuernden Gewinns abzugsfähige indirekte Steuer ist. D.h. eine kombinierte Anhebung der Gewinn- und der indirekten Steuer kann infolge einer relativen Reduktion der Steuerbemessungsgrundlage einen Ausgleich für die erhöhte Gewinnsteuer bewirken, so daß allein die erhöhte indirekte Steuer im Preis weitergegeben wird.
Angenommen die variablen Stückkosten bestünden allein aus den Lohnkosten pro Stück bzw. Lohnstückkosten:

$$\frac{w \cdot N}{x} = \frac{w}{x/N} = \frac{w}{\gamma}$$

wobei w = Lohnsatz, N = Zahl der Arbeitskräfte oder Arbeitsstunden, γ = Arbeitsproduktivität. Bei linearer Technologie entspricht die konstante durchschnittliche Arbeitsproduktivität der Grenzproduktivität. Somit folgt aus

$$p = \frac{w}{\gamma}(1 + r)$$

für die prozentuale Preisveränderungsrate

$$\hat{p}_t = \hat{w}_t - \hat{\gamma}_t$$

Unter Berücksichtigung von variierenden Material- und Rohstoffpreisen erhält man

$$\hat{p}_t = \hat{w}_t - \hat{\gamma}_t + f_t$$

Schließlich sind die möglichen Preissteigerungen aufgrund von Steuer- und Abgabenerhöhungen (Kosten- und Gewinnsteuern) einzukalkulieren, so daß man für die prozentuale Preisänderungsrate gem. Gl. (12) und (17) den Ausdruck

$$\hat{p}_t = \hat{w}_t - \hat{\gamma}_t + \frac{1}{1+t_i}\, dt_i + \left[\frac{1}{\frac{1}{1-t_i} - t_\pi} - \frac{1}{1+m-t_\pi}\right] dt_\pi + f_t \qquad (18)$$

erhält, wobei angenommen ist, daß alle Kosten- und Steuererhöhungen voll im Preis weitergegeben werden. Will man vollständige Überwälzung der Steuern auf die Preise ausschließen, dann kann man entsprechende Parameter als Überwälzungskoeffizienten einsetzen.

$$\hat{p}_t = \hat{w}_t - \hat{\gamma}_t + \alpha \frac{1}{1+t_i} dt_i + \beta \left[\frac{1}{\frac{1}{1-t_i} - t_\pi} - \frac{1}{1+m-t_\pi} \right] dt + f_t \qquad (18')$$

mit $0 \leq \alpha, \beta < 1$

Hinsichtlich der Lohnbildung wird (zunächst ohne weitere Begründung) davon ausgegangen, daß die Gewerkschaften ihre Lohnforderungen an der Nettolohnquote orientieren. Im Rahmen des Lohnbargaining versuchen sie, Lohnerhöhungen durchzusetzen, die eine konstante Nettolohnquote sichern sollen. Schreibt man die Nettolohnquote definitorisch als

$$l_n = \frac{W(1-t)}{Y} = \frac{w(1-t)N}{p \cdot Q} = \frac{w(1-t)}{p \cdot \gamma}, \qquad (19)$$

mit
t = Lohnsteuersatz
γ = Q/N = Arbeitsproduktivität
dann erhält man mittels Differentation nach der Zeit und anschließender Division mit dem Ausdruck auf der rechten Seite von Gleichung (19) für l_n = konstant

$$\hat{w}_t = \hat{p}^e_t + \hat{\gamma}_t + \frac{1}{1-t} dt \qquad (20)$$

Der prozentuale Anstieg des Geldlohnsatzes $\hat{w}_t$ ergibt sich aus der erwarteten Preissteigerungsrate $\hat{p}^e_t$, dem Anstieg der Arbeitsproduktivität $\hat{\gamma}_t$ und einem Aufschlag für Erhöhungen des durchschnittlichen Lohnsteuersatzes $\frac{1}{1-t} dt$. Infolge des progressiven Lohnsteuertarifs steigen die Nettolöhne langsamer als die Bruttolöhne. Dieser Progressionseffekt des Einkommensteuertarifs wird durch die gewerkschaftliche Lohnpolitik kompensiert, wenn Gleichung (20) durch einen entsprechenden multiplikativen Aufschlagssatz 1-t/1-t' (=Progressionsfaktor) (17) ergänzt wird zu (vgl. Anmerkung 10).

$$\hat{w}_t = \frac{1-t}{1-t'}\left(\eta\hat{p}_t^e + \hat{Y}_t\right) + \delta\,\frac{1}{1-t}\,dt, \qquad (20')$$

mit t' = Grenzsteuersatz
t = Durchschnittssteuersatz

Für den Progressionsfaktor gilt:

$$\frac{1-t}{1-t'} > 1 \text{ wegen } t' > t$$

δ = Überwälzungskoeffizient für die Lohnsteuererhöhungen mit $0 \leqslant \delta \leqslant 1$

η = Reallohnkoeffizient: $0 < \eta \leqslant 1$; der Reallohnkoeffizient gibt an, inwieweit es den Gewerkschaften gelingt, antizipierte Preissteigerungen geltend zu machen.

Schreibt man $\frac{1-t}{1-t'} = \tau$ = Progressionsfaktor und setzt Gleichung (20') in Gleichung (18') ein, dann erhält man für die Preissteigerungsrate

$$\hat{p}_t = \tau\eta\hat{p}_t^e + (\tau-1)\hat{Y}_t + c_t, \quad \text{wobei}$$

$$c_t = \delta\,\frac{1}{1-t}\,dt + \alpha\,\frac{1}{1+t_i}\,dt_i + \qquad (21)$$

$$\beta\left[\frac{1}{\frac{1}{1-t_i} - t_\pi} - \frac{1}{1+m-t_\pi}\right]dt_\pi + f_t$$

Nimmt man an, daß die erwartete Inflationsrate derjenigen in der Vorperiode entspricht, dann wird sich eine bestimmte konstante Preissteigerungsrate auf höherem Niveau einpendeln, wenn in Gl. (21) $\hat{p}_t = \hat{p}_t^e = \hat{p}_{t-1}$ gesetzt wird (18).

Durch Umformung von Gl. (21) erhält man die entsprechende Inflationsrate

$$\hat{p}_t = \frac{\hat{Y}_t\,(\tau-1) + c_t}{1-\tau\eta} \qquad (22)$$

Die *Inflation beschleunigt sich um so stärker,* je mehr es

– den Gewerkschaften gelingt, Progressionseffekte des Lohnsteuertarifs und/oder Steuer- und Abgabenerhöhungen durch Lohnsteigerungen zu kompensieren;

– den Unternehmungen gelingt, Erhöhungen von indirekten Steuern bzw. Abgaben und Gewinnsteuern auf die Preise zu überwälzen.

Bei gegebenem Reallohnkoeffizienten mit $\eta < 1$ und Progressionsfaktoren $\tau > 1$ beschleunigt sich die Inflation kumulativ, d.h. es stellt sich keine stabile Inflationsrate auf höherem Pfad ein, wenn die Gewerkschaften bei $\tau\eta \geqslant 1$ den Progressionseffekt des Lohnsteuertarifs in ihren Lohnforderungen entsprechend zur Geltung bringen. Die Lohn-Preis-Steuer Spirale bewegt sich in diesem Fall unbegrenzt nach oben, da die Gewerkschaften eine Lohnpolitik betreiben, die frei von Fiskalillusion ist. Die Progression des Steuertarifs wird die Instabilität des Preissystems erhöhen oder ein stabiles Preissystem kann instabil werden, wenn die Gewerkschaften frei von Fiskalillusion versuchen, den Progressionseffekt bei den Lohnabschlüssen entsprechend einzukalkulieren. Produktivitätsfördernde Maßnahmen im Rahmen einer globalen staatlichen Technologiepolitik nützen nichts, da im Falle eines progressiven Tarifs mit $\tau > 1$ auch der Wert des Ausdruckes $\hat{\gamma}_t\,(\tau - 1)$ größer wird und infolgedessen auch die Preissteigerungsrate $\hat{p}_t$. Nur strukturell eingesetzte Technologiepolitik zur Beschleunigung des technischen Fortschritts in entsprechenden Sektoren und Branchen ist stabilitätspolitisch wirksam.

Im Gegensatz zur incentivetheoretischen Analyse der Lohn-Preis-Steuer Spirale im Rahmen der neoklassischen Keynes-Interpretation wird eine Erhöhung von Steuern und Abgaben die Preisentwicklung *nicht direkt* über die Nachfragereduktion bei *privatem* Konsum oder den Investitionen beeinflussen, und zwar deshalb nicht, weil die Preise nach der Vollkostenkalkulation auf oligopolistischen Märkten unabhängig von Nachfrageschwankungen sind. Die Überwälzung steigender Steuern und Abgaben auf Löhne und Preise läßt sich nur indirekt über eine Nachfragereduktion vermindern bzw. unterbinden. Gelingt es der *staatlichen* Geld- oder Fiskalpolitik, die Nachfrage einzuschränken, dann reduzieren die Unternehmungen die Produktion und die Beschäftigung. Infolge von Kostendegression sinken die Gewinnspannen und die Arbeitslosigkeit nimmt zu, so daß die Unternehmungen nicht mehr bereit und in der Lage sind, Lohnsteigerungen zu akzeptieren, die ihre Gewinnsituation weiter verschlechterten bzw. nicht verbesserten, während die Gewerkschaften aufgrund der Arbeitslosigkeit mit einer verminderten Streikbereitschaft ihrer Mitglieder rechnen müssen und ihre Forderungen deshalb weniger nachdrücklich

vertreten können. *Nur indirekt,* über die nachfrageinduzierte Unterbeschäftigung kann die Regierung die gewerkschaftliche Lohnpolitik disziplinieren, um auf diesem Wege die Preissteigerungsraten zu stabilisieren bzw. die Beschleunigung der Inflation zu vermindern. Einer derartigen Strategie kann eine Lohn - Preis Politik (Einkommenspolitik) (19) vorgeschaltet oder flankierend zu ihr eingesetzt werden. Aber es ist unmöglich, bei privat-dezentralisierten Entscheidungen über Preise und Mengen einen gesellschaftlichen Konsensus über die Einkommensverteilung ex ante herbeizuführen. Die Einkommenspolitik wird somit immer nur begrenzte Erfolge aufweisen (20). Wie die Erfahrungen in der Bundesrepublik gezeigt haben, können durch sie stärkere konjunkturelle Schwankungen nicht verhindert werden.
Ebenfalls im Gegensatz zur incentivetheoretischen Analyse der Lohn - Preis - Steuer Spirale kommt man bei der überwälzungstheoretischen Darlegung zum Ergebnis, *daß Steuer- und Abgabeerhöhungen einschließlich der Steuerprogression uneingeschränkt und unabhängig von der Steuerart die Inflation beschleunigen, wobei aufgrund von Lohnsteuerüberwälzungen bei Steuerprogression die Inflationsrate unbegrenzt ansteigen kann.* Wirtschaftspolitisch bedeutsam ist, daß diskretionäre und automatische Steuererhöhungen nicht (automatisch) stabilisierend, sondern vielmehr destabilisierend wirken. In der Stagflation tragen sie zur Erhöhung der Arbeitslosigkeit bei.
Schließlich läßt sich die Stabilisierung des Preisniveaus nur indirekt über die Disziplinierung der gewerkschaftlichen Lohnpolitik via Arbeitslosigkeit erzielen und nicht durch direkte Nachfragesteuerung. Denn bei Freiheit von Fiskalillusion werden weder die Gewerkschaften noch die Unternehmungen bereit sein, Steuernachlässe lohn- bzw. preispolitisch zu honorieren. Es kann lediglich vermutet werden, daß durch den Abbau von Progressionswirkungen der Überwälzungsdruck vermindert wird. Lediglich in Zeiten nachlassender Nachfrage und Beschäftigung, also durch die schlechte wirtschaftliche Lage gezwungen, werden Gewerkschaften und Unternehmungen bei Steuernachlässen eine flexiblere Lohn- bzw. Preispolitik betreiben, d.h. bereit sein, Lohn- und Preiserhöhungen auf günstigere Zeiten zu verschieben. Außerdem hat die vorhergehende Analyse gezeigt, daß man den trade-off zwischen Inflationsrate und Arbeitslosenrate bei Freiheit von Fiskalillusion nicht anhand einer stabilen Phillipps-Kurve, sondern nur mittels einer Schar von Phillips-Kurven erfassen kann.
Aus folgender Abbildung ist ersichtlich, daß unter den gegebenen marktwirtschaftlichen Bedingungen bei sich verschiebenden Phillips-Kurven ein unter Umständen außergewöhnliches Maß an Arbeits-

losigkeit in Kauf genommen werden muß, wenn die Inflationsrate auf ein bestimmtes Niveau herabgedrückt werden soll.

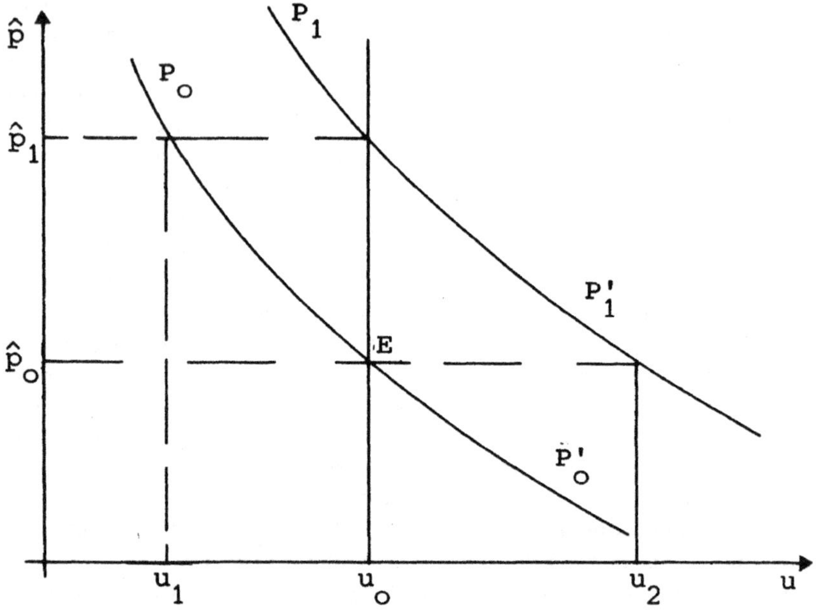

Abb. 2-10: Phillips-Kurven bei unterschiedlichem Preisniveau

Angenommen die Regierung hat im Rahmen einer expansiven steuerfinanzierten Ausgabenpolitik Nachfrage entfaltet, so daß bei steigender Produktion die Arbeitslosenrate von u_o auf u_1 zurückgeht und zugleich die Preissteigerungsrate von p_o auf p_1 ansteigt und sich die durch den Expansionsprozeß in Gang gesetzte Lohn - Preis - Steuer Spirale (vgl. Gleichung (22)) schließlich auf einer nach oben verschobenen Phillips-Kurve stabilisiert, oder sich sogar der trade-off zwischen Arbeitslosigkeit und Inflation auflöst. Im letzteren Fall kann bei jeder beliebigen Arbeitslosenrate eine beliebige Inflationsrate existieren; die Phillips-Kurve verschiebt sich permanent nach oben. Will nun die Regierung die Preissteigerungsrate wieder auf das alte Niveau herabdrücken, dann muß sie einen Anstieg der Arbeitslosenrate bis auf u_2 akzeptieren. Bei einer derartigen Arbeitslosigkeit verändern sich die Verhaltensweisen und Erwartungen der abhängig Beschäftigten und der Unternehmungen so, daß die Phillips-Kurve $P_1P'_1$ wieder in ihre ursprüngliche Lage $P_0P'_0$ zurückkehrt und der Inflationsrate in Höhe von $\hat{p}_0$ einer Arbeitslosenrate von u_0 entspricht. Je länger die Regierung zögert, preisstabilisierende Maßnahmen zu ergreifen, um so größer wird das *Stabilisierungsrisiko,* d.h. die Arbeitslosigkeit, die die Regierung in Rechnung stellen muß, wenn sie die Inflationsrate auf ein niedrigeres Niveau zurückschrauben will. Dabei ist zu beachten, daß in Zeiten mit hohen Inflationsraten die Allokation spekulativ verzerrt wird, so daß sich zur konjunkturellen Arbeitslosigkeit strukturelle Arbeitslosigkeit gesellt.

2.3. Das Dilemma der Fiskalpolitik

In aller Kürze läßt sich das allgemeine Dilemma der Fiskalpolitik wie folgt beschreiben. Eine *endogen generierte Zunahme der Staatsquote* (21) macht die überproportionale Erhöhung von Steuern und Abgaben erforderlich. Diese Erhöhung von Steuern und Abgaben führt, wie beschrieben, via Überwälzungsversuchen im Preissystem zu verschärften Verteilungsauseinandersetzungen und infolgedessen zu (kumulativ) beschleunigter Inflation. Gleichzeitig werden durch Multiplikator-Akzelerator Prozesse Ungleichgewichte im Mengensystem ausgelöst, die die systemgefährdende Instabilität des Preis-Mengen Systems verstärken. Nur unter der „Schutzglocke" staatlicher Wirtschaftspolitik kann das Konkurrenzpreissystem künstlich stabil gehalten werden. Indem der Steuerstaat zugleich als Garant wie als „finanzieller Parasit" auf die Privatökonomie bezogen ist, blockieren sich die staatlichen Maßnahmen zur Sicherung der materiellen Reproduktion der Gesellschaft (Infrastruktur- und Sozialpolitik) und die stabilitätspolitischen Bemühungen der Regierung wechselseitig; infolgedessen ist der Anstieg der Steuerquote endogen beschränkt.
Die relative Ausdehnung der Staatsausgaben wird im allgemeinen exogenen Einflüssen zugeschrieben: Soziale Krisen und Kriege, institutionelle Veränderungen, autonome Verschiebungen von Geschmacks- und Bedürfnisstrukturen (22). Da die genannten exogenen Einflüsse als ursächlich für eine bisher ungebrochene trendmäßige – wenn auch diskontinuierliche – Zunahme des Staatsanteils betrachtet werden (23), muß das marktwirtschaftliche System als Spielball großer historischer Veränderungen erscheinen:. Ob der Trend schließlich zum Untergang der Marktwirtschaft führt oder sich irgendwann umkehrt bzw. zum Stillstand kommt und dem Tauschsystem eine Überlebenschance bleibt, ist in dieser Betrachtungsweise letztlich eine Frage des Schicksals.

Nun hat W. Vogt dargelegt, daß unter bestimmten durchaus realistischen und theoretisch plausiblen Bedingungen der Anteil des Staates tendenziell endogen zunehmen muß (24), und infolgedessen die Krisenanfälligkeit des kapitalistischen Systems verstärkt wird. Die kapitalistische Wirtschaftsordnung zerbricht entweder an den notwendig auftretenden ökonomischen und sozialen Krisen und Konflikten oder sie wird schließlich durch institutionelle Umwandlungen in ein durch veränderte Vergesellschaftungsformen und gesellschaftliche Beziehungen charakterisiertes System transformiert.
W. Vogt geht zunächst wie die Neoklassiker davon aus, daß gesamtwirtschaftlich bei zunehmender Kapitalintensität der technische Fortschritt gerade ausreicht, um den Rückgang der Kapitalproduktivität auszugleichen. Kapitalkoeffizient und Bruttoprofitrate bleiben trendmäßig konstant. Allerdings divergieren die Kapitalkoeffizienten in den einzelnen Industriezweigen, d.h. bei industriespezifisch unterschiedlichen aber konstanten Kapitalkoeffizienten muß sich der technische Fortschritt, ausgedrückt durch die Zunahme der Arbeitsproduktivität, ungleichmäßig entwickeln. Wachsen nun die Lohnsätze in den einzelnen Industriezweigen im Trend mit gleicher Rate, und zwar infolge der Konkurrenz auf dem Arbeitsmarkt und/oder der Verhandlungsstärke der Gewerkschaften, dann sinken die Profitquoten bzw. Profitraten in den Branchen mit dem geringeren Produktivitätsfortschritt. Die Produktion der dort erstellten Güter wird unrentabel, wenn nicht die Preise dieser Güter überproportional ansteigen. Allerdings kann man aufgrund der Vollkostenkalkulation davon ausgehen, daß die überproportional steigenden Lohnstückkosten von den Unternehmungen voll in den Preisen weitergegeben werden. Infolge einer derartigen Preisentwicklung kann die aus der Gleichgewichtstheorie bekannte „survival condition“ (25) verletzt werden: Die reale Einkommensverteilung verschlechtert sich für einen relevanten Teil der Erwerbstätigen so, daß deren physische und soziale Reproduktion (subsistence standard) nicht mehr gewährleistet ist. In diesem Fall existiert kein allgemeines Gleichgewicht und kein allokatives Optimum. Außerdem kann nicht ausgeschlossen werden, daß infolge von „distribution effects“ (26) der Tauschprozeß bei „false trading“ im Ungleichgewicht nicht zu einem einvernehmlichen optimalen Ausgleich der Interessen führt, sondern zu einer Verschlechterung der Einkommensposition der bereits an der „Armutsschwelle“ lebenden. Die „survival condition“ wird auch in diesem Fall kurzfristig verletzt, so daß sich die Rückkehr zum Gleichgewicht verzögern kann. Nur durch eine *Umverteilung der Einkommen mittels*

staatlicher geld- und fiskalpolitischer Maßnahmen kann das ökonomische und soziale Ungleichgewicht bei einer derartigen Entwicklung in „erträglichen" Grenzen gehalten werden.

Denkbare und mögliche Umverteilungsmaßnahmen sind die Subventionierung der privaten Produktion bestimmter Produkte (u.a. landwirtschaftliche Produktion, Kohleförderung), Transferzahlungen zur Sicherung der Reproduktion (u.a. Kindergeld, Wohngeld, Ausbildungsbeihilfen), die Produktion wichtiger „Lebensmittel" in öffentlichen Unternehmungen, wobei ein politischer Preis unter Berücksichtigung der Verteilung unterhalb der Grenzkosten bzw. der Durchschnittskosten erhoben wird (u.a. öffentlicher Nahverkehr, Kommunikation) (27) und/oder die kostenlose zur Verfügungstellung der Güter durch den Staat (u.a. Schulen, Straßen). Für die folgenden Überlegungen und die daraus abgeleiteten Resultate ist es völlig unerheblich, welche Form oder Formenkombinationen der möglichen fiskalpolitischen Maßnahmen gewählt werden. In jedem Fall bedingt die stabilitätspolitisch notwendige Umverteilung einen politischen Preis, und wenn kein systematischer Zusammenhang zwischen der Produktivitätsentwicklung und der Nachfrage besteht, so daß mit geringerem Produktivitätsfortschritt bei der Produktion eines Gutes auch die Nachfrage nach diesem Gut relativ zurückgeht, dann muß der politisch alimentierte Produktionssektor extensiv wachsen. Somit folgt, daß bei konstantem Anteil der Transferzahlungen und der Investitionen am Staatshaushalt die Lohnsumme der im staatlichen Sektor Beschäftigten schneller wachsen muß als in der privaten Ökonomie, d.h. insgesamt muß der Staatsanteil am Sozialprodukt und damit die Steuerquote zunehmen.

Dieser vom ökonomischen System selbst generierte *Anstieg* der Steuer- und Abgabensätze bedingt aber einen Rückgang der Nettoprofitrate und/oder der Nettolohnquote. Die schließlich resultierende Verteilung muß vom Preis-Lohn System durchgesetzt werden. Da die notwendige Umverteilung bei den einzelnen Akteuren in der Privatökonomie auf Steuerwiderstand stößt, lösen die fiskalpolitischen Maßnahmen Überwälzungsprozesse aus, die in Verbindung mit der zusätzlichen staatlichen Nachfrage Ungleichgewichte im Preis- und Mengensystem erzeugen und schließlich staatliche Gegenmaßnahmen erforderlich machen.

Der angesprochene Zusammenhang zwischen Verteilung und Steuern läßt sich folgendermaßen darstellen. Sei Π = Gewinn vor Steuern, W = Löhne vor Steuern, t_π = proportionaler Durchschnittssteuersatz auf den Gewinn vor Steuern, t_W = proportionaler Durchschnittssteuersatz auf den Lohn vor Steuern, t_i = Mehrwertsteuersatz (indirekte oder Kostensteuern), p = Preisniveau, Y = Nettosozialprodukt zu Marktpreisen, Q = Nettosozialprodukt zu konstanten Preisen und sei

$\Pi_{netto} = (1-t_\Pi)\ \Pi$ = Nettogewinn (= Gewinn nach Steuern) bzw.

$$\Pi = \frac{\Pi n}{1-t_\pi}$$

$W_{netto} = (1-t_w)\ W$ = Nettolohnsumme(= Löhne nach Steuern) bzw.

$$W = \frac{Wn}{1-t_w}$$

$$Y = p^m Q = (1+t_i)(W+\Pi)$$

Durch Einsetzen und Umformung erhält man aus diesen definitorischen Beziehungen für das Verhältnis von Nettoprofitrate (r_n) und Nettolohnquote (l_n) (vgl. Anmerkung 11) (28)

$$r_n = \frac{1-t_\pi}{1+t_i} \cdot \frac{1}{k} - \frac{1}{k} \cdot \frac{1-t_\pi}{1-t_w}\, l_n \qquad (23)$$

Bei konstanter Technik (k = Kapitalkoeffizient = konstant) sind somit Nettoprofitrate und Nettolohnquote negativ korreliert. Die Nettolohnquote kann nur zunehmen, wenn die Nettoprofitrate abnimmt, und umgekehrt. Diese Beziehung zwischen Nettoprofitrate und Nettolohnquote ist in folgender Abbildung dargestellt.
Der Anstieg des trade-off zwischen Nettolohnquote und Nettoprofitrate ist durch den Wert des Kapitalkoeffizienten und die Höhe des Gewinn- und Lohnsteuersatzes bestimmt. Wie aus Gleichung (23) nach totaler Differentation ersichtlich, verringert sich bei Zunahme der Steuerquote die Nettoprofitrate und/oder die Nettolohnquote. Bei Erhöhung der indirekten Steuern (Mehrwertsteuer, Anteil der Unternehmungen an den Sozialversicherungsbeiträgen, usw.) verschiebt sich die Profit-Lohn Kurve AA' nach links; bei Erhöhung der Lohnsteuer bzw. des Beitragsanteils der abhängig Beschäftigten an den Sozialversicherungsbeiträgen wird Arbeit relativ teurer, und die Profit-Lohn Kurve dreht sich um den Punkt A nach links zum Ur-

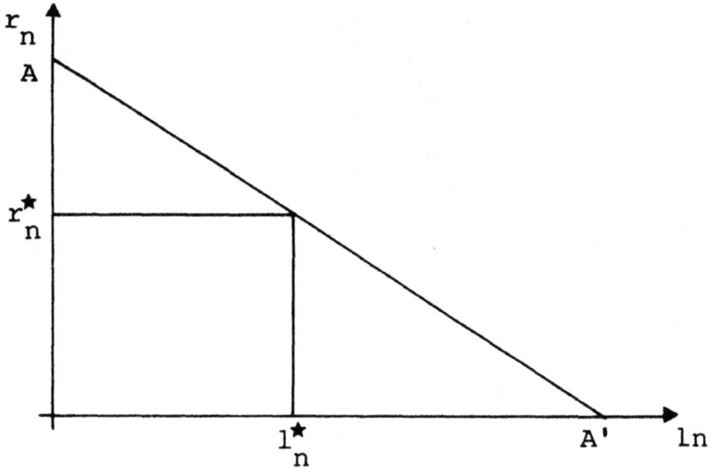

Abb. 2-11: Der trade-off zwischen Nettoprofitrate und Nettolohnquote

sprung; bei Erhöhung der Gewinnsteuer (veranlagte Einkommensteuer, Körperschaftssteuer) wird Kapital relativ teurer, und die Profit-Lohn Kurve verschiebt sich bei gleichzeitiger Veränderung ihres Anstiegs (vgl. Anmerkung 12), wie in folgender Abbildung 2-12 dargestellt.

In allen Fällen resultiert aus einer *effektiven* Erhöhung der Steuer- und/oder Abgabenquote eine Reduktion der Nettoprofitrate und/oder der Nettolohnquote. Welche Profit-Lohn Relation sich schließlich ergibt, hängt von den Ergebnissen des Überwälzungsprozesses im Preissystem ab.

Der Zusammenhang von Besteuerung, Inflation und Beschäftigung muß in der Dynamik der konjunkturellen Bewegung von Verteilungsauseinandersetzungen und der unternehmerischen Investitionstätigkeit untersucht werden. Denn aus dieser Dynamik resultiert letztlich der relative Anstieg der staatlichen (Konsum-) Ausgaben, deren Finanzierung mittels zusätzlicher Steuern und Abgaben eine Lohn - Preis - Steuer Spirale (kumulativ) in Bewegung setzt, weil bei Freiheit von Fiskalillusion eine preisneutrale Ausdehnung der Staatsquote bei Vollbeschäftigung nicht möglich ist. Zu letzterem Ergebnis kommt die Keynes'sche Theorie – wie gezeigt – in ihrer „neoklassischen" wie in ihrer „postkeynesianischen" Interpretation.

Die zyklische Bewegung von Preisniveau und Beschäftigung bei endogen steigendem Staatsanteil läßt sich wie folgt beschreiben (29).

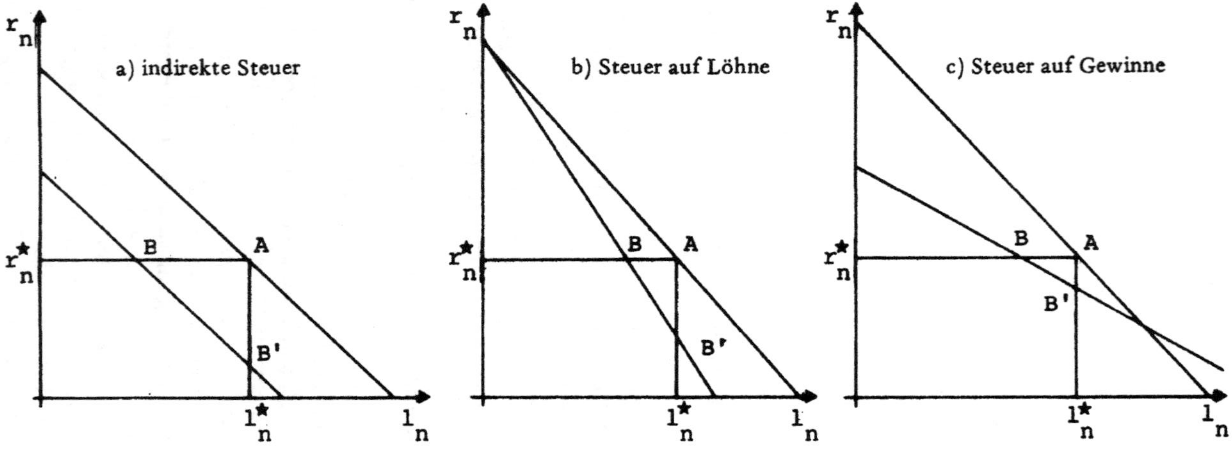

Abb. 2 - 12: Auswirkung von Steuererhöhungen auf den trade-off

Bei steigenden Steuer- und Abgabensätzen werden die Unternehmungen und die Gewerkschaften versuchen, die zunehmende Steuer- und Abgabenbelastung in den Preisen und Löhnen weiterzugeben. Sofern die Unternehmungen durch steigende Gewinn- und Kostensteuern selbst betroffen sind, werden sie die höhere Belastung in ihrer Preiskalkulation berücksichtigen. Wegen der relativ steigenden Staatsausgaben werden sie die steuerinduzierten Preiserhöhungen auch auf dem Markt ohne Produktionseinschränkungen durchsetzen können. Die abhängig Beschäftigten werden versuchen, steigende Steuer- und Abgabenbelastungen rein defensiv durch höhere Löhne auszugleichen. Soweit also die Steuer- und Abgabetarif progressiv ausgestaltet sind, oder die Steuern und Abgaben diskretionär vom Gesetzgeber erhöht werden, steigt die Lohn - Preis - Steuer Spirale (kumulativ) an. Die *Beschleunigung der Inflation* bringt, wenn sie stark genug ist, Kalkulationsunsicherheiten für Anbieter und Nachfrager und/oder führt zu spekulativer Nachfrage unabhängig von Gebrauchswertplänen, so daß das Preissystem als Koordinationsinstrument für dezentralisiert erstellte Angebots- und Nachfragepläne untauglich wird. Verliert das Geld derart seine Tauschmittelfunktion, dann muß langfristig die arbeitsteilige Produktion zusammenbrechen. Die kapitalistische Wirtschaftsordnung geriete somit bei beschleunigter Inflation in eine Krise. Die resultierenden sozialen Konflikte werden als solche das kapitalistische Konkurrenzpreissystem sowie den beherrschenden Staatsapparat bedrohen. Wegen dieser Gefahr für den Bestand des Tauschsystems sowie für den bestehenden Staatsapparat wird die Regierung antiinflationär wirkende Maßnahmen ergreifen, wenn absehbar ist, daß sich die Inflationsrate nicht auf einem „akzeptablen" Niveau stabilisieren, sondern kumulativ ansteigen wird. Und zwar „sollten Inflationsbekämpfungsstrategien sowohl aus ökonomischen wie aus psychologischen Gründen stets bereitstehen und auch fallweise eingesetzt werden, ohne daß man unbedingt auf eine volle Inflationsbeseitigung hinzielen muß; und zweitens sollte – was immer die ‚optimale' Inflationsrate sein möge – mittelfristig dafür gesorgt werden, daß die (unvermeidlichen) Schwankungen der Inflationsrate möglichst gleimäßig in beide Richtungen gehen, damit die Herausbildung von dynamischen Erwartungen verhindert wird" (30). Es gilt somit, den Trend in eine Hyperinflation zu vermeiden, in der man – bildlich gesprochen – nicht mehr riskieren kann, in einem Restaurant zu essen, weil man nach dem Essen feststellen müßte, daß inzwischen der Wert des mitgebrachten Geldes nicht mehr ausreicht, die Rechnung begleichen zu können. In einer Hyperinflation nimmt die Liquiditätspräferenz rapide ab, und das Geld verliert seine Tauschmittelfunktion.

Jedes „Reformprogramm“ der Regierung, das mit relativ steigenden Staatsausgaben verbunden ist, brauchte erst gar nicht in Angriff genommen zu werden, wenn durch die Lohn - Preis - Steuer Spirale die Existenz des (zu reformierenden) Systems selbst in Frage gestellt wird. Schon aus diesem Grund wird die Bekämpfung der Inflation im Boom Priorität genießen, d.h. *der Staat wird möglichst davon absehen, die Steuer- und Abgabesätze weiter zu erhöhen.* Und da sich im Boom letztlich relative Preisstabilität nur über Lohndisziplinierung erreichen läßt, gerät *jede Regierung* unabhängig von ihrer Programmatik in Konflikt mit den Interessen der abhängig Beschäftigten hinsichtlich einer proportionalen materiellen Beteiligung am wirtschaftlichen Fortschritt bei Vollbeschäftigung und/oder der Bereitstellung reproduktionsnotwendiger staatlicher Infrastruktur. Somit werden die Konjunkturbrüche vor dem Hintergrund eines endogen instabilen Preis- und Mengensystems politisch herbeigeführt: Im Aufschwung wird die sich selbst verstärkende „Drehung“ der Lohn - Preis - Steuer Spirale durch wirtschaftspolitische Maßnahmen gestoppt und soweit möglich zurückgeschraubt, und in der via Multiplikator-Akzelerator Prozesse folgenden Rezession wird eine sich zunehmend verschärfende Arbeitslosigkeit durch beschäftigungspolitische Maßnahmen bekämpft, wenn die resultierenden sozialen Konflikte für das polit-ökonomische System untragbar werden. In diesem Sinne spielt das Krisenmanagement der Regierung eine bloß reaktive zwischen den divergierenden Reproduktionserfordernissen des kapitalistischen Systems vermittelnde Rolle.

Nun läßt sich dieser Vermutung politisch ausgelöster Konjunkturumschwünge – zumindest hinsichtlich des Aufschwungs – eine Theorie endogen beschränkter Konjunkturzyklen entgegenhalten; allerdings schließen sich die beiden Erklärungsversuche gegenseitig nicht aus. Das Preissystem funktioniert wie beschrieben. Im Boom geraten jedoch die Gewinne zunächst von der Kostenseite her unter Druck, insbesondere gelingt es den Gewerkschaften, bei hoher Arbeitskräftenachfrage und verschärfter Konkurrenz der Unternehmungen um knappe Arbeitskräfte den Lohnanteil zu erhöhen. Der Druck von der Lohnseite wird möglicherweise noch verstärkt durch überproportionale Preissteigerungen bei Rohstoffen und anderen Hilfsstoffen. Dieser verstärkte (Lohn-) Kostendruck auf die Gewinne kann bei strukturellen Nachfrageverschiebungen nicht von allen Unternehmungen bzw. Branchen vollständig in den Preisen weitergegeben werden, so daß die

Ertrags*erwartungen* der betroffenen Unternehmungen bzw. Branchen beeinträchtigt werden. Falls die Unternehmungen ihr Geldkapital mit gleichem oder geringerem Risiko in mindestens gleich ertragreiche Finanzinvestitionen anlegen können, werden sie bei zunehmendem Kostendruck vorsichtiger kalkulieren. Sie werden ihre Investitiontätigkeit nicht mehr mit zunehmender Rate ausdehnen. Steigen darüber hinaus die Konsumausgaben der abhängig Beschäftigten kurzfristig nicht proportional mit den Löhnen und Gehältern, dann erfüllen sich die pessimistischen Ertragserwartungen der Unternehmungen. Die Lieferzeiten werden kürzer und die Auftragsbestände gehen zurück. Es wird offensichtlich, daß sich die erwarteten Gewinne wegen einer zu geringen faktischen Nachfrage nicht in vollem Umfang realisieren lassen. Es kommt via Multiplikator-Akzelerator Prozesse zum Abbau von Überstunden, vorübergehende Produktion auf Lager, Produktionseinschränkungen, Kurzarbeit, Arbeitslosigkeit und Überschußkapazität und schließlich in der Rezession Abbau von Überschußkapazitäten durch Unterlassung von Reinvestitionen. Die Arbeitslosigkeit nimmt kumulativ zu. Selbst wenn endogene Stabilisierungskräfte existierten, kann nicht ausgeschlossen werden, daß sie zu spät wirken, d.h. daß die ökonomische Krise vor ihrer Selbstheilung ein politisch untragbares Ausmaß angenommen hat und der Staat deshalb mit beschäftigungspolitischen Maßnahmen eingreift.
Die Argumentation, daß in Boomphasen eine Umverteilung von den Gewinnen zu den Löhnen erfolgt, läßt sich auch durch die empirische Entwicklung stützen. So sind die Gewinnquoten, wie aus folgender Tabelle ersichtlich, seit 1970 - 1974 rückläufig, und sie gingen ebenfalls vor den Rezessionsjahren 1962 und 1967, von 1960 - 1962 bzw. von 1964 - 1966 zurück.
Die abhängig Beschäftigten werden – unabhängig davon welche der beiden Beschreibungen des Konjunkturverlaufs die Realität richtig wiedergibt – zunächst den Rückgang des realen Lebensstandards bei stagnierender Produktion nicht akzeptieren. Sie werden ihre Lohnforderungen mit erhöhter Militanz durchzusetzen versuchen, da infolge der Steuerprogression bei weiterhin steigenden Preisen der Nettoreallohn abnimmt, wenn nicht der Bruttonominallohn zu der Preissteigerungsrate einen kompensatorischen Zuschlag für die Steuerprogression enthält. Bei verringerter Nachfrage können die Unternehmungen die steigenden Lohnstückkosten nicht auf die Preise überwälzen. Die Gewinnmarge schrumpft weiter, so daß die Unternehmungen die Produktion ebenfalls weiter einschränken werden.
Mit zunehmender Arbeitslosigkeit und Konkurrenz der Arbeitskräfte

Tab. 2-1: Gewinnquoten, Bundesrepublik Deutschland 1960-1976 in v. H.

Jahr	*Brutto-gewinn*	*Gewinn nach Steuern incl. Subventionen*	*Gewinn nach Steuern incl. Subventionen abzüglich Scheingewinne*	*Gewinne nach Steuern incl. Subventionen abzügl. Scheingewinne und Abschreibungen*
1960	45,1	38,7	38,3	32,4
61	42,9	35,9	35,9	29,5
62	42,1	35,1	34,9	28,0
63	41,3	34,6	34,6	27,1
64	41,9	35,6	35,3	27,8
1965	41,1	35,6	35,3	27,7
66	40,1	34,7	34,7	26,7
67	40,5	35,2	35,4	27,1
68	40,8	35,8	36,6	28,8
69	40,8	35,7	35,1	27,1
1970	39,5	35,6	34,8	26,7
71	38,4	34,7	34,1	25,6
72	37,9	34,5	33,8	25,2
73	37,3	33,4	32,1	23,3
74	36,7	32,9	31,1	21,8
1975	35,9	32,4	31,7	22,0
76			32,1	22,7

Quelle: Eigene Berechnungen

um die knappen Arbeitsplätze verringert sich der Widerstand der Gewerkschaften gegen den Abbau der Lohnsteigerungen. Die Phase der „lohnpolitischen Vernunft“ setzt ein und infolge weiterhin steigender Preise sinkt schließlich der Nettoreallohn. Überholen die Planrevisionen der individuellen Anbieter und Nachfrager die Preiskorrekturen, dann steigt die Arbeitslosigkeit kumulativ. Denn selbst wenn sich die Voraussetzungen für höhere Gewinnmargen infolge der Lohndisziplinierung der Gewerkschaften verbessert haben, werden die Unternehmungen bei unterausgelasteten Kapazitäten trotz sinkender Lohnstückkosten ihre Investitionstätigkeit nicht ausdehnen, da die Produktivität von Erweiterungsinvestitionen gleich Null ist. Bei einer tiefgreifenden Rezession muß der Anstoß zur Belebung der wirtschaftlichen Aktivitäten durch zusätzliche staatliche Nachfrage gegeben werden.

Die Überwälzung der zunehmenden staatlichen Abgaben- und Steuerlasten auf die abhängig Beschäftigten vollzieht sich im krisenhaften Wirtschaftsablauf, und zwar werden die marktmäßigen Realisierungsbedingungen für den Anspruch der Kapitaleigentümer auf eine trendmäßig konstante (Netto-) Rentabilität des eingesetzten Kapitals in dem beschriebenen ökonomischen Krisenzyklus durchgesetzt. Falls die Steuern und Abgaben nicht in vollem Ausmaß auf die abhängig Beschäftigten überwälzt werden können, wird Steuerpolitik darüber hinaus zur Einkommenspolitik: Die Profite werden im vordergründigen Interesse von Vollbeschäftigung und Preisstabilität steuerlich entlastet. Diese Hypothese wird durch die empirischen Befunde in obiger Tabelle gestützt. Die Nettogewinnquote (Spalte 2) weist keinen trendmäßigen Rückgang auf.

Die Überwälzbarkeit von Lohn-, Gewinn- und/oder Mehrwertsteuererhöhungen hängt ab vom Sparverhalten der abhängig und selbständig Beschäftigten bzw. der Unternehmungen sowie des Staates (31). Sei das Volkseinkommen zu Marktpreisen Y, der Bruttoprofit bzw. Bruttolohn π bzw. W, der Mehrwertsteuersatz t_i, der Lohnsteuersatz t_W und der Gewinnsteuersatz t_π und verhalte sich das jeweilige Sparvolumen proportional zum Nettoeinkommen, dann läßt sich bei einer Investitionsquote i aus folgendem Gleichungssystem die Nettoprofit- bzw. Nettolohnquote bestimmen.

Sozialprodukt zu Marktpreisen	$Y = \Pi+W+t_i(\Pi+W)$	(24)
Nettolohnsumme	$W_n = (1-t_w) W$	(25)
Nettoprofit	$\Pi_n = (1-t_\pi) \Pi$	(26)
Steuervolumen	$T = t_w W+t_\pi \Pi+t_i(\Pi+W)$	(27)
Ersparnisse der abhängig Beschäftigten	$S_w = s_w W_n$	(28)
Ersparnisse der selbständig Beschäftigten bzw. Unternehmungen	$S_\pi = s_\pi \Pi_n$	(29)
Ersparnisse des Staates	$S_R = s_R T$	(30)
Investitionsvolumen	$J = i \cdot Y$	(31)
Gütermarktgleichgewicht	$J = S_w + S_\pi + S_R$	(32)

Gl. (24) - (27) sind Definitionsgleichungen für das Sozialprodukt zu laufenden Preisen, die Nettoeinkommen und die Steuereinnahmen des Staates, Gl. (28) - (30) beschreiben als Verhaltensgleichungen das Sparverhalten der privaten Akteure und des Staates, Gl. (31) enthält die Annahme einer konstanten Investitionsquote und Gl. (32) ist die Gleichgewichtsbedingung für den Gütermarkt. Aus diesem System findet man (vgl. Anmerkung 13) für die Nettolohnquote (l_n) bzw. Nettorpofitquote (π_n) die Ausdrücke.

$$l_n = \frac{(1-t_w)\,[(s_R-s_\pi)t_\pi+(s_R-i)t_i+(s_\pi-i)]}{(1-t_i)\,[(s_R-s_\pi)t_\pi+(s_w-s_R)t_w+(s_\pi-s_w)]} \qquad (33)$$

$$\pi_n = \frac{(1-t_\pi)[\,(i-s_w)+(s_w-s_R)t_w+(i-s_R)t_i]}{(1+t_i)[\,(s_R-s_\pi)t_\pi+(s_w-s_R)t_w+(s_\pi-s_w)]} \qquad (34)$$

Diese beiden Gleichungen beschreiben die Vereinbarkeit der gegebenen Verwendungsstruktur (angegeben durch die Sparquoten und die Investitionsquote) sowie der gegebenen Steuerstruktur (angegeben durch die Steuersätze) mit einer entsprechenden sekundären Einkommensverteilung. Für t_i, t_w, $t_\pi = 0$ ergeben sich die bekannten Kaldor'schen Quotienten für die Primärverteilung

$$l = \frac{s_\pi-i}{s_\pi-s_w} = \text{Lohnquote} \qquad (33')$$

$$\pi = \frac{i-s_w}{s_\pi-s_w} = \text{Profitquote} \qquad (34')$$

Durch Differentation der Gleichungen für die Nettolohnquote und die Nettoprofitquote nach den jeweiligen Steuersätzen findet man die Differentialquotienten: $\frac{d\pi_n}{dt_\pi}$, $\frac{d\pi_n}{dt_w}$, $\frac{d\pi_n}{dt_i}$, $\frac{dl_n}{dt_\pi}$, etc.

Setzt man die Quotieten für den jeweils gleichen Steuersatz zueinander in Beziehung, so erhält man beispielsweise hinsichtlich des Mehrwertsteuersatzes den Quotienten

$$\frac{\frac{d\pi_n}{dt_i}}{\frac{dl_n}{dt_i}} = \frac{d\pi_n}{dl_n} = -\frac{s_w - s_R}{s_\pi - s_R} \leq 0 \qquad (35)$$

Das gleiche Ergebnis gilt auch hinsichtlich der Variation der Lohn- und Gewinnsteuersätze. Gleichung (35) besagt nun, daß sich die Nettolohn- und Nettoprofitquote bei einer Veränderung der jeweiligen Steuersätze gegenläufig verhalten, wenn für die Sparquoten gilt, daß $s_W - s_R > 0$ und $s_\pi - s_R > 0$ sind. Sinkt zum Beispiel bei Erhöhung der Mehrwertsteuer die Nettolohnquote, dann muß die Nettoprofitquote steigen oder konstant bleiben, je nachdem ob $s_W - s_R \geq 0$ ist. Bei entsprechenden – durchaus als realistisch zu betrachtenden – Sparquoten der Regierung, der Unternehmungen und der abhängig Beschäftigten *und* bei konstanter bzw. steigender gesamtwirtschaftlicher Nachfrage, letzteres ist bei einer relativen Ausdehnung des Staatshaushaltes sicher der Fall, werden allein die Lohnempfänger die Steuererhöhung zu tragen haben. Im Fall $s_W - s_R = 0$ und $s_\pi - s_R > 0$ können die Kapitaleigentümer ihren Anspruch auf eine trendmäßig konstante Nettoprofitrate bei konstantem Kapitalkoeffizienten und konstanter Nettoprofitquote, d.h. bei Vollüberwälzung auf dem Markt realisieren, und zwar unabhängig davon, welche Steuersätze angehoben werden. Die Kapitaleigentümer werden ihre Verteilungsposition sogar verbessern, wenn $s_W - s_R > 0$ ist. Lassen sich die Nettogewinnansprüche der Unternehmungen bei einer zu geringen Nachfrage nicht realisieren, dann werden sie die Mengenplanung derart korrigieren, daß bei eingeschränkter Produktion und Arbeitslosigkeit eine Rentabilitätsverbesserung durchgesetzt werden kann; gegebenenfalls wird durch konjunkturpolitische Maßnahmen des Staates die Profitrate stabilisiert.

Wenn es richtig ist, daß der Steuerstaat Konsequenz wie Bedingung des – auf Privateigentum an Produktionsmitteln und Arbeitskraft sowie auf privat-dezentralisierten Entscheidungen über Preise und Mengen beruhenden – kapitalistischen Konkurrenzpreissystems ist, und daß die Form der Steuer als Zwangsabgabe der Systemlogik des Konkurrenzpreissystems entspringt, dann erwächst dem Steuerstaat als *Garant* eben dieses Konkurrenzpreissystems aus seinen Allokations- und Distributionsfunktionen notwendig die Stabilisierung von Beschäftigung und Preisniveau. Diese Stabilisierungsaufgabe kann der Staat trendmäßig immer nur als Stabilisierung der Profitrate lösen. Denn wollte er die Bewegung der Lohn - Preis - Steuer Spirale dadurch zum Stillstand bringen, daß er den Anstieg der Steuerquote stoppte, ohne zugleich den endogen bedingten Anstieg der Staatsausgaben zu bremsen, d.h. den Staatshaushalt zu sanieren, dann muß die Kreditfinanzierung der steigenden Staatsausgaben über den Anstieg des Zinsniveaus auf dem Kapitalmarkt letztlich die private Kapitalakkumulation treffen und via Multiplikator–Akzelerator Prozesse zur Arbeitslosigkeit führen (32). Andernfalls muß der Staat durch geeignete geld- und fiskalpolitische Maßnahmen die gesamtwirtschaftliche Nachfrage und infolgedessen Produktion und Beschäftigung dämpfen, so daß die Löhne unter Druck geraten und die kostendeterminierten Preise mit konstant bleibender oder geringerer Rate ansteigen. Im ersten Fall kann die fiskalpolitisch herbeigeführte Unterbeschäftigung nur durch eine nachhaltige Belebung der privaten Investitionen wieder überwunden werden, was aber die Verbesserung der Profitabilität der Investitionen durch entsprechende wirtschaftspolitische Maßnahmen des Staates voraussetzt. Im zweiten Fall versucht der Staat mittelbar, durch die Lohndisziplinierung die Umverteilung des Sozialprodukts zugunsten des öffentlichen Sektors durchzusetzen, ohne daß die Nettoprofitquote bzw. die Nettoprofitrate berührt wird. In einem Konkurrenzpreissystem können der Staat und/oder die abhängig Beschäftigten die Profite nicht auf Dauer schröpfen, ohne gravierende Beschäftigungsrisiken einzugehen. Die ökonomisch definierte soziale Struktur des kapitalistischen Tauschsystems begründet eine Interessenhierarchie derart, daß das *allgemeine* Interesse der Kapitaleigentümer nach hinreichender Profitabilität des eingesetzten Kapitals in der konkreten Einnahmepolitik des Steuerstaates Vorrang genießen muß. Diese Sozial- und Interessenstruktur bildet den Hintergrund, vor dem die organisierten Interessen versuchen können, die Steuer*politik* des Staates zu beeinflussen. Aber der Steuerstaat kann – will er seine Eigenexistenz nicht gefährden – zwischen den divergierenden Interessen nur *vermitteln*, nicht aber als autonome Instanz oder gegebenenfalls als Organ des „Mehrheitswillen" steuer- und/oder sozialpolitische Ziele gegen das allgemeine Profitinteresse der Kapitaleigentümer verfolgen. Der innere Zusammenhang zwischen ökonomischen und politischen Auseinandersetzungen bzw. die *Endogenisierung des Steuerstaates kommt in der Bewegung der Lohn-Preis-Steuer Spirale zum Ausdruck*. Er ist begründet in der Existenz des kapitalistischen Konkurrenzpreissystems, auf das die Vergesellschaftungsform der kollektiven Planung bzw. der Steuerstaat widersprüchlich bezogen ist. Für die Existenz der Demokratie lautet deshalb die entscheidende theoretische und praktische Frage, ob *bewußte gesellschaftliche* Planung von Produktion und Konsumtion in einem Tauschsystem mit dezentralisierten Entscheidungseinheiten denkbar und praktikabel ist.

Anmerkung 1:

Sei Π = Gewinn, p = Preis, x = Produktionsmenge, w = Geldlohnsatz, N = Zahl der Arbeitskräfte bzw. Arbeitzeit in Std., K_f = fixe Kosten und sei p = p(x) Nachfragefunktion, x = f(N) Produktionsfunktion bei konstanter Menge sachlicher Produktionsmittel, dann gilt für die Gewinngleichung

$$\Pi = p \cdot x - w \cdot N - K_f = p(f(N)) \cdot f(N) - w \cdot N - K_f \rightarrow \max!$$

$$\frac{d\Pi}{dN} = \frac{dp}{dx} \cdot \frac{dx}{dN} \cdot f(N) + p \cdot f'(N) - w = 0$$

$$\frac{d\Pi}{dN} = \frac{dp}{dx} \cdot f'(N) \cdot f(N) + p \cdot f'(N) - w = 0 \quad \text{oder}$$

$$w = f'(N) \left(\frac{dp}{dx} \cdot x + p \right)$$

$$\frac{w}{f'(N)} = p \left(\frac{dp}{dx} \cdot \frac{x}{p} + 1 \right) = p \left(1 - \frac{1}{\varepsilon} \right) \quad \text{mit}$$

$$\varepsilon = - \frac{dx}{dp} \frac{p}{x} = \text{Preiselastizität der Nachfrage}$$

Für $\varepsilon = \infty$ (im Fall vollkommener Konkurrenz) gilt $w = pf'(N)$ d.h. Geldlohnsatz = Wertgrenzprodukt. Für $1 < \varepsilon < \infty$ folgt nach Umformung

$$p = \frac{w}{f'(N)} \cdot \frac{1}{1 - \frac{1}{\varepsilon}} = \frac{w}{f'(N)} \cdot \frac{\varepsilon}{\varepsilon - 1}$$

Sei $x = \frac{1}{\lambda} \cdot N$ die Produktionsfunktion bei linearer Technologie, dann gilt $f'(N) = \frac{1}{\lambda} = \gamma = \frac{x}{N}$ = Produktion je Arbeitskraft bzw. Arbeitsstunde oder Stück pro Arbeitsstunde. Einsetzen in obige Bedingung für das Gewinnmaximum gibt

$$p = \left(\frac{1}{\gamma} \cdot \frac{\varepsilon}{\varepsilon - 1} \right) w$$

Bezeichnet man mit $m = \frac{1}{\gamma} \frac{\varepsilon}{\varepsilon - 1}$ den (Gewinn- und Fixkosten-) Aufschlagssatz („mark-up"), dann ist ersichtlich, daß die Höhe des Bruttogewinnaufschlagssatzes m bestimmt ist durch die Wahl der Technik und die Marktstellung der Unternehmung.

Anmerkung 2:

Wegen $\frac{1}{\lambda} = \frac{x}{N} = \gamma$ ist die Lohnquote =

$$1 = \frac{w/p}{\gamma} = \frac{w \cdot N}{p \cdot x} = \frac{W}{Y}$$

Sei $\frac{\Pi}{Y}$ = Gewinnquote, dann muß für die Aufteilung der Wertschöpfung gelten

$$\frac{\Pi}{Y} + \frac{W}{Y} = 1 \text{ oder } 1 - \frac{W}{Y} = 1 - \frac{w/p}{\gamma} = \frac{\Pi}{Y} = \pi$$

Die Gewinnquote ist somit bei gegebenem Reallohn um so größer, je höher die Arbeitsproduktivität ist.

Nun gilt $\frac{x}{N} = \gamma$ = Stück/Arbeitszeit = insgesamt produzierte Stückzahl je Arbeitsstunde und für $\frac{w}{p} = \frac{\text{DM/Stunde}}{\text{DM/Stück}} = \frac{\text{Stück}}{\text{Stunde}}$ = Reallohn je Arbeitsstunde. Somit findet man aus

$$1 - \frac{w/p}{\gamma} = \frac{x/N - w/p}{x/N} = \pi$$

$$= \frac{\text{Gesamtproduktion in Stück je Std.} - \text{Lohn in Stück je Std.}}{\text{Gesamtproduktion in Stück je Std.}} = \frac{\text{Gewinn in Stück je Std.}}{\text{Gesamtproduktion in Stück je Std.}}$$

Die Eigentümer von Produktivvermögen können somit aufgrund ihrer Verfügungsrechte über die Produktionsmittel durch die Wahl der Technik (Rationalisierung) ihre Verfügungsgewalt über die vergegenständlichte Arbeitszeit der abhängig Beschäftigten vergrößern (33).

Aus $1 - \frac{w/p}{\gamma} = \pi$ folgt $p - \frac{w}{\gamma} = p \cdot \pi$ oder $p - p\pi = \frac{w}{\gamma}$,

so daß $p(1-\pi) = \frac{w}{\gamma}$. Daraus findet man

$$\frac{w}{p} = (1-\pi)\gamma \text{ und } p = \frac{1}{1-\pi} \cdot \frac{w}{\gamma}$$

$$\text{mit } \frac{1}{1-\pi} = \text{(Brutto-) Aufschlagssatz.}$$

Je höher die Ansprüche der Produktionsmittelbesitzer an die Wertschöpfung (je größer π) ist, um so geringer muß bei gegebener Technik (γ = konstant) der Reallohn sein, oder um so höher muß bei gegebener Technik und gegebenem Geldlohnsatz der Aufschlagssatz und damit das Preisniveau sein. Ist die Produktionstechnik festgelegt und der Geldlohnsatz ausgehandelt, dann wird der Gewinnmaximierer in seine Preiskalkulation den gewinnoptimalen Aufschlagssatz einsetzen. Dem Anspruch der abhängig Beschäftigten auf Lebensmittel steht im Konkurrenzpreissystem allemal der Anspruch der Produktionsmittelbesitzer nach Vermehrung ihrer Produktionsmittel d.h. nach noch mehr Reichtum konträr gegenüber. Diese konfligierenden Ansprüche erscheinen auf den Märkten als Auseinandersetzung um den Reallohn. Und obgleich in der Konsequenz des Konkurrenzpreissystems jeder Akteur seine Ansprüche ohne Rücksicht auf das Allgemeinwohl geltend machen soll, weil dieses gerade aus dem Eigennutzstreben der Individuen resultiert, erscheinen die Gewerkschaften in der Regel als die Störenfriede, während der Preisindex „geräuschlos" nach oben klettern kann.

Anmerkung 3:

In der neoklassischen Preistheorie wird die Überwälzung von Gewinnsteuern partialanalytisch wie folgt untersucht. Sei Π_{netto} = Gewinn nach Steuern, p = Preis, x = mengenmäßige Produktion, K(x) Kostenfunktion, U(x) Umsatzfunktion, t_π = Gewinnsteuersatz, dann gilt

$$\Pi_{netto} = px-K(x)-t_\Pi(px-K(x)) = U(x)-K(x)-t_\Pi(U(x)-K(x))$$

$$= (1-t_\Pi)(U(x)-K(x)) \rightarrow \max!$$

$$\frac{d\Pi_n}{dx} = (1-t_\Pi)(U'(x)-K'(x)) = 0 \quad \text{wegen } 1-t_\Pi > 0;$$

muß dann U'(x) = K'(x) sein.

Somit wird unabhängig von der Konkurrenzform die gleiche Menge zum gleichen Preis nach Steuern wie vor Steuern auf den Gewinn angeboten. Die Gewinnsteuer kann nicht überwälzt werden; durch ihre Erhöhung wird der Nettogewinn reduziert.
Im Ranmen der Aufschlagstheorie ergibt sich folgendes. Im Fall der vollkommenen Konkurrenz fallen annahmegemäß keine Gewinne an, so daß der Preis den durchschnittlichen variablen plus fixen Kosten entspricht; s = Fixkostenaufschlag.

$$p = \frac{K_v}{x}(1+s) + t_\Pi\left(p - \frac{K_v}{x}(1+s)\right)$$

$$= (1-t_\Pi)\frac{K_v}{x}(1+s) + t_\Pi p$$

$$p = \frac{(1-t_\Pi)\frac{K_v}{x}(1+s)}{1-t_\Pi} = \frac{K_v}{x}(1+s)$$

Die Gewinnsteuer geht nicht in die Preiskalkulation ein und wird deshalb auch nicht überwälzt; sie reduziert den Gewinn nach Steuern. Preis und Menge bleiben nach einer eventuellen Erhöhung der Gewinnsteuer unverändert.

Anmerkung 4:

Sei p = Marktpreis, p_f = Preis für Material, Anlagen, Bauten, p_i = Preis für Importe an Rohstoffen, w = Lohnsatz, π' = Gewinnmarge bezogen auf den Bruttoproduktionswert, a_1 = Material, Anlagen, Bauten je Ausbringungseinheit (Stück), a_2 = Rohstoffe je Stück, a_3 = Arbeitseinsatz je Stück, d.h. $1/\frac{1}{a_3} = \frac{1}{\gamma}$ mit γ = Arbeitsproduktivität = Stück je Arbeitseinheit (Stunde oder Arbeiter). Dann ist der Stückpreis gegeben durch

$$p = p_f a_1 + p_i a_2 + w a_3 + \Pi' p$$

Sei der Wertanteil des Materials, der Anlagen und Bauten = $p_f a_1$ = fixe Kosten am Wert der sonstigen inputs bei Normalauslastung

$$\mu = \frac{p_f a_1}{p_i a_2 + w a_3} \text{ oder } p_f a_1 = \mu(p_i a_2 + w a_3),$$

dann gilt nach Umformung für den Preis

$$p = \frac{1+\mu}{1-\Pi'} \left(p_i a_2 + \frac{w}{\gamma} \right)$$

Totale Differentation ergibt

$$dp = \frac{1+\mu}{1-\Pi'} \left(\gamma^2 a_2 dp_{i\cdot} + \frac{1}{\gamma} dw - \frac{w}{\gamma 2} d\gamma \right)$$

Nach Division mit p resultiert die prozentuale Wachstumsrate des Preisniveaus

$$\hat{p} = \frac{a_2 dp_i}{p_i a_2 + \frac{w}{\gamma}} + \frac{{}^1/_\gamma \, dw}{p_i a_2 + \frac{w}{\gamma}} - \frac{{}^w/_{\gamma 2} \, d\gamma}{p_i a_2 + \frac{w}{\gamma}}$$

Erweitert man die Summanden auf der rechten Seite obiger Gleichung mit ${}^{p_i}/_{p_i}$ und ${}^w/_w$, dann erhält man

$$\hat{p} = \left(\frac{p_i a_2}{p_i a_2 + w a_3} \right) \hat{p}_i + \left(\frac{w a_3}{p_i a_2 + w a_3} \right) \hat{w} - \left(\frac{w a_3}{p_i a_2 + w a_3} \right) \hat{\gamma}$$

oder vereinfacht

$$\hat{p} = b_1 \hat{p}_i + b_2 \hat{w} - b_3 \hat{\gamma}$$

Anmerkung 5:

Sei W = Lohnsumme, Y = Volkseinkommen zu laufenden Preisen, N = Zahl der Beschäftigten, Q = Volkseinkommen zu konstanten Preisen, p = Preisniveau, w = Lohnsatz, $\gamma = Q/L$ = Produktion je Arbeitskraft, dann ergibt sich definitorisch für die Lohnquote = 1

$$1 = \frac{W}{Y} = \frac{w \cdot N}{p \cdot Q} = \frac{w}{p} \cdot \frac{1}{\gamma}$$

und für die Wachstumsrate der Lohnquote

$$\hat{1} = \hat{w} - \hat{p} - \hat{\gamma}$$

Sei $\hat{1} = 0$, d.h. 1 = konstant, dann folgt

$$\hat{w} = \hat{p} + \hat{\gamma}$$

Anmerkung 6:

Seit dem 1.1.1968 wird nach § 15 Umsatzsteuergesetz vom 29.5.1967 die Steuer auf den Umsatz unter Abzug der Steuer der Vorstufe auf jeder Produktions- und Handelsstufe berechnet. Unter der Annahme, daß der Preis p einer Ware beim Hersteller der Wertschöpfung entspricht, die Ware über Groß- und Einzelhandel an den Konsumenten gelangt, wobei die konstanten Bruttohandelsspannen r_g bzw. r_e betragen, muß der Konsument bei gegebener Nachfrage den Rechnungs- bzw. Marktpreis p^m in Höhe von

$$p^m = p(1 + r_g)(1 + r_e)(1 + t_i)$$

zahlen. Denn der Hersteller verkauft das Produkt an den Großhändler zum Preis $p(1 + t_i)$ = Wertschöpfung plus Steuer auf die Wertschöpfung. Der Großhändler kann den in der Rechnung ausgewiesenen Steuerbetrag pt_i abziehen, so daß für seine Preiskalkualtion gilt: Einstandskosten plus Bruttohandelsgewinn incl. Fixkosten des Händlers plus Steuer auf den Umsatz

$$p + p \cdot r_g + p(1+r_g)t_i = p(1+r_g)(1+t_i)$$

Die Kalkulation des Einzelhändlers ergibt nach Vorsteuerabzug $p(1 + r_g)t_i$ analog zum Großhändler

$$\text{Rechnungspreis} = p^m = p(1+r_g) + p(1+r_g)r_e + p(1+r_g)(1+r_e)t_i$$

$$= p(1+r_g)(1+r_e)(1+t_i)$$

Somit kann ganz allgemein für jede Produktions- oder Handelsstufe für den Rechnungspreis geschrieben werden

$$p^m = \frac{K_v}{x}(1+r)(1+t_i) = p(1+t_i)$$

Bei voller Überwälzung der Mehrwertsteuer bleiben die relativen Preise unabhängig von der Zahl der Produktions- und Handelsstufen, die ein Produkt durchlaufen muß, unberührt. Für zwei Waren (1,2) gilt z.B. für eine bzw. zwei Handelsstufe(n)

$$\frac{p_1^m}{p_2^m} = \frac{p(1+r_g)}{p(1+r_g)(1+r_e)} = \frac{p(1+r_g)(1+t_i)}{p(1+r_g)(1+r_e)(1+t_i)}$$

Sei nun der Rechnungspreis

$$p^m = \frac{K_v}{x}(1+r)(1+t_i) = p(1+t_i),$$

dann gilt für den Preis ohne Wertsteuer

$$p = \frac{p^m}{1+t_i}$$

Außerdem gilt für den Preis ohne Wertsteuer, wenn $\emptyset$ = Steuersatz auf den Preis incl. Wertsteuer

$$p = p^m(1 - \emptyset)$$

Aus den beiden letzteren Gleichungen folgt

$$\frac{p^m}{1+t_i} = p^m(1-\emptyset) \quad \text{oder} \quad \frac{1}{1+t_i} = 1-\emptyset \quad \text{und} \quad \emptyset = \frac{t_i}{1+t_i}$$

Anmerkung 7:

Totale Differentation von

$$p^m = \frac{K_v}{x}(1+r)(1+t_i) \quad \text{ergibt} \quad dp^m = \frac{K_v}{x}(1+r)\, dt_i$$

Nach Division mit p^m erhält man Gleichung (12) im Text

$$\frac{dp^m}{p^m} = \hat{p}_{(t_i)} = \frac{\frac{K_v}{x}(1+r)\, dt_i}{\frac{K_v}{x}(1+r)(1+t_i)} = \frac{1}{1+t_i}\, dt_i = (1-\emptyset)\, dt_i$$

wegen

$$\frac{dp}{p} : \frac{dt_i}{t_i} = (1-\emptyset)\, t_i < 1$$

resultiert bei voller Überwälzung aus einer Erhöhung des Steuersatzes um ein Prozent eine Preissteigerung von weniger als ein Prozent. Aus der Maximierung der Gewinngleichung findet man in Anknüpfung an die neoklassische Preistheorie

$$\Pi = \frac{p^m}{1+t_i}\, x - w \cdot N = \frac{p^m}{1+t_i}\, f(N) - w \cdot N, \quad \text{wobei}$$

Produktionsfunktion = x = f(N)
Arbeitsstunden oder Zahl der Arbeitskräfte = N
Lohnsatz = w

Für das Gewinnmax. erhält man die Bedingung

$$\frac{p^m}{1+t_i} f'(N) = w \quad \text{oder} \quad p^m(1-\emptyset)\ f'(N) = w$$

Sei wegen linearer Technologie $x = \frac{1}{\lambda} \cdot N$ oder $\gamma = \frac{x}{N} = \frac{1}{\lambda} = f'(N)$

dann ist

$$p^m = \frac{w}{1/_\lambda} \cdot \frac{1}{1-\emptyset} = \text{Const.}\ (1+t_i)$$

$$dp^m = \text{Const.} \cdot dt_i \quad \text{und}$$

$$\hat{p}_{(t_i)} = \frac{dp^m}{p^m} = \frac{\text{Const.}\ dt_i}{\text{Const.}\ (1+t_i)} = \frac{1}{1+t_i} \cdot dt_i$$

Für den Mehrwertsteuersatz $t_i = 11$.v.H. und $dt_i = 0{,}02$ findet man dann für die Preiserhöhung bei voller Überwälzung $\hat{p}_{(t_i)} = 1{,}8\,\%$.

Da der Mehrwertsteuersatz gespalten ist, ergibt sich eine geringere Preissteigerungsrate, wenn man den Preisanstieg der jeweiligen Warengruppe mit dem Anteil dieser Warengruppe am Gesamtumsatz gewichtet.

Anmerkung 8:

Durch Umformung findet man aus

$$p^m = \frac{K_v}{x}\ (1+s)\ (1+m) + t_{\Pi} \left(p^m - \frac{K_v}{x}\ (1+s)\right)$$

$$p^m(1-t_{\Pi}) = \frac{K_v}{x}\ (1+s)\ (1+m) - t_{\Pi} \frac{K_v}{x}\ (1+s)$$

$$p^m = \frac{(1+m-t_{\Pi}) \frac{K_v}{x}\ (1+s)}{1-t_{\Pi}} = \frac{1+m-t_{\Pi}}{1-t_{\Pi}} \cdot \frac{K_v}{x}\ (1+s)$$

$$= \left(\frac{1}{1-t_\Pi} + \frac{m}{1-t_\Pi} - \frac{t_\Pi}{1-t_\Pi}\right) \frac{K_v}{x} (1+s)$$

$$= \left(\frac{1-t_\Pi}{1-t_\Pi} + \frac{m}{1-t_\Pi}\right) \frac{K_v}{x} (1+s)$$

$$= \left(1 + \frac{m}{1-t_\Pi}\right) \frac{K_v}{x} (1+s)$$

$$= \left(1 + \frac{s(1-t_\Pi)+m+ms}{1-t_\Pi}\right) \frac{K_v}{x}$$

und wegen $r=s+m+ms$ = Bruttoaufschlagssatz

$$p^m = \left(1 + \frac{r}{1-t_\Pi} - \frac{s\cdot t_\Pi}{1-t_\Pi}\right) \frac{K_v}{x} = \left(1 + \frac{r-st_\Pi}{1-t_\Pi}\right) \frac{K_v}{x}$$

Sei die faktische Produktionsmenge $x < x_o$ = Produktion bei Normalauslastung der Anlagen, dann ist bei $\overset{o}{p}{}^m$ = konstant (wegen nachfrageunabhängiger Preissetzung) und r = Bruttogewinnaufschlagssatz = konstant der Nettogewinnaufschlagssatz $\frac{r-st_\Pi}{1-t_\Pi}$ geringer als bei Normalauslastung, weil die fixen Stückkosten = s degressiv sind. Somit wird im folgenden zwar einerseits von einem konstanten Bruttogewinnaufschlagssatz, andererseits aber von einem flexiblen Nettogewinnaufschlagssatz ausgegangen.

Totale Differentation der Ausgangspreisgleichung ergibt

$$dp^m = dp^m t_\Pi + p^m dt_\Pi - \frac{K_v}{x} (1+s)\, dt_\Pi$$

$$dp^m = \frac{p^m}{1-t_\Pi} dt_\Pi - \frac{1+s}{1-t_\Pi} \frac{K_v}{x} dt_\Pi$$

Nach Division mit p^m findet man

$$\hat{p}^m_{(t_\Pi)} = \frac{dp^m}{p^m} = \frac{1}{1-t_\Pi}\, dt_\Pi - \frac{1}{1+m-t_\Pi}\, dt_\Pi$$

$$= \frac{(1+m-t_\Pi)-(1-t_\Pi)}{(1+m-t_\Pi)(1-t_\Pi)}\, dt_\Pi$$

$$= \frac{1 + m}{1+m+t_\Pi^2-3\ m\ t_\Pi}\, dt_\Pi$$

Wenn $3\ mt_\Pi > t_\Pi^2$, dann ist der Wert des Nenners auf der rechten Seite der Gleichung kleiner als der Wert des Zählers, so daß der Wert des Quotienten größer als eins ist. Folglich führt eine Erhöhung der Körperschaftssteuer bei voller Überwälzung zu einem überproportionalen Preisanstieg. Allerdings wird diese Aussage durch Einbezug der indirekten Steuern modifiziert.

Anmerkung 9:

Durch Umformung findet man aus

$$p^m = \frac{K_v}{x}\,(1+s)\,(1+m)+t_\Pi\left(p^m(1-t_i) - \frac{K_v}{x}\,(1+s)\right)$$

$$p^m\left(1-t_\Pi(1-t_i)\right) = \left((1+m-t_\Pi)\right)\frac{K_v}{x}\,(1+s)$$

$$p^m = \frac{(1+m-t_\Pi)\,\frac{K_v}{x}\,(1+s)}{1-t_\Pi(1-t_i)}$$

$$= \left[\frac{1-t_\Pi}{1-t_\Pi(1-t_i)} + \frac{m}{1-t_\Pi(1-t_i)}\right]\frac{K_v}{x}\,(1+s)$$

$$p^m = \left[\frac{1}{1-t_\Pi(1-t_i)} + \frac{r-(1+s)\,t_\Pi}{1-t_\Pi(1-t_i)}\right]\frac{K_v}{x}$$

Totale Differentation der Ausgangsgleichung ergibt

$$dp^m = t_\Pi(1-t_i)\, dp^m + p^m(1-t_i)dt_\Pi - \frac{K_v}{x}(1+s)\, dt_\Pi$$

$$dp^m = \frac{p^m(1-t_i)\, dt_\Pi - \frac{K_v}{x}(1+s)\, dt_\Pi}{1 - t_\Pi\,(1-t_i)}$$

Nach Division mit p^m findet man für die Preissteigerungsrate

$$\hat{p}^m_{(t_\Pi)} = \frac{1-t_i}{1-t_\Pi(1-t_i)}\, dt_\Pi - \frac{1}{1+m-t_\Pi}\, dt_\Pi$$

oder

$$\hat{p}^m_{(t_\Pi)} = \left[\frac{1}{\frac{1}{1-t_i} - t_\Pi} - \frac{1}{1+m-t_\Pi}\right] dt_\Pi$$

Nur wenn $1 + m > 1/\ (1-t_i)$ führt eine Erhöhung des Gewinnsteuersatzes bei voller Überwälzung zu Preissteigerungen, wobei das Ausmaß des Preisanstiegs bei gegebenem t_i von der Höhe des Gewinnaufschlagssatzes m abhängt.

Anmerkung 10:

Sei p = Preisindex, Y_v = verfügbares Einkommen der Privaten, Y = Volkseinkommen, Q = Volkseinkommen zu konstanten Preisen, T = Steuerbetrag und $Y_{v,\ real}$ = verfügbares Einkommen der Privaten zu konstanten Preisen. Außerdem gelte definitionsgemäß

$$Y = p \cdot Q$$

$$Y_v = p \cdot Y_{v,real} = p \cdot Q - T\ (p \cdot Q)$$

$$T_{real} = \frac{T(p \cdot Q)}{p}$$

dann ist

$$\frac{\partial Y_v}{\partial p} = Q - \frac{dT}{dY} \cdot \frac{dY}{dp} = Q - \frac{dT}{dY} \cdot Q = (1-t')Q$$

$$\frac{Y_v}{p} = Q - \frac{T(Y)}{p} = Q - T_{real} = Y_{v,real}.$$

Somit erhält man

$$\frac{\partial Y_v}{\partial p} \cdot \frac{p}{Y_v} = \frac{(1-t')Q}{Y_{v,real}} = (1-t') \frac{Q}{Q-T_{real}} = \frac{1-t'}{1-t}$$

wegen

$$\frac{Q}{Q-T_{real}} = \frac{p \cdot Q}{p \cdot Q-T} = \frac{1}{1-\frac{T(Y)}{Y}} = \frac{1}{1-t}$$

$$\frac{\partial Y_v}{Y_v} : \frac{\partial p}{p} = \frac{\hat{Y}_v}{\hat{p}} = \frac{1-t'}{1-t} < 1$$

wegen t'>t im Falle von Steuerprogression.

Wenn also das Preisniveau bzw. das nominelle Bruttoeinkommen um ein Prozent steigt, steigt das verfügbare Einkommen infolge der Tarifprogression um weniger als ein Prozent. Und da $Y_{v,real} = \dot{Y}_v/p$, sinkt somit das verfügbare Realeinkommen. Dieses bleibt nur dann konstant, wenn das zu versteuernde Einkommen mit einer Rate in Höhe

$$\frac{1-t}{1-t'} \cdot \hat{p}$$

ansteigt.

Außerdem ist wegen $Y_{v,real} = Q - \frac{T(p \cdot Q)}{p}$

$$\frac{\partial Y_{v,real}}{\partial Q} = 1 - \frac{1}{p}\frac{dT'}{dY} \cdot \frac{dY}{dQ} = 1 - t' \; ; \; \frac{dY}{dQ} = p$$

$$\frac{Y_{v,real}}{Q} = 1 - \frac{T(Y)}{Y} = 1 - t$$

Somit erhält man

$$\frac{\partial Y_{v,real}}{\partial Q} \cdot \frac{Q}{Y_{v,real}} = \frac{\hat{Y}_{v,real}}{\hat{Q}} = \frac{1-t'}{1-t} < 1$$

Infolge der Steuerprogression steigt (bei konstantem Preisniveau) das verfügbare Realeinkommen langsamer als das Bruttorealeinkommen. Sei $\hat{Q} = \hat{Y}$ bei konstanter Anzahl der abhängig Beschäftigten, dann steigt das verfügbare Realeinkommen mit der gleichen Rate wie das reale Bruttoeinkommen, wenn das zu versteuernde Einkommen mit der Rate $\frac{1-t}{1-t'}\hat{\gamma}$ zunimmt.

Somit muß bei einem prozentualen Anstieg des Preisniveaus von $\hat{p}$ und der Arbeitsproduktivität von $\hat{\gamma}$ das zu versteuernde Einkommen prozentual um

$$\hat{Y} = \frac{1-t}{1-t'}(\hat{p} + \hat{\gamma})$$

ansteigen, damit das Verhältnis von Netto- und Bruttoeinkommen unverändert bleiben soll. Realisieren die Gewerkschaften einen multiplikativen Aufschlag in Höhe von 1-t/1-t' auf den Preis- und Produktivitätsanstieg, dann wird durch diese Lohnpolitik die zunehmende Steuer- und Abgabenbelastung infolge der Steuerprogression gerade kompensiert; d.h. der durchschnittliche Steuer- und Abgabensatz bleibt für die abhängig Beschäftigten konstant. Die Progressionswirkung des Steuertarifs wird aber nur dann in vollem Ausmaß eliminiert, wenn die einkommensspezifischen Aufschlagssätze $(1\text{-}t/1\text{-}t')_k$ – k = Einkommensklasse – in die Lohnkalkulation eingehen.

Eine diskretionäre Erhöhung des durchschnittlichen Lohnsteuer- und Lohnabgabensatzes müßte durch den zusätzlichen Faktor $\frac{1}{1-t}\,dt$ im Rahmen der gewerkschaftlichen Lohnpolitik aufgefangen werden.

Anmerkung 11:

$$Y=(1+t_i)(W+\Pi)=(1+t_i)\left(\frac{W_n}{1-t_w}+\frac{\Pi_n}{1-t_\Pi}\right)$$

$$=\frac{1+t_i}{1-t_w}W_n+\frac{1+t_i}{1-t_\Pi}\Pi_n$$

Division mit Y ergibt für l_n = Nettolohnquote und Π_n Nettogewinnquote

$$1=\frac{1+t_i}{1-t_w}\ln+\frac{1+t_i}{1-t_\Pi}\Pi_n$$

Nun ist für r_n = Nettoprofitrate und k = Kapitalkoeffizient

$$\frac{\Pi_n}{Y}\cdot\frac{K}{K}=\frac{\Pi_n}{K}\cdot\frac{K}{Y}=r_n\cdot k$$

Somit erhält man

$$1 = \frac{1+t_i}{1-t_w} \ln + \frac{1+t_i}{1-t_\Pi} r_n \cdot k \qquad \text{oder}$$

$$r_n = \frac{1-t_\Pi}{1+t_i} \frac{1}{k} - \frac{1}{k} \frac{1-t_\Pi}{1-t_w} \ln$$

Anmerkung 12:

Totale Differentation von Gleichung (23) ergibt

$$dr_n = -\frac{1}{k} \cdot \frac{1}{1+t_i} dt_\Pi + \frac{1}{k} \frac{1}{1-t_w} l_n dt_\Pi$$

$$- \frac{1-t_\Pi}{(1+t_i)^2} \cdot \frac{1}{k} dt_i$$

$$- \frac{1}{k} \frac{1-t_\Pi}{(1-t_w)^2} l_n dt_w - \frac{1}{k} \frac{1-t_\Pi}{1-t_w} dl_n$$

1. Fall: Zunahme der indirekten Steuern ($dt_i > 0$)

Für $dl_n = 0$ ist $\frac{dr_n}{dt_i} = -\frac{1}{k} \frac{1-t_\Pi}{(1+t_i)^2}$

$dr_n = 0 \qquad \frac{dl_n}{dt_i} = -\frac{1-t_w}{(1+t_i)^2}$

2. Fall: Zunahme der Lohnsteuer ($dt_w > 0$)

Für $dl_n = 0$ ist $\frac{dr_n}{dt_w} = -\frac{1}{k} \frac{1-t_\Pi}{(1-t_w)^2} l_n$

$dr_n = 0 \qquad \frac{dl_n}{dt_w} = -\frac{1}{1-t_w} l_n$

3. Fall: Zunahme der Gewinnsteuer ($dt_\pi > 0$)

Durch Umformung findet man

$$dr_n = \frac{1}{k}\left(\frac{l_n}{1-t_w} - \frac{1}{1+t_i}\right) dt_\Pi - \frac{1}{k}\,\frac{1-t_\Pi}{1-t_w}\,dl_n$$

Für

$$dl_n = 0 \text{ ist } \frac{dr_n}{dt_\Pi} = \frac{1}{k}\left(\frac{l_n}{1-t_w} - \frac{1}{1+t_i}\right)$$

$$= \frac{1}{k}\,\frac{1}{1-t_w}\left(l_n - \frac{1-t_w}{1+t_i}\right)$$

$$dr_n = 0 \qquad \frac{dl_n}{dt_\Pi} = \left(\frac{l_n}{1-t_w} - \frac{1}{1+t_i}\right)\frac{1-t_w}{1-t_\Pi}$$

$$= \frac{1}{1-t_\Pi}\,l_n - \frac{1-t_w}{1+t_i}\,\frac{1}{1-t_\Pi}$$

$$= \frac{1}{1-t_\Pi}\left(l_n - \frac{1-t_w}{1+t_i}\right)$$

Hinsichtlich der Auswirkungen einer Erhöhung der Steuerquote interessiert hier nur der Fall

$$l_n - \frac{1-t_w}{1+t_i} < 0$$

Anmerkung 13:

Aus Gl. (24) - (27) bzw. (28) - (32) erhält man durch Umformung

$$1 = \frac{W_n}{Y} + \frac{\Pi_n}{Y} + \frac{T}{Y} \tag{1}$$

$$\dot{J} = i \cdot Y = s_w W_n + s_\Pi \Pi_n + s_R T = S$$

oder

$$i = s_W \frac{W_n}{Y} + s_\Pi \frac{\Pi_n}{Y} + s_R \frac{T}{Y} \qquad (2)$$

Wegen Gleichung (25) - (27) ist

$$T = \frac{t_w}{1-t_w} \cdot W_n + \frac{t_\Pi}{1-t_\Pi} \Pi_n + \frac{t_i}{1-t_w} W_n + \frac{t_i}{1-t_\Pi} \Pi_n$$

$$T = \frac{t_w+t_i}{1-t_w} W_n + \frac{t_\Pi+t_i}{1-t_\Pi} \Pi_n \qquad \text{oder}$$

$$\frac{T}{Y} = \frac{t_w+t_i}{1-t_w} \frac{W_n}{Y} + \frac{t_\Pi+t_i}{1-t_\Pi} \frac{\dot{\Pi}_n}{Y} \qquad (3)$$

Einsetzen von Gleichung (3) in Gleichung (1) und (2) ergibt:

$$1 = l_n + \pi_n + \frac{t_w+t_i}{1-t_w} l_n + \frac{t_\Pi + t_i}{1-t_\Pi} \pi_n \quad \text{bzw.}$$

$$1 = \frac{1+t_i}{1-t_w} l_n + \frac{1+t_i}{1-t_\Pi} \pi_n \qquad (1')$$

$$i = \frac{s_w(1-t_w)+s_R(t_w+t_i)}{1 - t_w} l_n + \frac{s_\Pi(1-t_\Pi)+s_R(t_\Pi+t_i)}{1 - t_\Pi} \pi_n \qquad (2')$$

Gleichung (1') und (2') stellen zwei Gleichungen in zwei Unbekannte (l_n = Nettolohnquote und π_n = Nettoprofitquote) dar. In Matrix-Schreibweise erhält man:

$$\begin{bmatrix} \frac{1+t_i}{1-t_w} & \frac{1+t_i}{1-t_\Pi} \\ \frac{s_w(1-t_w)+s_R(t_w+t_i)}{1 - t_w} & \frac{s_\Pi(1-t_\Pi)+s_R(t_\Pi+t_i)}{1 - t_\Pi} \end{bmatrix} \begin{bmatrix} l_n \\ \pi_n \end{bmatrix} = \begin{bmatrix} 1 \\ i \end{bmatrix}$$

Löst man dieses Gleichungssystem auf, dann erhält man die Bestimmungsgleichungen (33) und (34) für die Nettolohn- und Nettoprofitquote. Setzt man für $\pi_n = \frac{Z_\Pi}{N}$ und $l_n = \frac{Z_l}{N}$, ergeben sich durch Differentation der Gl. (33) und (34) nach dem Mehrwertsteuersatz z.B.

$$\frac{d\Pi_n}{dt_i} = \frac{(i-s_R)(1-t_\Pi)N - Z_\Pi[(s_\Pi - s_w) + (s_w - s_R)t_w + (s_R - s_\Pi)t_\Pi]}{N^2}$$

$$\frac{dl_n}{dt_i} = \frac{(s_R - i)(1-t_w)N - Z_l[(s_R - s_\Pi)t_\Pi + (s_w - s_R)t_w + (s_\Pi - s_w)]}{N^2}$$

Setzt man für

$$N = (1+t_i)\ n \text{ mit}$$

$$n = [(s_R - s_\Pi)t_\Pi + (s_w + s_R)t_w + (s_\Pi - s_w)]$$

$$Z_\Pi = (1-t_\Pi)\ \dot{z}_\Pi \text{ mit}$$

$$z_\Pi = [(i-s_w) + (s_w - s_R)t_w + (i-s_R)t_i]$$

$$Z_l = (1-t_w)\ z_l \text{ mit}$$

$$z_l = [(s_R - s_\Pi)t_\Pi + (s_R - i)t_i + (s_\Pi - i)]$$

und bildet den Ausdruck

$$\frac{\frac{d\pi_n}{dt_i}}{\frac{dl_n}{dt_i}} = \frac{d\pi_n}{dl_n} = \frac{(i-s_R)(1-t_\Pi)(1+t_i)n - z_\Pi(1-t_\Pi)\ n}{(s_R - i)(1-t_w)(1+t_i)n - z_l(1-t_w)\ n},$$

dann findet man durch entsprechende Umformung

$$\frac{d\pi_n}{dl_n} = - \frac{s_w - s_R}{s_\Pi - s_R} < 0 \qquad \text{für} \left\{ \begin{array}{l} s_w - s_R > 0 \\ \\ s_\Pi - s_R > 0 \end{array} \right.$$

Die gleichen Rechenoperationen führen zum selben Ergebnis hinsichtlich des Gewinnsteuersatzes und des Lohnsteuersatzes.

Literaturverzeichnis

(1) Vgl. zur Theorie der Unternehmensziele *Susanne Wied-Nebbeling*, Industrielle Preissetzung. Eine Überprüfung der marginal- und vollkostentheoretischen Hypothesen auf empirischer Grundlage, J.C.B. Mohr (Paul Siebeck): Tübingen 1975, Teil I.

(2) Vgl. *Winfried Vogt*, Reine Theorie marktwirtschaftlich-kapitalistischer Systeme, in: Diskussionsbeiträge zur politischen Ökonomie, No. 1 (1976), Institut für Volkswirtschaftslehre einschließlich Ökonometrie, Universität Regensburg, Regensburg, Seite 100 ff.

(3) Vgl. *John Pitchford/Stephen J. Turnovsky*, Some Effects of Taxes on Inflation, in: The Quarterly Journal of Economics, Vol. XC, No. 4 (Nov. 1976), pp. 523-539.

(4) Vgl. *Susanne Wied-Nebbeling*, a.a.O., Teil I.

(5) Vgl. u.a. *James M. Henderson/Richard E. Quandt*, Microeconomic Theory. A Mathematical Approach, 2nd edition, McGraw-Hill Book Company: Düsseldorf et al., 1971, chap. 6

(6) Vgl. *Susanne Wied-Nebbeling*, a.a.O., insbesondere Seite 248 ff

(7) Das Versagen des Preissystems als Koordinationsmechanismus in Ungleichgewichtssituationen hat Keynes schon als zentrales Argument gegen den Stabilitätsoptimismus der Neoklassik gewandt, und zwar unabhängig von der Konkurrenzform. Vgl. dazu u.a. *R. W. Clower*, The Keynesian counterrevolution: a theoretical appraisal, in: Ders. (ed.), Monetary Theory. Penguin Modern Economics Readings, Harmondsworth 1971

(8) Vgl. *R. G. Lipsey/J. M. Parkin*, Incomes Policy: A Re-appraisal, in: Economica, N. S. Vol. XXXVII, (1970), pp. 115-138

(9) Vgl. auch *Alfred S. Eichner*, The Megacorp and Oligopoly. Micro Foundations of Macro-Dynamics, Cambridge University Press: London et al., 1976, pp. 248

(10) Vgl. u.a.
- *G. C. Archibald/Richard G. Lipsey*, An Introduction to a Mathematical Treatment of Economics, 2nd edition, Weidenfeld and Nicolson: London 1973, pp. 347-357
- *K. W. Rothschild*, Die Phillips-Kurven-Diskussion. Eine Übersicht, in: Ewald Nowotny (Hrsg.), Löhne, Preise, Beschäftigung. Die Phillips-Kurve und ihre Alternativen, Athenäum Fischer Taschenbuch Verlag: Frankfurt/M. 1974, pp. 15-59

(11) Zur Kritik der Phillips-Kurve vgl.
Francis Cripps, The money supply, wages and inflation, in: Cambridge Journal of Economics, Vol. 1, No. 1 (1977) pp. 101-112
(12) Vgl. *K. W. Rothschild,* a.a.O., Seite 46 ff
(13) Vgl. *K. W. Rothschild,* Friedman, Expectations and the Phillips Trade-Off: A Reply, in: Scottish Journal of Political Economy, Vol. XXI, No. 3 (Nov. 1974), pp. 303-308
(14) Vgl. Ders. Die Phillips-Kurven-Diskussion, a.a.O., Seite 43 ff
(15) ebenda, Seite 38 ff
(16) Vgl. u.a.
– *Leif Johansen,* Public Economics, North-Holland Publishing Company: Amsterdam-London, 1971, p. 92
– *Alfred S. Eichner,* The Megacorp & Oligopoly. Micro Foundation of Macro Dynamics, Cambridge University Press: London et al., 1976, pp. 250
(17) Vgl. u.a. *John S. Flemming,* Inflation, Oxford University Press: London et al., 1976, pp. 84
(18) *K. W. Rothschild,* Die Phillips-Kurven-Diskussion. Eine Übersicht, in: Ewald Nowotny (Hrsg.), Löhne, Preise, Beschäftigung. Die Phillips-Kurve und ihre Alternativen, Athenäum Fischer Taschenbuch Verlag: Ffm. 1974
Ders., Friedman, Expectations and the Phillips Trade-Off: A Reply, in: Scottish Journal of Political Economy, Vol. XXI, No. 3, (Nov. 1974), pp. 303-308
(19) Vgl. *R. G. Lipsey/J. M. Parkin,* a.a.O., Seite 118
(20) Vgl. *D. M. Nuti,* On Incomes Policy, in: E. K. Hunt/J. G. Schwartz, (eds.), A Critique of Economic Theory, Penguin Books Ltd.: Harmondsworth 1972, pp. 431
(21) *Winfried Vogt,* Zur langfristigen Entwicklung eines kapitalistischen Systems, in: Leviathan. Zeitschrift für Sozialwissenschaft, Heft 2 (1973), Seite 161-188
Ders., Zur langfristigen Entwicklung eines kapitalistischen Systems – eine Präzisierung, in: ebenda, Heft 2 (1974), Seite 295-312
(22) Für einen zusammenfassenden Überblick vgl.
Walter Wittmann, Einführung in die Finanzwissenschaft, I. Teil. Die öffentlichen Ausgaben, Gustav Fischer Verlag: Stuttgart, 1970
(23) Vgl. u.a.
H. C. Recktenwald, Staatsausgaben in säkularer Sicht, in: Heinz Haller et al., Theorie und Praxis des finanzpolitischen Interventionismus, Tübingen 1970
(24) Vgl. zum folgenden Winfried Vogt, Zur langfristigen Entwicklung eines kapitalistischen Systems, a.a.O.
(25) Vgl. u.a.
E. Malinvaud, Lectures on Microeconomic Theory, Advanced Textbooks in Economics, North-Holland Publishing Company: Amsterdam-London, 1972, Kap. 5
(26) Vgl. *David J. Ott/Attiat F. Ott/Jang H. Yoo,* Macroeconomic Theory. McGraw-Hill Book Company, New York et al., 1975, Kap. 19
(27) Vgl. u.a.
Michael Webb, Pricing Policies for Public Enterprises, MacMillan Press Ltd,: London 1976

(28) Vgl. zu dieser Darstellung
Winfried Vogt, et al., Ökonomische Krisentendenzen im Spätkapitalismus, Projektentwurf, unveröffentlicht, Starnberg, Mai 1973

(29) Für einen zusammenfassenden Überblick über die verschiedenen Konjunkturtheorien vgl. *Howard J. Shermann*, Stagflation: A Radical Theory of Unemployment and Inflation, Harper & Row: New York et al., 1976, insbes. Kap. 5

(30) *Kurt W. Rothschild*, Stellungnahme zum Gutachten „Zur Relativierung des Zieles der Geldwertstabilität", in: *Erich Streißler* et al., Zur Relativierung des Ziels der Geldwertstabilität, Kommission für wirtschaftlichen und sozialen Wandel, Bd. 100, Verlag Otto Schwartz & Co., Göttingen 1976, S. 37

(31) Vgl. zur makroökonomischen Überwälzungstheorie *Gerold Blümle*, Verteilungstheorie und makroökonomische Steuerüberwälzungslehre, in: Jahrbuch für Sozialwissenschaft, Bd. 18 (1967), Heft 3, Seite 175-214, sowie die dort angegebene Literatur

(32) Vgl. dazu u.a. *Thomas F. Dernburg*, The Macroeconimic Implications of Wage Retaliation against higher Taxation, in: International Monetary Fund Staff Papers, Vol. 21 (1974), pp. 758–788.

(33) Vgl. *Winfried Vogt*, Reine Theorie . . . , a.a.O., Seite 109 ff.

3. Teil: Theorie und Praxis der Steuerpolitik

Im folgenden Teil soll dargestellt werden, daß in einem kapitalistischen Konkurrenzpreissystem

1. relative Preisstabilität mit Hilfe diskretionärer und/oder automatisch wirkender steuerpolitischer Maßnahmen nur auf Kosten von Vollbeschäftigung zu erreichen ist, daß
2. mit der Steuerpolitik Arbeitslosigkeit wirksam bekämpft werden kann, wobei es gegebenenfalls von der Finanzierungsform abhängt, ob die Verschuldung des Staates überproportional steigt, und daß
3. die Sicherung von Vollbeschäftigung im Trend eine *Veränderung der Steuerstruktur* zu Lasten der abhängig Beschäftigten erfordert. Der Steuerstaat kann als Garant des kapitalistischen Konkurrenzpreissystems die Profite nicht zunehmend schröpfen, wenn er effizientes ökonomisches Krisenmanagement betreiben will. Je eher sich darüber hinaus die Verteilungsposition der Kapitaleigentümer in der Dynamik der Lohn - Preis - Steuer Spirale verschlechtert, um so mehr muß der Staat die Profite trendmäßig steuerlich entlasten bzw. die Profitrate stabilisieren, damit die beschäftigungsrelevante Kapitalakkumulation, d.h. das gesamtwirtschaftliche Wachstum nicht versiegt. Die Veränderung der Steuerstruktur ist somit durch die ökonomisch definierte „soziale Struktur" bestimmt. Vor dem Hintergrund dieser *strukturellen Steuerpolitik* spielt sich das steuerpolitische Krisenmanagement in den einzelnen konjunkturellen Phasen ab, d.h. letzteres darf der strukturellen Steuerpolitik nicht zuwiderlaufen.

In einem ersten Abschnitt dieses Teils wird insbesondere das *Dilemma der Steuerpolitik* behandelt, daß Vollbeschäftigung und relative Preisstabilität nicht simultan erreichbar sind. In einem zweiten Abschnitt wird der systemimmanente Zusammenhang zwischen ökonomischen und steuerpolitischen Auseinandersetzungen empirisch-theoretisch untersucht, wobei insbesondere die Veränderung der Steuerstruktur im Vordergrund der Analyse steht.

I. Theorie der Steuerpolitik bei Freiheit von Fiskalillusion

Im zweiten Teil wurde gezeigt, daß die einnahmepolitischen und stabilitätspolitischen Zielsetzungen der Steuerpolitik bei Freiheit von Fiskalillusion nicht miteinander vereinbar sind. Die Idee des konjunkturneutralen Haushaltes hat sich als Fiktion erwiesen. In diesem Abschnitt soll nun dargelegt werden, daß das steuerpolitische Instrumentarium ungeeignet ist, um relative Preisstabilität bei Vollbeschäftigung zu erzielen, und umgekehrt. Im Rahmen der *incentive-theoretischen* Analyse wird deutlich, daß bei konstanten Staatsausgaben

1. die Erhöhung der *indirekten* Steuern die Inflation beschleunigt und die fortgesetzte Erhöhung des Mehrwertsteuersatzes schließlich zur Unterbeschäftigung führen muß, und daß
2. nur unter bestimmten Bedingungen *und* nur auf Kosten der Vollbeschäftigung relative Preisstabilität durch die Erhöhung der *direkten* Steuern erreicht werden kann. Andererseits kann im Falle eines progressiv ausgestalteten Steuersystems durch die Indexbindung der Steuern bzw. durch Steuersenkungen Vollbeschäftigung nur bei beschleunigter Inflation erhalten bzw. wieder hergestellt werden. Im Rahmen der *überwälzungstheoretischen* Analyse wird deutlich, daß

1. Steuererhöhungen die Inflation in jedem Fall beschleunigen, daß
2. die Indexbindung der Lohnsteuer den Beschleunigungseffekt auf die Inflationsrate dauerhaft reduziert, und daß
3. Steuersenkungen keinen unmittelbaren Einfluß auf die Inflationsrate haben werden, sondern vor allem via Multiplikator-Akzelerator Prozesse beschäftigungssteigernd wirken. Darüber hinaus muß bedacht werden, daß die Indexbindung der Steuern bzw. Steuersenkungen bei steigenden bzw. konstanten Staatsausgaben Defizite im staatlichen Budget verursachen, die sich im – von den Monetaristen behaupteten – Falle kontraktiver Auswirkungen auf Beschäftigung und Produktion beständig erhöhen und im Falle expansiver Effekte den Kapitalmarktzins in die Höhe treiben, so daß der Ressourcentransfer vom privaten in den öffentlichen Sektor auf Kosten der Kapitalakkumulation erfolgt.

1. *Steuerpolitik als konjunktrupolitisches Krisenmanagement: Eine neoklassische und postkeynesianische Keynes-Interpretation*

Reagieren die privaten Akteure auf Veränderungen der Steuersätze mit Korrekturen ihrer Mengenplanung, dann muß geprüft werden, inwieweit diese Korrekturen das Preisniveau bzw. die Inflationsrate und die Beschäftigung berühren (1). Angenommen die Staatsausgaben seien konstant (dG = 0) und der Arbeitsmarkt befinde sich im Gleichgewicht (dN = 0), dann kann man aufgrund von Gl. (16) in Teil 2 hinsichtlich der geld- und steuerpolitischen Instrumentenvariablen (M, t, $\emptyset$) Iso-Beschäftigungs- (NN') und Iso-Preis-Linien (pp') konstruieren, die angeben, bei welcher Kombination von Geldmenge und Steuersätzen der Arbeitsmarkt bzw. der Gütermarkt im Gleichgewicht ist, d.h. Vollbeschäftigung und Preisstabilität herrschen (vgl. Anmerkung 1).

Der Anstieg der Iso-Beschäftigungs-Linie ist sowohl hinsichtlich des Einkommen- wie auch des Mehrwertsteuersatzes positiv. Herrscht auf dem Arbeitsmarkt eine Überschußnachfrage, dann wird diese Überschußnachfrage durch Steuererhöhungen abgebaut. Herrscht auf dem Arbeitsmarkt ein Überschußangebot (Arbeitslosigkeit), dann kann durch Reduktion der Steuersätze Vollbeschäftigung erzielt werden. Für dG = 0, d$\emptyset$ = 0 und dN = 0 erhält man aus Gl. (16) in Teil 2

$$\left(\frac{dM}{dt}\right)_{dN=o} = \frac{L_i wC'Y + \frac{1}{m} L_i Y \frac{w}{1-t} + J'\frac{M}{p}\frac{w}{1-t}}{J'} > o \qquad (1)$$

Für dG = 0, dt = 0 und dN = 0 findet man

$$\left(\frac{dM}{d\emptyset}\right)_{dN=o} = \frac{\frac{1}{m} L_i Y \frac{w}{1-\emptyset} + J'\frac{M}{p}\frac{w}{1-\emptyset}}{J'\frac{w}{p}} > o \qquad (2)$$

Der Anstieg der Iso-Preis-Linie hinsichtlich des Einkommensteuersatzes ist unbestimmt; er kann positiv oder negativ sein. Angenommen er sei positiv. Dann werden Steuersatzerhöhungen bei einer Überschußnachfrage auf dem Gütermarkt diese Überschußnachfrage abbauen, so daß sich Angebot und Nachfrage ausgleichen. Bei einem Überschußangebot werden Steuersenkungen ebenfalls den Ausgleich von Angebot und Nachfrage bewirken. Angenommen die Iso-Preis-Linie ist negatif geneigt. Dann helfen im Falle einer Überschußnachfrage nicht Steuersatzerhöhungen, sondern im Gegenteil Steuersatzsenkungen; und im Falle eines Überschußangebots muß der Steuersatz erhöht werden, um Gleichgewicht auf dem Gütermarkt herzustellen. Für dG = 0, d$\emptyset$ = 0 und dp = 0 erhält man

$$\left(\frac{dM}{dt}\right)_{dp=o} = \frac{pL_i\left[\frac{1}{e_s} - \frac{1}{e_d}\right]\frac{W}{N} C'Y - \frac{p}{1-\emptyset}\frac{W}{N}\frac{W}{1-t}\frac{1}{m} L_i}{J'\left[\frac{1}{e_s} - \frac{1}{e_d}\right]\frac{W}{N}} \gtrless 0 \qquad (3)$$

Unter der Bedingung, daß

$$\frac{1}{e_s} - \frac{1}{e_d} > \frac{1}{C'm} \cdot \frac{1+t_i}{1-t} \quad \text{ist,}$$

verläuft die Iso-Preis-Linie mit positivem Anstieg. Eine Erhöhung des Lohn- und Einkommensteuersatzes bewirkt um so eher eine Senkung der Preissteigerungsrate, je

- geringer die Lohnquote = l
- größer der Steuermultiplikator = C'm
- geringer der Lohnsteuersatz (t) und/oder der Mehrwertsteuersatz (t_i) und je
- geringer die positive Angebotselastizität und/oder die negative Nachfrageelastizität der Arbeit ist.

Ob diese Bedingung für einen positiven Anstieg der Iso-Preis-Linie erfüllt ist, kann nicht theoretisch begründet werden, sondern ist eine empirisch zu untersuchende Frage. Es ist aber zu vermuten, daß in Boomphasen die Elastizitäten von Angebot an und Nachfrage nach Arbeit relativ gering sind. Selbst wenn aber die Iso-Preis-Linie mit positivem Anstieg verlaufen sollte, muß beachtet werden, daß bei Freiheit von Fiskalillusion die Iso-Beschäftigungs-Linie einen steileren Anstieg aufweist, so daß Steuersatzerhöhungen zur Stabilisierung des Preisniveaus zu Arbeitslosigkeit führen müssen (vgl. Anmerkung 2). Gleichgewicht auf dem Gütermarkt muß durch ein Ungleichgewicht auf dem Arbeitsmarkt (Arbeitslosigkeit) erkauft werden. Ein gesamtwirtschaftliches Gleichgewicht wie im Falle von Fiskalillusion (und Geldillusion) kann von der isoliert eingesetzten Steuerpolitik nicht erreicht werden. In diesem Sinne versagt die Steuerpolitik als Stabilisierungspolitik; sie kann nur als Instrument des staatlichen Krisenmanagements eingesetzt werden: Der Anstieg der Inflationsrate läßt

sich steuerpolitisch nur in Verbindung mit Arbeitslosigkeit begrenzen, und umgekehrt kann die Arbeitslosigkeit nur in Verbindung mit steigenden Preisen begrenzt werden.
Dieses Resultat gilt auch hinsichtlich der Variation des Mehrwertsteuersatzes. Denn die Iso-Preis-Linie in bezug auf den Mehrwertsteuersatz verläuft immer negativ geneigt. Für dG = 0, dt = 0 und dp = 0 erhält man

$$\left(\frac{dM}{d\phi}\right)_{dp=0} = \frac{-\frac{p\cdot w}{1-\phi}\cdot\frac{w}{1-\phi}\cdot\frac{1}{m}L_i}{J'\left[\frac{1}{e_s}-\frac{1}{e_d}\right]\frac{w}{N}} < 0 \qquad (4)$$

In folgender Abbildung ist der Fall einer positiv geneigten Iso-Preis-Linie hinsichtlich des Einkommensteuersatzes illustriert.

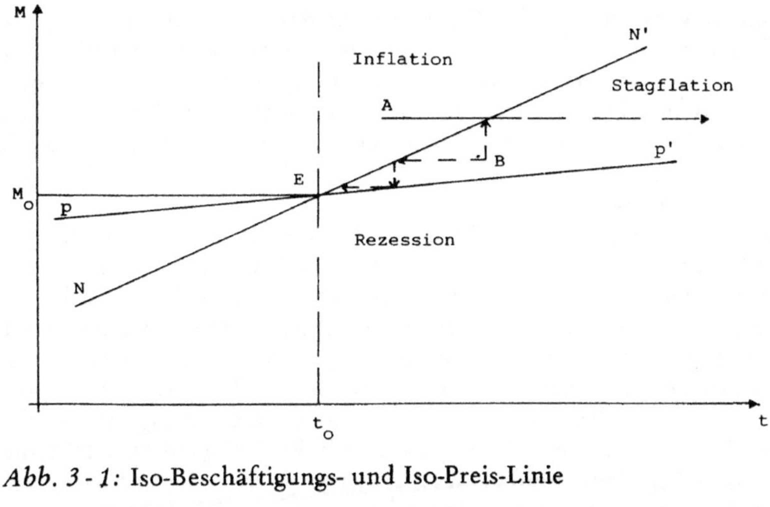

Abb. 3 - 1: Iso-Beschäftigungs- und Iso-Preis-Linie

Der *Inflations*-Bereich (die Fläche oberhalb der pp' und rechts von L oberhalb der NN'-Linie) ist gekennzeichnet durch Überschußnachfrage auf dem Arbeits- und Gütermarkt. Im Bereich der *Stagflation* herrscht Arbeitslosigkeit bei Überschußnachfrage auf dem Gütermarkt.
1.1. Angenommen die Regierung versuchte in einer inflationären Situation (Punkt A) durch *Erhöhung des Einkommensteuersatzes* die Konjunktur zu stabilisieren, dann würde sie je nach Ausmaß der ergriffenen Maßnahme erhebliche Arbeitslosigkeit bei zunächst weiterhin stei-

genden Preisen hervorbringen. Die Erhöhung des Einkommensteuersatzes vermindert das verfügbare Einkommen der privaten Haushalte, so daß die Nachfrage nach privaten Konsumgütern zurückgeht und auf dem Gütermarkt der Inflationsdruck vermindert wird. Die Unternehmungen werden bei verminderter Nachfrage ihre Produktion und ebenfalls die Beschäftigung einschränken. Andererseits sind die privaten Haushalte bei reduziertem Nettoreallohn nicht bereit, die gleiche Menge an Arbeitszeit wie bisher anzubieten. Freizeit wird für sie relativ billiger, so daß sie bei normaler Reaktionsweise weniger Arbeitszeit anbieten werden. Infolgedessen wird der Nominallohn steigen und die Unternehmungen werden aufgrund ihres Profitmaximierungskalküls bei gegebenem Preisniveau Beschäftigung und Produktion drosseln. Die Verminderung des Güterangebots infolge der Anpassungsprozesse auf dem Arbeitsmarkt schwächt den nachfrageinduzierten Druck auf die Inflationsrate ab. Die Steuerpolitik ist nicht völlig unwirksam bei der Stabilisierung der Inflationsrate, aber die Erhöhung des Lohn- und Einkommensteuersatzes ist im Vergleich zur Geldpolitik eine relativ teure Maßnahme gemessen an der erforderlichen Arbeitslosigkeit und dem entsprechenden Produktionsaufall. Wie aus Abbildung 3 - 1 ersichtlich, verursachte die Geldmengenpolitik wesentlich geringere volkswirtschaftliche Kosten bei der Stabilisierung des Preisniveaus.

Selbstverständlich wird die Effizienz der Steuerpolitik mit zunehmender Arbeitslosigkeit zunehmen, und zwar wird sie relative Preisstabilität um so eher erzielen, je mehr die gewerkschaftliche Lohnpolitk aufgrund hoher Arbeitslosigkeit unter Druck gerät und das Argument der „lohnpolitischen Vernunft“ durchschlägt, d.h. Verhaltensweisen und Erwartungen der abhängig Beschäftigten „stabilisiert“ sind. Eine derartige „Stabilisierungspolitik“ durch Disziplinierung der Lohnpolitik bedeutet, daß sich die pp'-Linie in Richtung auf die NN'-Linie zurückdreht; dem kruden Keynesianismus wird bei *erzwungener* Fiskalillusion wieder zu seinem Recht verholfen.

Obwohl die neoklassische Keynes-Interpretation insbesondere hinsichtlich der nachfrageabhängigen Preisbestimmung und der generellen Stabilitätsannahme als unrealistisch angesehen werden muß, widerspricht die faktische Entwicklung in der Bundesrepublik Deutschland dieser Interpretation nicht. In der Bundesrepublik Deutschland stieg nämlich die Nettoabgabenquote eines verheirateten alleinverdienenden männlichen Industriearbeiters mit zwei Kindern von 21,3 v.H. (1969) auf 27,4 v.H. (1974) (vgl. Tab. 3.3). Vermutlich hat diese überproportionale Steuer- und Abgabenbelastung Ende der 60er und

Anfang der 70er Jahre in Verbindung mit der beschleunigt ansteigenden Inflationsrate die abhängig Beschäftigten hinsichtlich der Lohnentwicklung „desillusioniert". Es kann somit angenommen werden, daß Freiheit von Fiskal- und Geldillusion in der Planung der privaten Haushalte und der Unternehmungen vorherrschte, so daß die Überschußnachfrage auf dem Arbeitsmarkt gegenüber der Überschußnachfrage auf dem Gütermarkt beschleunigt abgebaut und der Weg in die Arbeitslosigkeit forciert wurde, wobei seit Mitte 1973 eine entsprechend restriktive Geldmengenpolitik der Bundesbank (vgl. Gleichung 19, 2. Teil) sowie zusätzliche stabilitätspolitisch motivierte steuerliche Belastungen der Investoren seit Mai 1973 den kontraktiven Effekt der steigenden Abgabenquote verstärkt haben werden. Trotz erheblicher Arbeitslosigkeit in der Rezession 1974/75 konnte schließlich das Inflationstempo nur mit erheblicher Verzögerung gebremst werden.
Die Alternative zu einer derartigen Steuerpolitik bestünde nach dem vorliegenden Modell in einer *Steuer- und Abgabenentlastung* der abhängig Beschäftigten bei einer gleichzeitig restriktiv gehandhabten Geldpolitik. Durch die Steuer- und Abgabenentlastung angeregt stieg das Angebot an Arbeitszeit, und infolge der Beschäftigungs- und Produktionsausdehnung verminderte sich der Druck auf die Preise. Gleichzeitig wirkte aber infolge der gestiegenen Nettoeinkommen der privaten Haushalte die zunehmende private Nachfrage nach Konsumgütern preistreibend, so daß per Saldo bei höherem Beschäftigungsstand die Preise wieder beschleunigt anstiegen. Die Geldmengenreduktion würde dann dazu dienen, diesem Preisanstieg über die Beschneidung der Investitionsnachfrage entgegenzuwirken. Es sei zunächst dahingestellt, ob die beschriebenen Wirkungen auf dem Arbeits- und Gütermarkt auch tatsächlich erzielt werden. Dann bleibt doch zu bedenken, daß die Regierung bei konstanten oder steigenden Staatsausgaben infolge der Steuer- und Abgabensenkungen ins Defizit geräte und infolge der restriktiven Geldpolitik mit steigendem Zinsniveau die private Kapitalakkumulation, d.h. das gesamtwirtschaftliche Wachstum nachließ. Relative Preisstabilität könnte nur auf Kosten der privaten Kapitalakkumulation erreicht werden.
Betrachtet man den Fall der Stagflation, dann ersieht man ebenfalls aus Abb. 3-1 (Punkt B), daß sich mit einer Politik des leichten Geldes zur Erzielung von Vollbeschäftigung durch Ankurbelung der unternehmerischen Investitionstätigkeit bei gleichzeitiger Dämpfung des privaten Konsums mittels Erhöhung des Einkommensteuersatzes Vollbeschäftigung und Preisstabilität nicht gleichzeitig erreichen lassen. Um in diesem Fall Güter- und Arbeitsmarkt ins Gleichgewicht zu

bringen (siehe Pfeilschema von Punkt B nach Punkt E), helfen allein Steuer- und Abgabenentlastungen bei gleichzeitig restriktiv gehandhabter Geldmengenpolitik. Die Lohn- und Einkommensteuerentlastung der privaten Haushalte wird entsprechend dem Steuermultiplikator C' · m (vgl. Anmerkung 4 in Teil 2, II. 1., wobei Y · dt = dT zu setzen ist) eine Erhöhung der gesamtwirtschaftlichen Nachfrage und des Arbeitszeitangebots bewirken und infolgedessen zu einem vermehrten Güterangebot führen. Von der Nachfrageseite verstärkt sich somit der Druck auf die Preissteigerungsrate, der nicht in vollem Ausmaß durch die Ausweitung des Angebots kompensiert wird. D.h. die steuerpolitisch induzierte Rückkehr zur Vollbeschäftigung ist mit einem höheren Inflationstempo verbunden. Setzt aber die Bundesbank flankierend zur expansiv wirkenden Steuerpolitik eine kontraktiv wirkende Geldmengenpolitik ein, dann resultiert per Saldo Vollbeschäftigung bei relativer Preisstabilität. Die Verminderung der Geldmenge bewirkt bei gegebener Liquiditätspräferenz einen Anstieg des Zinssatzes, weil bei steigendem Volkseinkommen die Nachfrage nach Transaktionskasse zunimmt. Mit steigendem Zinsniveau vermindert sich die Nachfrage der privaten Investoren nach Investitionsgütern, so daß auf dem Gütermarkt ein Überschußangebot entsteht, aus dem eine entsprechende Reduktion der Inflationsrate resultiert, gleichzeitig aber auch ein Abbau der Beschäftigung. Setzt die Regierung und die Notenbank das geld- und steuerpolitische Instrumentarium in der richtigen Dosierung ein, dann wird sich im Wechsel von Vollbeschäftigung und beschleunigter Inflation einerseits sowie Unterbeschäftigung bei konstanter Inflationsrate andererseits schließlich wieder ein Gleichgewicht bei relativer Preisstabilität und Vollbeschäftigung einstellen.

Offensichtlich hat die Bundesregierung seit der Stagflation bzw. Rezession 1974/75 per Steuerreform und begrenzter Ausdehnung der Geldmenge eine derartige Politik betrieben. Allerdings ist der Staat mit dieser Wirtschaftspolitik in erhebliche Haushaltsdefizite geraten, die 1974/1975 aufgrund der Steuerreform und der konjunkturell bedingten Einnahmeausfälle bei Steuern und Sozialversicherungsabgaben ein bisher noch nicht dagewesenes Ausmaß angenommen haben. Versucht der Staat diese Defizite später wieder durch diskretionäre und/oder automatische Steuer- und Abgabenanhebungen abzubauen, dann wird er die Inflation aller Voraussicht nach wieder anheizen, es sei denn, die Gewerkschaften würden sich der Arbeitsmarktlage gehorchend zunächst zu einer Bruttonominallohn-Politik bereitfinden. Andererseits kann aber die Wirtschaftspolitik in einer Stagflation die

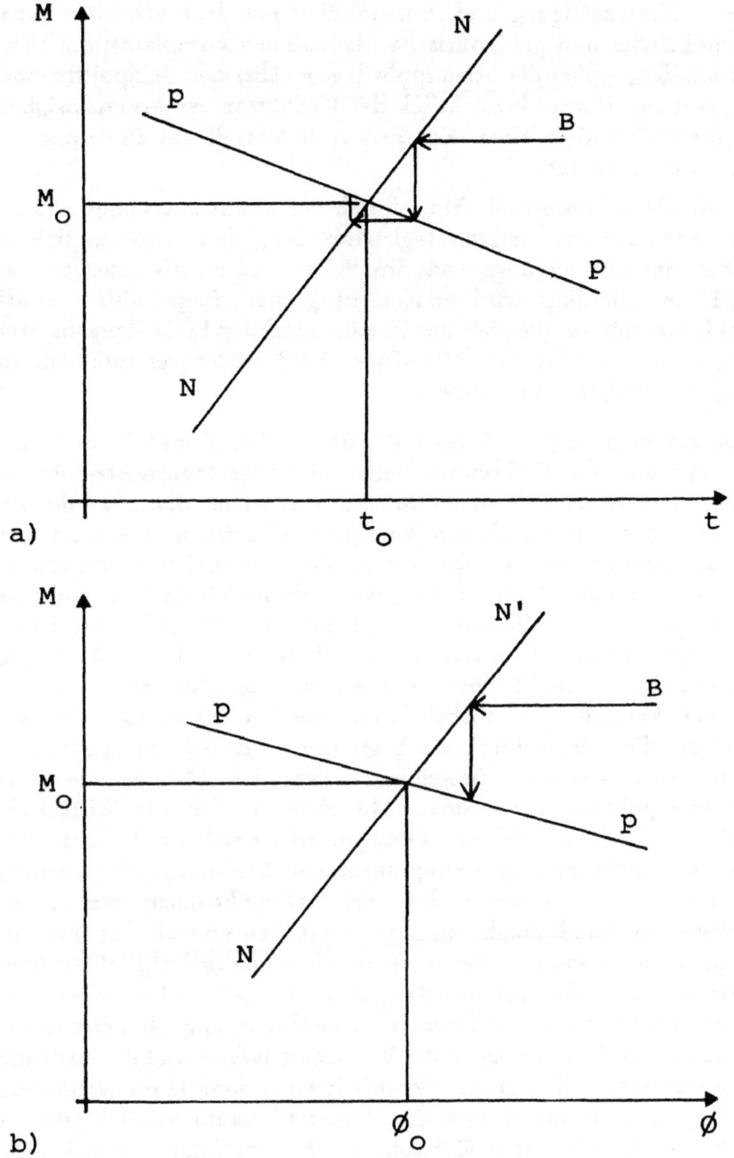

Abb. 3-2: Iso-Preis- und Iso-Beschäftigungs-Linie hinsichtlich
a) Lohn- und Einkommensteuersatz = t,
b) Mehrwertsteuersatz = $\emptyset$

Ziele Vollbeschäftigung und Preisstabilität nur dann erreichen, wenn fiskalpolitische und geldpolitische Maßnahmen *komplementär* eingesetzt werden, wobei die Steuerpolitik gegenüber der Geldpolitik einen komperativen Vorteil hinsichtlich der Reduktion der Arbeitslosigkeit, und die Geldpolitik einen komperativen Vorteil zur Erzielung von Preisstabilität besitzt.

Verläuft die Iso-Preis-Linie hinsichtlich des Lohnsteuersatzes und des Mehrwertsteuersatzes negativ (vgl. Abb. 3-2), dann ergeben sich die gleichen Schlußfolgerungen wie im Falle einer positiv geneigten Iso-Preis-Linie. Allerdings wird die Regierung einer „Stop-and-Go" Politik einschlagen müssen, die aber nur in einem stabilen Preis-Mengensystem erfolgreich sein wird (die NN'-Kurve muß steiler verlaufen als die – negativ geneigte – pp'-Kurve).

Würde die Regierung im Bereich der Stagflation (Punkt B) die Steuersätze (Lohn- und Einkommensteuer und/oder Mehrwertsteuer) erhöhen, um relative Preisstabilität anzustreben, dann würde sich Arbeitslosigkeit und Inflation kumulativ verstärken. Sie kann nach dem vorliegenden Modell den Zielen Vollbeschäftigung und relative Preisstabilität nur näherkommen, wenn sie im Wechselbad von Stagflation, Rezession, Inflation usw. die privaten Haushalte und Unternehmungen steuerlich entlastet bzw. belastet und die Geldmenge reduziert bzw. erhöht. Bei endogen ansteigenden Staatsausgaben und bei Freiheit von Fiskalillusion werden inflationäre Prozesse ausgelöst, die nur dadurch zu begrenzen sind, daß die Wirtschaftspolitik selbst zyklische Bewegungen generiert. Man könnte es als wirtschaftspolitisches Paradoxon bezeichnen, daß die Wirtschaftspolitik durch ihr *scheinbares Versagen* erfolgreich ist. Da außerdem die Diagnose des jeweiligen konjunkturellen Zustandes äußerst schwierig und die Koordination der wirtschaftspolitischen Maßnahmen zwischen der Bundesbank und den staatlichen wirtschaftspolitischen Instanzen und zwischen diesen selbst nicht weniger unproblematisch ist, besteht im Falle einer negativ geneigten Iso-Preis-Linie die Gefahr der wirtschaftspolitischen Über- bzw. Fehlsteuerung. Nun erschweren aber das scheinbare Versagen der Wirtschaftspolitik und die institutionellen Hemmnisse für eine effiziente Wirtschaftspolitik die Wiederwahl der Regierung. Denn es wird der Regierung kaum möglich sein, die *fiskalpolitisch induzierten Konjunkturzyklen* optimal hinsichtlich der Wählerstimmen zu gestalten, wie es in der Theorie des politisch induzierten Konjunkturzyklus behauptet wird. Wegen des unter Umständen hohen Steuerungsrisikos wird es deshalb im Interesse *jeder*

Regierung liegen, den Anstieg der Steuerquote bzw. der Staatsausgaben möglichst *von Anfang an* zu beschränken.
Ist darüber hinaus das Preis-Mengen-System instabil, dann versagt das beschriebene steuer- und geldpolitische Krisenmanagemant, was aber keineswegs eine Interventionskrise impliziert. Denn der Regierung bleibt immer die Möglichkeit, durch eine rigide Rezessionspolitik via Arbeitslosigkeit die Lohnpolitik der Gewerkschaften zu disziplinieren und die Lohnforderungen der abhängig Beschäftigten derart zu beschneiden, daß das Keynes'sche Instrumentarium wieder greift. Würde die Regierung dagegen der Vollbeschäftigung Priorität einräumen, und verzichtete sie durch entsprechende geldpolitische Maßnahmen auf relative Preisstabilität, dann ginge sie das Risiko ein, den erwünschten wirtschaftlichen Aufschwung auf einem relativ hohen Inflationssockel zu beginnen. In diesem Fall wäre früher oder später mit einer beschleunigten Drehung der Lohn - Preis - Steuer Spirale zu rechnen, so daß die Regierung zu verschärften wirtschaftspolitischen Restriktionen greifen müßte.

Es lassen sich einige starke Argumente vorbringen, daß das dezentralisierte Entscheidungssystem der Marktwirtschaft endogen instabil ist, und daß die Ungleichgewichte die Tendenz haben, sich unbeschränkt zu verstärken (2), so daß die Reproduktion des Konkurrenzpreissystems aufgrund sozio-ökonomischer Krisen bei zunehmender Arbeitslosigkeit oder bei kumulativ beschleunigter Inflation nicht mehr gesichert ist. Im einzelnen lassen sich gegen endogen stabilisierende Kräfte, die sich kumulativ verschärfende Expansions- bzw. Kontraktionsprozesse zum Stillstand bringen und zur Umkehr zwingen, folgende Argumente anführen.

Häufig wird die Umkehr eines Booms damit begründet, daß im Aufschwung Arbeitskräfte zunehmend knapp werden; die Produktion kann infolgedessen nur durch eine Erhöhung des Kapitalstocks ausgedehnt werden. Die Kapitalintensität steigt, der Grenzertrag des Kapitals bzw. die Profitrate sinkt. Investitionen werden somit zunehmend unrentabel und infolgedessen eingeschränkt, so daß ein Abschwung eingeleitet wird. Diese Argumentation wird aber sofort hinfällig, wenn man konstante oder abnehmende Durchschnittskosten, wie sie in oligopolistisch strukturierten Sektoren bei Massenproduktion vorherrschen, annimmt; für die industriell-gewerblichen Wirtschaftsbereiche in der Bundesrepublik Deutschland eine durchaus realistische Annahme. Auch ist es fraglich, ob es eine absolute Beschränkung an Arbeitskräften gibt. Denn mit steigender Kapitalbil-

dung werden Arbeitskräfte „angesaugt“ (Ausländer, Frauen, Rentner) und infolge arbeitssparenden technischen Fortschritts freigesetzt.
Üblich ist auch der Hinweis auf die Verschlechterung bzw. Verbesserung der Austauschrelationen mit dem Ausland im Aufschwung bzw. in der Rezession und der damit verbundenen Verlagerung der Nachfrage auf ausländische bzw. inländische Produkte, so daß im Boom die steigenden Kosten nicht mehr ohne weiteres auf die Preise überwälzt werden können und infolgedessen die Rentabilität des Kapitals zurückgeht bzw. in der Rezession die ausländische Nachfrage fehlende inländische Nachfrage kompensiert. Dieses Argument setzt aber voraus, daß sich die Auslandskonjunktur gegenläufig zur Inlandskonjunktur bewegt, was mit zunehmender internationaler Verflechtung der Handelsbeziehungen und zunehmender Monopolisierung in den Industrieländern nicht sehr wahrscheinlich ist.
Aus der Sicht der Neoklassik würde man auf die stabilisierende Kraft des Preismechanismus vertrauen. Herrscht auf den Märkten Überschußnachfrage, dann steigen die Preise, so daß die reale Geldmenge abnimmt. Bei unveränderter Geldnachfrage für Kaufzwecke werden vermehrt Wertpapiere verkauft. Der Kurs sinkt bzw. der Zinssatz steigt. Mit steigendem Zinssatz geht die Investitionsnachfrage zurück, der Boom wird abgebremst und es kommt schließlich zu einem Abschwung. Nun wurde schon darauf hingewiesen, daß die Reaktionen im Preissystem durch Mengenanpassungen überholt werden. Zumindest im Abschwung ist es unwahrscheinlich, daß die Preise sinken; zumal bei oligopolistischer Konkurrenz (wie im 2. Teil dargestellt). Außerdem kann die Variation der inländischen Geldmenge durch Zufluß ausländischen Geldes kompensiert werden. Mit steigendem Zinssatz im Inland wird ausländisches Geld angelockt, das jederzeit in inländische Währung umgetauscht werden kann. Schließlich können die Investoren ihre Investitionsnachfrage mehr an der erwarteten Nachfrage als am Zinsniveau orientieren. Die im Boom steigenden Zinskosten werden dann bei ausreichender Nachfrage auf die Preise überwälzt. Umgekehrt werden in der Rezession trotz sinkenden Zinsniveaus bei ungenügender Nachfrage keine zusätzlichen Investitionen durchgeführt.
Ein weiterer Stabiliserungsmechanismus wird darin gesehen, daß sich über die Auswirkungen von Preisänderungen auf die Verteilung Angebot und Nachfrage ausgleichen. Steigt z.B. im Aufschwung die Profitquote, dann steigt ebenfalls die gesamtwirtschaftliche Sparquote. Auf diesem Wege werden Ersparnisse für die zusätzlichen Investitionen frei. Erstens funktioniert dieser Mechanismus aber nur dann, wenn

auch der Preismechanismus intakt ist, was bezweifelt werden muß, zweitens ist es fraglich, ob im Aufschwung die Investitionsquote nicht doch permanent größer ist als die via Einkommensverteilung sich anpassende Sparquote. D.h. die entsprechend dem Keynes'schen Gleichgewichtsdenken konstruierte Anpassung der Ersparnisse an die Investitionen ist durch den Einfluß der steigenden Profitrate bzw. der optimistischen Absatzerwartungen auf die Investitionen unzureichend. Insgesamt kann festgestellt werden, daß man nicht mit Sicherheit sagen kann, ob endogene Kräfte existieren, die die Konjunkturzyklen in politisch erträglichen Grenzen halten. Vieles spricht dafür, daß zumindest jede Rezession aus sich heraus die Tendenz hat, sich unbegrenzt zu verstärken. Falls diese Argumentation zutreffend sein sollte, bliebe der Regierung nichts anderes übrig, als in der Stagflation bzw. Rezession *Fiskalillusion zu erzwingen,* wenn sie die Existenz des kapitalistischen Konkurrenzpreissystems sichern will. Das Tauschsystem könnte also gar nicht existieren, wenn alle privaten Akteure strikt der listigen „Spielregel" folgten, daß jeder immer nur auf seinen eigenen Vorteil bedacht sein sollte. D.h. diese „Spielregel" dürfte immer nur partiell gültig sein. So verrückt diese Schlußfolgerung sein mag, aus ihr ergibt sich jedoch die Feststellung, daß in einem instabilen Preis - Mengen - System immer wieder von Gruppen der Gesellschaft systemfremdes Handeln (hier: Solidarität bzw. Uneigennützigkeit) gefordert und wenn nötig erzwungen werden muß. In diesem Fall muß man sich allerdings fragen, ob die widersprüchlichen Anforderungen an das Verhalten der abhängig Beschäftigten bei diesen nicht die latente Bereitschaft verstärkt, die „Spielregeln" des Konkurrenzpreissystems insgesamt in Frage zu stellen. Denn wenn sie immer wieder deshalb partiell außer Kraft gesetzt bzw. als ungültig bezeichnet werden, weil es der Regierung unmöglich ist, die Fiskal- bzw. Steuerpolitik im Interesse der abhängig Beschäftigten nach Verbesserung ihrer materiallen Lebensumstände quasi gegen das Interesse der Kapitaleigentümer nach einer angemessenen Verzinsung des eingesetzten Kapitals zu betreiben, wird die ideologische Grundlage des kapitalistischen Konkurrenzpreissystems brüchig.
Falls also das Preis - Mengen - System endogen instabil ist, *kann* eine Verschärfung der sozio-ökonomischen Konflikte aus dem Umstand resultieren, daß die „Spielregeln" des Systems für die abhängig Beschäftigten, d.h. für die Mehrheit der Bevölkerung immer dann zu ihren Ungunsten geändert werden, wenn sie eine Verbesserung ihrer materiellen Lage erringen konnten. Ein derart ungleiches „Spiel" *kann* – was leicht einzusehen ist – seinen Reiz verlieren und die

abhängig Beschäftigten veranlassen, auf *bewußte gesellschaftliche* Planung zu drängen. Diese Forderung nach bewußter gesellschaftlicher Planung „fällt somit nicht vom Himmel", sondern wird durch die Widersprüche des kapitalistischen Konkurrenzpreissystems selbst hervorgerufen.

Aus überwälzungstheoretischer Sicht kommt man zu ähnlichen analytischen Ergebnissen wie im Falle der negativ geneigten Iso-Preis-Linie, ohne daß jedoch die gleichen steuerpolitischen Schlußfolgerungen zu ziehen sind. Bei kostendeterminierten Preisen werden die Unternehmungen *Steuererhöhungen* unabhängig von der Steuerart in den Preisen weitergeben; wie auch die Gewerkschaften Lohnsteuererhöhungen in ihren Lohnforderungen geltend machen werden. Im 2. Teil ist dieser Zusammmenhang der Lohn - Preis - Steuer Spirale in folgender Gleichung dargestellt.

$$\hat{p}_t = \frac{\hat{\gamma}(\tau-1) + \delta\frac{1}{1-t}dt + \alpha\frac{1}{1+t_i}dt_i + \beta\left[\frac{1}{\frac{1}{1-t_i} - t_\pi} - \frac{1}{1+m-t_\pi}\right]dt_\pi}{1 - \tau\eta} \qquad (5)$$

Falls die zusätzlichen Steuereinnahmen von der Regierung stillgelegt werden und somit infolge der reduzierten verfügbaren Einkommen des Privatsektors die gesamtwirtschaftliche Nachfrage zurückgeht, werden die Unternehmungen bei rückläufigen *Netto*gewinnmargen die Produktion drosseln und das Beschäftigungsvolumen vermindern. Stabilitätspolitisch orientierte Steuererhöhungen beschleunigen somit zunächst die Inflation bei zunehmender Unterbeschäftigung. Mit steigender Arbeitslosigkeit wird allerdings die Lohnpolitik der Gewerkschaften unter Druck geraten und der Lohnkostendruck auf die Preise abnehmen, so daß sich das Inflationstempo abzuschwächen beginnt. Andererseits kann bei Freiheit von Fiskalillusion nicht davon ausgegangen werden, daß *Steuersenkungen* die Lohnpolitik der Gewerkschaften bzw. die Preispolitik der Unternehmungen beeinflussen. Denn für Steuererleichterungen gelten die gleichen Argumente des Steuerwiderstandes wie im Falle einer Steuererhöhung. Kein privater Akteur ist freiwillig bereit, einen relativ größeren Anteil an den staatlichen Finanzierungslasten zu tragen. Die Unternehmungen werden keine Preissenkungen vornehmen, weil zu erwarten ist, daß die Nachfrage relativ unelastisch reagiert; weil Preissenkungen Kosten verursachen und außerdem schwer wieder rückgängig gemacht werden können (3). Außerdem entfällt bei oligopolistischer Konkurrenz der Konkurrenzdruck. Eher werden Oligopolisten angesichts verschärfter ausländischer Konkurrenz geplante Preiserhöhungen aufgrund verstärkten Kostendrucks aufschieben bzw. nicht in geplantem Ausmaß vornehmen. Die Gewerkschaften werden andererseits Steuersenkungen als längst fällige Korrektur einer unerwünschten Entwicklung der Verteilung der Nettoeinkommen betrachten und es deshalb ablehnen, Steuererleichterungen mit Lohnerhöhungen zu verrechnen. Die Regierung kann somit – im Gegensatz zum incentivetheoretischen Ansatz – nicht damit rechnen, daß Steuersenkungen lohn- bzw. preispolitisch honoriert werden bzw. als Maßnahmen zur Preisstabilisierung unmittelbar wirksam sind. Ihr bleibt nur der Konflikt mit den Gewerkschaften; indem sie unter anderem durch steuerpolitisch induzierte Arbeitslosigkeit die gewerkschaftliche Lohnpolitik diszipliniert und auf diesem Wege relative Preisstabilität erzwingt. In einem kapitalistischen Konkurrenzpreissystem läßt sich somit relative Preisstabilität mit Hilfe diskretionärer und/oder automatisch wirkender Steuersatzerhöhungen nur auf Kosten der Vollbeschäftigung und nur auf dem Umweg über einen steuerpolitisch induzierten Konjunkturzyklus (Beschleunigung der Inflation, Stagflation, Rezession, Aufschwung, Inflation usw.) erzielen. Da die Steuerungsrisiken durch einen derartigen fiskalpolitisch induzierten Konjunkturzyklus relativ hoch sind, wird die Regierung in der Regel andere Stabilisierungsmaßnahmen ergreifen. Steuersenkungen sind zur Stabilisierung des Preisniveaus ebenfalls weitgehend unwirksam. In Analogie zu J.B. Say könnte man deshalb aus stabilitätspolitischer Sicht sagen, daß der „beste aller Staatshaushalte derjenige mit der geringsten Zuwachsrate ist."

1.2. Bisher wurde die Wirksamkeit der Steuerpolitik zur Erzielung von relativer Preisstabilität diskutiert. Im folgenden soll untersucht werden, ob durch Steuersatzsenkungen in einer Rezession Arbeitslosigkeit wirksam bekämpft werden kann. Steuererleichterungen zugunsten der abhängig Beschäftigten verstärken das verfügbare Einkommen der privaten Haushalte und beleben infolgedessen die private Konsumnachfrage. Sie unterstützten auf diesem Wege die wirtschaftliche Erholung und Belebung. Diese Wirkung werden sie auf jeden Fall ausüben, wenn das entstehende Defizit bei unveränderten Ausgabeplänen der Regierung durch die Notenbank finanziert wird. Der Steuersenkung entspricht in diesem Fall einer Ausweitung der Geldmenge, d.h. die Steuerpolitik könnte ebenso gut als Geldpolitik deklariert werden. Im Falle einer Kreditfinanzierung des Defizits über den Kapitalmarkt wird jedoch die Wirksamkeit der Steuerpolitik von den Monetaristen bestritten. Im folgenden soll gezeigt werden, daß zwar die Steuerpolitik auf jeden Fall wirkt, aber im Falle eines instabilen Preis-Mengen-Systems in einer Rezession die Steuersätze nicht gesenkt, sondern erhöht werden müssen. Konsolidierung des Staatshaushaltes müßte die fiskalpolitisch unpopuläre Devise lauten.

Zusammenfassend wird der Fiskal- bzw. der Steuerpolitik seitens der Monetaristen entgegengehalten,

- sie wirke nicht expansiv, sondern kontraktiv und sei deshalb unwirksam,
- sie führe zu einer laufenden Vergrößerung der Staatsschuld derart, daß der Anteil der Zinszahlungen am Staatshaushalt zu ungunsten staatlicher Konsum- oder Investitionsausgaben zunimmt (4).

Dieser Einwand gegen die Steuer- bzw. Fiskalpolitik wird mit einer nahezu zinsunelastischen Geldnachfrage oder mit dem Einfluß steigender Vermögensbestände auf die Geldnachfrage der privaten Akteure begründet.

Der erste Begründungszusammenhang lautet folgendermaßen. Angenommen es werde im Falle von Arbeitslosigkeit bei unveränderten staatlichen Ausgabeplänen eine Steuersenkung vorgenommen, so daß die privaten Haushalte über ein größeres Nettoeinkommen verfügen und infolgedessen ihre Konsumnachfrage ausdehnen. Mit steigender

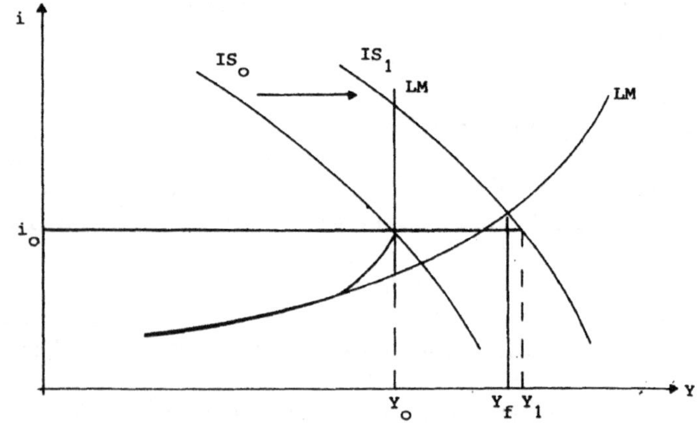

Abb. 3-3: Auswirkungen einer Steuerreduktion bei konstanter Geldmenge auf Volkseinkommen (zu laufenden Preisen) und Zinssatz

gesamtwirtschaftlicher Nachfrage steigt dann entsprechend der Multiplikatoranalyse das Volkseinkommen. Bei konstantem Geldangebot – diese Voraussetzung ist dann erfüllt, wenn das infolge der Steuersenkung entstehende Budgetdefizit durch den Verkauf festverzinslicher Staatspapiere finanziert wird – steigt mit zunehmendem Volkseinkommen die Nachfrage nach Transaktionskasse. Die Besitzer von Spekulationskasse sind aber nur bei höherem Zinssatz bereit, auf liquide Mittel zu verzichten. Bei steigenden Zinssätzen werden einige Unternehmungen und staatliche Investoren ihre Investitionspläne revidieren, so daß der Multiplikatoreffekt verringert wird; und falls die Geldnachfrage vollständig zinsunelastisch ist, bleibt die Steuererleichterung zugunsten der privaten Haushalte ohne Wirkung auf Volkseinkommen und Beschäftigung. Die Logik dieser Argumentation kann aus folgendem Ausgabenmultiplikator (vgl. Anmerkung 4 im 2. Teil, II.1.) und der Abb. 3-3 abgelesen werden.

$$dY = \frac{-C'Y\,dt}{1-C'(1-t) + \frac{J'L_Y}{L_i}} \text{ oder}$$

$$\frac{dY}{dT} = -\frac{C'}{1-C'(1-t) + \frac{J' \cdot L_Y}{L_i}} \qquad (6)$$

Wenn die Geldnachfrage vollständig zinsunelastisch ist, d.h. $L_i = 0$, dann nimmt der Steuermultiplikator den Wert Null an.

Beim Volkseinkommen Y_o und Zinssatz i_o befinden sich der Güter- und Geldmarkt im Gleichgewicht, während auf dem Arbeitsmarkt Arbeitslosigkeit existiert. Zur Bekämpfung der Arbeitslosigkeit plant die Regierung eine Steuersenkung, um die private Konsumnachfrage anzuregen. Durch die Erhöhung der privaten Konsumnachfrage verschiebt sich die IS-Kurve nach rechts oben. Bei vollständig zinselastischer Geldnachfrage wird das Sozialprodukt über das Vollbeschäftigungseinkommen Y_f bis auf Y_1 ansteigen. Im Falle einer Stagflation müßte allerdings die Bremswirkung von Preissteigerungen berücksichtigt werden. Denn steigende Preise können auf verschiedene Weise kontraktive Gegenkräfte mobilisieren (5) und somit den beschäftigungspolitischen Effekt der Steuerentlastung entsprechend vermindern:

– Mit steigenden Preisen sinkt die reale Geldmenge, d.h. die LM-Kurve wird sich nach links oben verschieben.

– Mit steigenden Preisen vermindert sich das Realvermögen der privaten Haushalte, so daß unter Umständen der Konsum eingeschränkt wird.
– Bei progressivem Einkommensteuertarif steigt die reale Steuerbelastung überproportional, so daß mit relativ zurückbleibendem verfügbaren Realeinkommen die Konsumnachfrage ebenfalls unterproportional ansteigt.
– Mit steigendem inländischen Preisniveau können sich die Exportchancen verringern, während die Importe relativ billiger und deshalb vermehrt nachgefragt werden.

Unabhängig von den möglichen Bremseffekten steigender Preise wird aber bei ($0 < L_i < \infty$) zinselastischer Geldnachfrage der Zinsanstieg dämpfend wirken, so daß das Volkseinkommen bei entsprechend dosierter Steuersenkung nicht bis auf Y_1, sondern bis auf Y_f (= Vollbeschäftigungseinkommen) ansteigt. Nur wenn die Geldnachfrage vollständig zinsunelastisch ist, werden die Zinssteigerungen die Investitionsnachfrage derart zurückhalten, daß der Expansionseffekt der Steuersenkung verpufft. Das Volkseinkommen wird nicht zunehmen. Aber das staatliche Defizit und damit die staatliche Zinsbelastung wären entsprechend höher, der private Konsum hätte sich auf Kosten der privaten Investitionen ausgedehnt und die Arbeitslosigkeit hätte sich nicht verringert. Die Steuerpolitik hätte bei der Ankurbelung der Wirtschaft versagt.

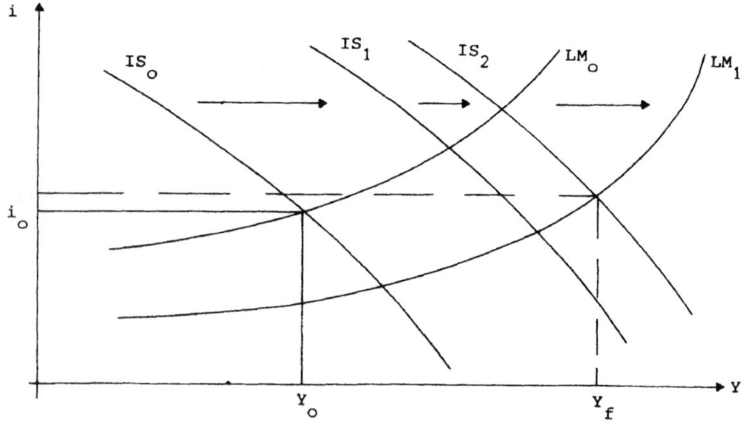

Abb. 3-4: Die Auswirkungen von Steuerentlastungen bei gleichzeitiger Erhöhung der Geldmenge auf das Volkseinkommen und den Zinssatz.

Allerdings bestätigen die empirischen Befunde die Annahme einer vollständig zinsunelastischen Geldnachfrage nicht. Dieser „klassische Fall" einer unwirksamen Fiskalpolitik wird deshalb auch von den Monetaristen als wenig wahrscheinlich betrachtet.
Völlig unbestritten ist die Wirksamkeit der Steuerpolitik, wenn das aus der Steuersenkung resultierende Defizit durch eine entsprechende Ausdehnung der Geldmenge (Notenbankkredit) finanziert wird (vgl. Anm. 3 und Abb. 3-4). Die steuerpolitisch induzierte zusätzliche Konsumnachfrage wirkt via Multiplikator expansiv (die IS_0-Kurve verschiebt sich nach IS_1) und die im Zuge der Produktionsausweitung steigende Nachfrage nach Transaktionskasse wird teilweise durch die vermehrte Geldmenge (Verschiebung der LM_0-Kurve nach LM_1) gedeckt. Darüber hinaus können die gestiegenen realen Kassenbestände der privaten Haushalte zusätzliche Impulse auf Nachfrage und Produktion ausüben (Verschiebung der IS_1-Kurve nach IS_2). Im neuen Gleichgewicht entsprechen die bei höherem Volkseinkommen anfallenden zusätzlichen Steuereinnahmen der ursprünglichen steuerlichen Entlastung, so daß das konjunkturell bedingte Defizit ausgeglichen ist (6).

Es muß aber daran erinnert werden, daß bei Freiheit von Fiskalillusion in der Stagflation die Reduktion der Steuersätze bei steigender Geldmenge eine wirksame Maßnahme allein zum Abbau der Arbeitslosigkeit ist. Die Inflation wird sich im Gefolge einer derartigen Politik beschleunigen, denn nach der neoklassischen Keynes-Interpretation kann Preisstabilität und Vollbeschäftigung nur durch eine gleichzeitige Steuersenkung und Geldmengenredution erzielt werden. Im Sinne einer Stabilisierungspolitik würde die hier angesprochene Steuerpolitik versagen.

Unabhängig von derartigen Einschränkungen wird aber von den Monetaristen bestritten, daß eine mittels Verkauf von festverzinslichen Staatspapieren finanzierte gesamtwirtschaftlich wirksame Nachfrageerhöhung expansiv wirkt. In dem hier interessierenden Fall handelt es sich ja um eine steuerpolitisch induzierte Erhöhung der Konsumnachfrage, wobei das zusätzliche staatliche Defizit durch Staatsanleihen über den Kapitalmarkt finanziert wird. Die Monetaristen sind der Meinung, eine derartige Steuerpolitik wirke kontraktiv und erhöhe das staatliche Defizit kumulativ. Wenn nach ihrer Ansicht die Steuerreduktion dennoch expansiv wirken sollte, dann sei der Anstieg des Volkseinkommens zu gering, um das ursprüngliche Defizit auszugleichen. Die Zinsbelastung steigt auch in diesem Fall schneller als die Steuermehreinnahmen; das staatliche Defizit nimmt kumulativ zu.

Zunächst wirkt die Erhöhung der Konsumausgaben via Multiplikator expansiv (Verschiebung der IS_0-Kurve nach IS_1 in Abb. 3-5). Infolge der Ausgabe von Staatstiteln steigt aber die Nachfrage nach Geld und nach Konsumgütern (Verschiebung der LM_0-Kurve nach LM_1 und der IS_1-Kurve nach IS_2), weil sich die privaten Haushalte als vermögender betrachten. Entscheidend für die Wirksamkeit der Fiskalpolitik ist nun, ob der Vermögenseffekt auf die Geld- und Konsumnachfrage per Saldo expansiv oder kontraktiv wirkt. Diese Frage, und da scheinen sich Fiskalisten und Monetaristen einig zu sein, kann nicht theoretisch, sondern allein empirisch entschieden werden. Theoretisch läßt sich nur die Bedingung angeben für eine per Saldo expansiv wirkende zusätzliche Staatsverschuldung. Diese Bedingung (vgl. Anmerkung 3) lautet ohne Berücksichtigung von Kapitalerträgen aus Zinssteigerungen

$$C_W > L_W \frac{J'}{L_i} \tag{7}$$

wobei C_W = marginale Konsumneigung hinsichtlich des Vermögens und L_W = marginale Liquiditätsneigung hinsichtlich des Vermögens. I' und L_i sind die Ableitung der Investitions- und Geldnachfragefunktionen nach dem Zinssatz (7). Beachtet man, daß die Staatstitel vor allem von den oberen Einkommensschichten und den Banken erworben werden, dann kann zumindest in der Rezession nicht ausgeschlossen werden, daß die Konsumsteigerung aufgrund des Vermögenseffektes für eine per Saldo expansive Wirkung zu gering ist. Allerdings wird sich eine kontraktive Wirkung erst mit größerer Verzögerung bemerkbar machen. In Abb. 3-5 ist dargestellt, daß der Vermögenseffekt der emittierten Staatsanleihe per Saldo kontraktiv wirkt (Bewegung von E_0 nach E_1), obwohl die induzierte Konsumerhöhung zunächst eine expansive Wirkung hatte. Denn da das Defizit in E_1 größer ist als in E_0, wird die Regierung, wenn sie die eingeschlagene Finanzierungsweise konsequent fortsetzt, weitere Anleihen ausgeben. Infolge des kontraktiv wirkenden Vermögenseffekts wird das Volkseinkommen laufend abnehmen und das staatliche Defizit kumulativ steigen, d.h. das ökonomische System ist instabil. Diese Schlußfolgerung mag für den Glauben der Monetaristen an die Stabilität der Märkte, nicht aber für die neoklassischen Keynes-Interpreten, irritierend sein. Sollten die Fakten die Vermutung der Monetaristen über die Unwirksamkeit der Fiskalpolitik nicht widerlegen, dann wäre es durchaus konsequent, eine Politik der Steuererhöhung und der Reduktion des staatlichen Defizits, kurz der Konsolidierung der Staatsfinanzen auch in einer rezessiven Phase zu betreiben, um die Wirtschaft wieder anzukurbeln. Nach der Dar-

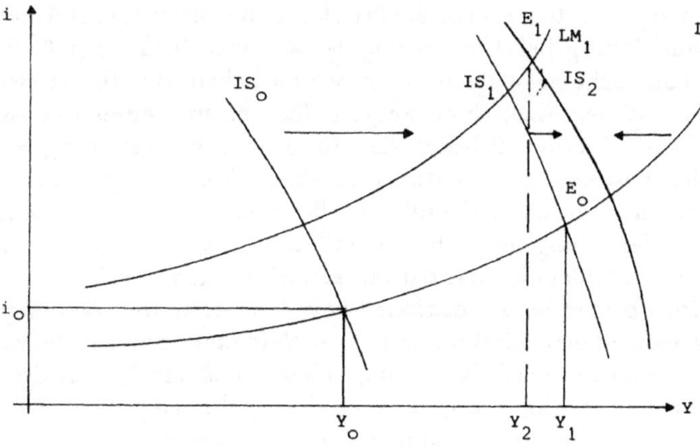

Abb. 3-5: Auswirkungen einer Steuersenkung auf Volkseinkommen und Zinssatz bei Finanzierung des entstehenden Budgetdefizits durch Staatsanleihen

stellung der neoklassischen Keynes-Interpreten würde sich in diesem Fall die Iso-Beschäftigungs-Linie analog zur Politik der Lohndisziplinierung in Richtung auf die Iso-Preis-Linie drehen; es wäre möglich, durch eine scheinbar kontraktive Steuer- und Fiskalpolitik Vollbeschäftigung und Preisstabilität gleichzeitig zu erreichen. Im Gegensatz zur Ansicht der Monetaristen wäre somit die Steuer- bzw. Fiskalpolitik auch bei scheinbar kontraktiv wirkendem Effekt ein wirksames Mittel, um Arbeitslosigkeit in der Rezession zu bekämpfen. Sie müßte nur mit umgekehrtem Vorzeichen eingesetzt werden. Darüber hinaus bleiben die Ergebnisse der neoklassischen Keynes-Interpretation hinsichtlich der Ausdehnung des Staatsanteils bei *ausgeglichenem* Budget unverändert, da in diesem Fall die kontraktiven Vermögenseffekte nicht ins Spiel kommen.

2. Zur Indexbindung der Lohn- und Einkommensteuer

Der Forderung nach einer Indexbindung der Lohn- und Einkommensteuer wird – abgesehen von den sonstigen Einwendungen gegen die Indexierung der Einkommenbesteuerung, wie der Hinweis auf den Grundsatz der „Billigkeit der Besteuerung“ (Indexierung der Besteuerung erfordert größeren Aufwand der Finanzverwaltung), auf budgetpolitische Gesichtspunkte (Einnahmeverluste des Staates) und abgesehen von dem Hinweis auf die Probleme einer erweiterten Anwendung der Indexierung bei Ausbreitung des Realwertdenkens (z.B. Besteuerung von Scheingewinnen) – im wesentlichen die destabilisierende Wirkung dieser Maßnahme entgegenhalten. In Zeiten der Inflation erwecke sie bei den Privaten den Eindruck, die Regierung habe sich mit der bestehenden inflationären Entwicklung abgefunden und es komme ihr nur noch darauf an, die unerwünschten Konsequenzen auf die Verteilung möglichst zu mildern. Die Erwartungen hinsichtlich einer beschleunigten Inflation verstärkten sich und lösten wiederum inflationsfördernde Dispositionen von Anbietern und Nachfragern auf den verschiedenen Märkten aus. Von Vertretern einer nachfrageinduzierten Inflation wird darauf hingewiesen, daß infolge der Steuerprogression ein inflationär wirkender Nachfrageüberhang via Multiplikatorprozesse reduziert und dadurch der Inflationsdruck gemildert wird. Umgekehrt sinken in einer Rezession die Nettolöhne und Nettogehälter infolge der Progression des Einkommensteuertarifs langsamer als das zu versteuernde Einkommen, so daß der Rückgang der Konsumnachfrage weniger gravierend ausfällt als ohne Einkommensteuerprogression. Bevor auf die Stichhaltigkeit dieser Aussagen eingegangen wird, sollten zunächst einige technische Fragen zur Indexbindung und Progression geklärt werden.

Infolge der Progression bei der Lohn- und Einkommensteuer steigt das verfügbare Einkommen (Einkommen nach Steuern = Y_V) der privaten Haushalte langsamer als das Einkommen vor Steuern Y, und die höheren Einkommen werden relativ stärker belastet als die unteren, wie aus Tab. 3-1, Spalten 3 und 4 bzw. 5 und 6 ersichtlich. Neben der redistributiven Wirkung der Einkommenbesteuerung (relative Angleichung der Nettoeinkommen) resultiert somit aus der Progression des Einkommensteuertarifs noch ein automatischer Stabilisierungseffekt, wenn Preis bzw. Löhne und Produktion bzw. Beschäftigung in gleicher Richtung variieren. Nun läßt sich jedoch zeigen, daß bei konstantem Realeinkommen und inflationsbedingt steigendem Nominaleinkommen aufgrund progressiver Besteuerung das verfügbare Realeinkommen aller privaten Haushalte abnimmt, und zwar – abgesehen von einem bestimmten Einkommensbereich – bei den unteren Einkommen relativ stärker als bei den oberen (vgl. Anmerkung 4) (8). Diese unerwünschten Auswirkungen *der Inflation* auf die Verteilung der realen Nettoeinkommen kann man unmittelbar aus Tab. 3-2 ersehen; denn da die Elastizität des Durchschnittssteuersatzes in bezug auf das unversteuerte Einkommen ($\varepsilon_{t/Y}$) der Elastizität des realen Steueraufkommens bezüglich des Preisniveaus ($\varepsilon_{\frac{T,real}{P}}$) entspricht,

läßt sich an der Entwicklung der Elastizität des Durchschnittssteuersatzes ablesen, daß die reale Steuerbelastung steigt. Infolgedessen muß das reale Nettoeinkommen sinken. Durch die Indexbindung der Besteuerung soll einer derartigen *vom Gesetzgeber nicht gewollten* Umverteilung der Steuerlast bewußt entgegengewirkt werden.
Zur indexgebundenen Korrektur der Steuerlasten können folgende vier Verfahren herangezogen werden (9), von denen nur das erstgenannte nicht praktiziert wird, während die restlichen in verschiedenen Ländern mehr oder weniger modifiziert angewandt werden.

Tab. 3-1: Elastizität der Steuern in bezug auf das zu versteuernde Einkommen und Elastizität des Einkommens nach Steuern in bezug auf das zu versteuernde Einkommen

— Verheiratete —						
zu versteuerndes Einkommen in DM	$\varepsilon^{T}/_{Y}=\varepsilon^{t}/_{Y}+1$		$\frac{1-t'}{1-t} = \frac{\hat{Y}v}{\hat{Y}}$		*Durchschnittssteuersatz*	
	1965	*1975*	*1965*	*1975*	*1965*	*1975*
	in v.H.		*in v.H.*		*in v.H.*	
	1	*2*	*3*	*4*	*5*	*6*
1680	—	—	1,0	1,0	0	0
3000	—	—	1,0	1,0	0	0
4000	6,6	—	0,83	1,0	2,9	0
5000	3,1	—	0,86	1,0	6,1	0
6000	2,3	—	0,88	0,77	8,3	0
7000	1,94	7,33	0,90	0,81	9,8	3,0
8000	1,73	4,07	0,91	0,83	11,0	5,4
9000	1,60	3,01	0,92	0,84	11,9	7,3
10000	1,52	2,53	0,93	0,85	12,5	8,7
12000	1,39	2,00	0,93	0,88	13,7	11,0
15000	1,29	1,67	0,95	0,90	14,7	13,2
20000	1,32	1,43	0,93	0,93	16,1	15,4
25000	1,44	1,32	0,91	0,93	17,6	16,7
30000	1,49	1,25	0,88	0,94	19,2	17,6
40000	1,53	1,66	0,85	0,83	22,2	20,8
50000	1,52	1,61	0,83	0,81	25,0	24,0
60000	1,49	1,57	0,82	0,79	27,4	26,7
70000	1,44	1,53	0,81	0,78	29,4	29,1
80000	1,41	1,49	0,81	0,78	31,1	31,2
100000	1,37	1,41	0,81	0,79	34,0	34,4
110000	1,35	1,38	0,81	0,79	35,1	35,7
125000	1,33	1,35	0,81	0,79	36,7	37,5
150000	1,28	1,32	0,82	0,79	38,8	39,9
250000	1,20	1,22	0,84	0,81	44,0	45,9
500000	1,09	1,10	0,91	0,89	48,5	50,9
1000000	1,05	1,05	0,95	0,94	50,7	53,5
10000000	1,004	1,005	1,00	0,99	52,8	55,7

Quelle: Eigene Berechnungen sowie Bundestagsdrucksache 7/1470, Seite 232

Tab. 3-2: Progressionsfaktor, Elastizität des Durchschnittssteuersatzes, Sensitivität des Durchschnittssteuersatzes

— Verheiratete —						
zu versteuerndes Einkommen in DM	Progressionsfaktor $\tau = \frac{1-t}{1-t'}$		Elastizität des Durchschnittssteuersatzes $\varepsilon^{t}/_{Y} = \sigma(t)/t$		Sensivität des Durchschnittssteuersatzes $\sigma(t) = t'-t$	
	1965	1975	1965	1975	1965	1975
	in v.H.		in v.H.		in v.H.	
	1	2	3	4	5	6
1680	1,0	1,0	—	—	0	0
3000	1,0	1,0	—	—	0	0
4000	1,20	1,0	5,6	—	16,1	0
5000	1,16	1,0	2,1	—	12,9	0
6000	1,13	1,3	1,3	—	10,7	22,0
7000	1,11	1,24	0,94	6,33	9,2	19,0
8000	1,10	1,21	0,73	3,07	8,2	16,6
9000	1,09	1,19	0,60	2,01	7,1	14,7
10000	1,08	1,17	0,52	1,53	6,5	13,3
12000	1,07	1,14	0,39	1,00	5,3	11,0
15000	1,05	1,11	0,29	0,67	4,3	8,8
20000	1,08	1,08	0,32	0,43	5,1	6,6
25000	1,10	1,07	0,44	0,32	7,8	5,3
30000	1,13	1,06	0,49	0,25	9,4	4,4
40000	1,18	1,21	0,53	0,66	11,7	13,8
50000	1,21	1,24	0,52	0,61	12,9	14,7
60000	1,22	1,26	0,49	0,57	13,3	15,3
70000	1,23	1,28	0,44	0,53	13,0	15,5
80000	1,23	1,29	0,41	0,49	12,9	15,3
100000	1,23	1,27	0,37	0,41	12,5	14,0
110000	1,24	1,27	0,35	0,38	12,4	13,7
125000	1,23	1,27	0,33	0,35	12,0	13,3
150000	1,22	1,27	0,28	0,32	11,0	12,8
250000	1,19	1,23	0,20	0,22	9,0	10,0
500000	1,10	1,12	0,09	0,10	4,5	5,1
1000000	1,05	1,06	0,05	0,05	2,3	2,5
10000000	1,004	1,007	0,004	0,005	0,2	0,3

Quelle: Vgl. Tabelle 3-1

Erstens können alle Steuersätze – um das Produkt aus Inflationsrate und Sensivität des Durchschnittssteuersatzes (vgl. Anmerkung 5) – vermindert werden. *Zweitens* kann der Einkommenszuwachs um den Inflationsanteil reduziert werden, so daß nur das real gestiegene Einkommen progressiv besteuert wird. Bei konstantem Realeinkommen sinkt aber in diesem Fall der reale Steuerbetrag und bei konstanten realen Staatsausgaben ergibt sich ein entsprechendes Haushaltsdefizit. *Drittens* kann man das Einkommen auf ein Basisjahr deflationieren. Auf dieses deflationierte Einkommen wird der

Steuertarif des Basisjahres angewandt und der resultierende Steuerbetrag mit dem Preisindex des laufenden Jahres inflationiert. *Viertens* schließlich kann man den Grundfreibetrag einschließlich der sonstigen nominell konstanten Freibeträge und abzugsfähigen Ausgaben sowie die Grenzen der Tarifzonen inflationieren. Jedes dieser vier Verfahren läßt sich vielfach modifizieren, je nachdem ob die Korrektur

– automatisch oder zeitlich flexibel erfolgen soll,
– davon abhängig gemacht wird, daß der gewählte Preisindex einen bestimmten Schwellenwert übersteigt,
– in voller Höhe des Preisanstiegs oder nur partiell vorgenommen werden soll,
– Erhöhungen von indirekten Steuern zu berücksichtigen sind
– und schließlich welcher Index der Preisentwicklung und welche zeitliche Anpassungsverzögerung zugrunde gelegt werden.

Bemerkenswert an der Begründung für die Indexbindung der Besteuerung ist der Hinweis, daß die Inflation in Verbindung mit der Einkommensteuerprogression eine reale Mehrbelastung aller Privaten zugunsten des Staates und eine Umverteilung der realen Steuerlasten zwischen den Privaten bewirkt. Eine derartige doppelte Umverteilung entspreche aber nicht den „Präferenzen der Gesellschaft", und könne deshalb auch nicht vom Gesetzgeber gewollt sein. Folgen nun die Lohn- und Einkommensteuerpflichtigen der Logik dieser Argumentation, dann müssen sie versuchen, die ursprünglich gewünschte Verteilung wieder herzustellen, und zwar entweder durch Aufforderung an den Gesetzgeber, entsprechende Maßnahmen zu ergreifen (10), oder falls dieser keine Anpassung vornimmt, die steigende Steuerbelastung auf Löhne und Preise zu überwälzen. Wenn überhaupt, so kann Fiskalillusion in dem Sinne, daß die Einkommenbezieher eine Erhöhung der Steuer- und Abgabenquote stillschweigend als gleich vorteilhaft oder vorteilhafter als den Erhalt ihres privaten realen Konsumstandards betrachten, in diesem Fall a priori nicht angenommen werden, und da offensichtlich die Marktgesetze via Inflation, ob direkt oder indirekt, die ursprünglich *gesellschaftlich geplanten* Verteilungs*relationen* sozusagen „hinter dem Rücken der Beteiligten" verzerren, verhält sich der einzelne völlig systemkonform, wenn er die „schleichende" Abgabenerhöhung in seiner Lohn- und Preiskalkulation berücksichtigt. Aus dieser Betrachtung folgt auch, daß nicht eine direkte Verminderung der Leistungsbereitschaft zu erwarten ist (11), sondern daß vielmehr die Lohn - Preis - Steuer Spirale in Bewegung gerät, und diese nicht eher zur Ruhe kommt, wie die Hoffnung nicht aufgegeben wird, die geplante Verteilung zwischen privatem und staatlichem Sektor und zwischen den Privaten selbst ließe sich auf dem Wege der Überwälzung wieder herstellen. Aus den gleichen Gründen ist es auch widersinnig, die Gewerkschaften aufzufordern, allfällige Steuerkorrekturen mit zukünftigen Lohnerhöhungen zu verrechnen.

Nun war gezeigt worden, daß im Rahmen der neoklassischen Keynes-Interpretation automatische und diskretionäre Steuererhöhungen bei Freiheit von Fiskalillusion zwar preisstabilisierend wirken können, aber nur zum Preis einer unter Umständen recht hohen Arbeitslosigkeit; ein Boom schlägt in eine Stagflation um, wenn infolge der Steuerprogression die Steuerbelastung erhöht wird. Die Arbeitslosigkeit verschärft sich, da höhere Steuern höhere Nominallohnforderungen auslösen und höhere Nominallöhne als Kostensteigerungen bei rückläufiger Produktion und Beschäftigung in den Preisen weitergegeben werden. Dieser Überwälzungsprozeß bricht erst zusammen, wenn bei entsprechend hoher Arbeitslosigkeit kein Spielraum mehr für die Überwälzung gegeben ist.

Diese Ergebnisse sprechen – wie aus folgender Abb. 3-6 ersichtlich – *hinsichtlich des Beschäftigungszieles für eine Indexierung der Besteuerung*. Die gewünschte Stabilisierung des *Preisniveaus* (vgl. Punkt A) müßte dann durch eine entsprechend restriktive Geldpolitik – die allerdings zu Lasten der privaten Kapitalakkumulation ginge – ange-

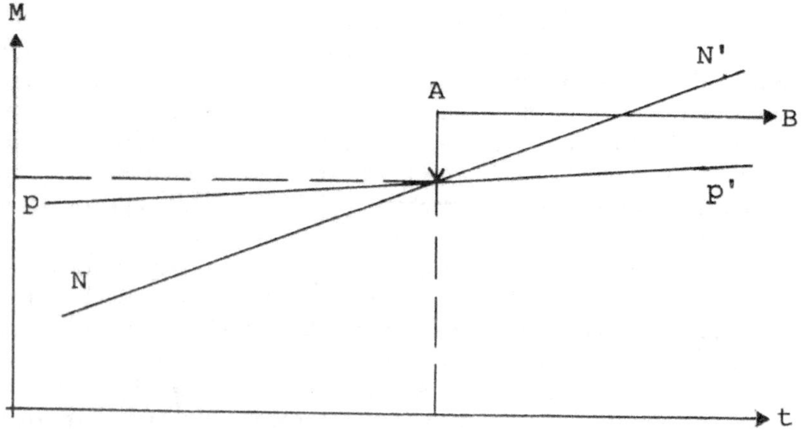

Abb. 3-6: Indexbindung der Lohn- und Einkommensteuer bei Freiheit von Fiskalillusion

strebt werden. Diese Argumentation gilt aber nur im Falle eines stabilen Preis - Mengen - Systems, wie die Diskussion der monetaristischen Kritik an der Wirksamkeit der Fiskalpolitik deutlich gemacht hat. Die Alternative zu einer derartigen Politik bestünde darin, auf dem Wege über eine hohe Arbeitslosigkeit (vgl. Pfeil von A nach B) die aufwärts gerichtete Bewegung der Lohn - Preis - Steuer Spirale durch eine nachhaltige Disziplinierung gewerkschaftlicher Lohnpolitik zu stoppen.

Bei oligopolistischer und monopolistischer Konkurrenz auf den Waren- und Arbeitsmärkten wirken automatische oder diskretionär vorgenommene Steuererhöhungen in jedem Fall preisdestabilisierend. Je nachdem ob die Gewerkschaften in ihrer Lohnpolitik einen Ausgleich allein für die nominelle (reale Steuermehrbelastung infolge der Preissteigerung) oder für die nominelle und reale (reale Steuermehrbelastung infolge von Reallohnsteigerungen) Progression anstreben, gilt für die Preissteigerungsrate Gl. (8) oder (9). Im folgenden wird zunächst nur von einer Kompensation für die nominelle Progression ausgegangen (Gl. (8)).

$$\hat{p}_t = \frac{c_t}{1-\tau\eta} \quad (8)$$

$$\hat{p}_t = \frac{\hat{Y}_t\,(\tau-1) + c_t}{1-\tau\eta} \quad (9)$$

Ist der Progressionsfaktor τ – wie in der Realität – größer als eins (die faktischen Werte des Progressionsfaktors findet man in Tab. 3 - 2), dann beschleunigt sich das Inflationstempo. Es stabilisiert sich entweder auf einem höheren Inflationsniveau – im Falle, daß $\tau\eta$ kleiner als eins ist – oder andernfalls ist die Beschleunigung der Inflation kumulativ. Inwieweit die Lohn- und Gehaltsbezieher die schleichende (automatische) Steuererhöhung aufgrund von Inflation und Einkommensteuerprogression real überwälzen können, hängt von der Situation auf dem Arbeits- und Gütermarkt ab. Bei Vollbeschäftigung und mindestens die Kostensteigerungen einholenden Preiserhöhungsspielräumen der Unternehmungen wird den Gewerkschaften die reale Überwälzung der nominellen Steuermehrbelastung nicht gelingen; die ansteigende Inflationsrate verhindert einen Anstieg des Reallohns über den Produktivitätsfortschritt hinaus. Eine Indexbindung der Lohn- und Einkommensteuer könnte den Lohndruck vermindern, d.h. der Progressionsfaktor τ in Gl. (8) würde den Wert eins annehmen, so daß $\tau\eta = \eta$. Das Preisniveau würde weniger schnell ansteigen, d.h. die Indexbindung wirkte preisstabilisierend.

Selbst wenn die Regierung gezwungen wäre, infolge der Indexbindung anfallende Steuermindereinnahmen durch eine Erhöhung der Steuersätze auszugleichen, so wäre eine derartige Steuerpolitik aus stabilitäts- und verteilungspolitischen Gründen der „schleichenden" Steuererhöhung vorzuziehen, weil die mögliche Kumulationswirkung des Progressionsfaktors auf die Inflationsrate fortfiele und Änderungen in der Vorstellung der Gesellschaft hinsichtlich einer Umverteilung von Steuerlasten explizit berücksichtigt werden könnten. Bei einer Erhöhung der Steuersätze erhöht sich der Wert des Faktors C_t in Gl. (8) und (9) einmalig. Der generelle Gegensatz von allokations- und verteilungspolitischen Zielen einerseits und stabilitätspolitischen Erfordernissen andererseits kann somit auch durch die Indexbindung der Lohnbesteuerung nicht umgangen werden. Auf jeden Fall wird der Handlungsspielraum der Regierung in der Ausgabentätigkeit eingeengt.

Streben die Gewerkschaften einen Ausgleich für die nominelle und reale Progression an, dann muß bei der Effizienzanalyse einer Indexbindung der Steuern Gl. (9) herangezogen werden. Falls $\tau\eta < 1$ und γ_t = konstant stabilisiert sich die Inflationsrate auf einem bestimmten Niveau. Falls aber die Fälle $\tau\eta < 1$ und γ_t = ansteigend oder $\tau\eta \geq 1$ und γ_t = konstant oder $\tau\eta \geq 1$ und γ_t = ansteigend, beschleunigt sich das Inflationstempo kumulativ. Aufgrund der Indexbindung der Lohnsteuer könnte der von der Progression ausgehende permanente Beschleunigungseffekt vermieden werden. Im Gegensatz zur incentivetheoretischen Analyse kommt man zu dem Ergebnis, daß die Maßnahme der Indexbindung der Lohnsteuer in jedem Fall preisstabilisierend wirkt.

Anmerkung 1:

Aus Gleichung (16) im 2. Teil erhält man wegen $h_p = 0$ für

$$dN = \frac{\begin{vmatrix} dG - C'Ydt & 1 - C'(1-t)X & -J' \\ dM & M/p + L_Y Y & pL_i \\ \frac{w}{1-\emptyset} \cdot d\emptyset + \frac{w}{1-t}\,dt & \frac{w}{p} & 0 \end{vmatrix}}{|A|}$$

oder

$$dN = \frac{1}{\det A}\Big\{ -pL_i \frac{w}{p}(dG - C'Ydt) - J' \frac{w}{p} dM$$

$$+ \Big[pL_i (1 - C'(1-t)X)$$

$$+ J' \Big(\frac{M}{p} + L_Y Y\Big)\Big]\Big[\frac{w}{1-\emptyset} d\emptyset + \frac{w}{1-t} dt\Big]\Big\}$$

Sei dG = 0, d$\emptyset$ = 0, dann findet man

$$dN = \frac{1}{\det A}\Big\{\Big[L_i wC'Y + \frac{1}{m} L_i Y \frac{w}{1-t} + J' \frac{M}{p}\frac{w}{1-t}\Big] dt - J' \frac{w}{p} dM\Big\}$$

Befindet sich der Arbeitsmarkt im Gleichgewicht, dann muß dN = 0 sein, und da detA>0 (Annahme der Stabilität) ist, ergibt sich aus obiger Gleichung für die Instrumentenvariablen M und t der Anstieg der Iso-Beschäftigungslinie

$$\left(\frac{dM}{dt}\right)_{dN=0} = \frac{L_i wC'Y + \frac{1}{m} L_i Y \frac{w}{1-t} + J' \frac{M}{p}\frac{w}{1-t}}{J' \frac{w}{p}} > 0$$

Der Arbeitsmarkt bleibt somit nur dann im Gleichgewicht, wenn bei einer Erhöhung des Lohn- und Einkommensteuersatzes die Geldmenge ebenfalls entsprechend erhöht wird. Denn durch die Erhöhung des Steuersatzes vermindern sich das Arbeitsangebot und die Konsumnachfrage, so daß Produktion und Beschäftigung zurückgehen. Dieser Beschäftigungsrückgang kann durch eine entsprechende Ausweitung der Geldmenge wettgemacht werden. Bei steigendem Geldangebot sinkt der Zinssatz. Diese Zinssenkungstendenz stimuliert die Investitionsneigung der Unternehmungen, so daß Produktion und Beschäftigung ausgedehnt werden.

Die Iso-Preis-Linie wird analog konstruiert, wobei dG = 0 und dt = 0 bzw. d$\emptyset$ = 0 angenommen werden sowie bei Gleichgewicht auf dem Gütermarkt dp = 0 sein muß. Verläuft die Iso-Preis-Linie mit geringerem Anstieg als die Iso-Beschäftigungs-Linie, dann bedeutet das Auseinanderscheren der beiden Kurven, daß eine beliebige Erhöhung des Steuersatzes durch eine geringere Geldmengenerweiterung begleitet sein muß, um im Gegensatz zum Arbeitsmarkt Gleichgewicht auf dem Gütermarkt zu erhalten.

$$\left(\frac{dM}{dt}\right)_{dp=0} = \frac{pL_i\left(\frac{1}{e_s} - \frac{1}{e_d}\right)\frac{w}{N} C'Y - \frac{p \cdot w}{1-\emptyset} \cdot \frac{w}{1-t} \cdot \frac{1}{m} L_i}{J'\left(\frac{1}{e_s} - \frac{1}{e_d}\right)\frac{w}{N}} > 0$$

wenn

$$\frac{pL_i\left(\frac{1}{e_s} - \frac{1}{e_d}\right)\frac{w}{N} C'Y}{J'\left(\frac{1}{e_s} - \frac{1}{e_d}\right)\frac{w}{N}} > \frac{\frac{pw}{1-\emptyset} \cdot \frac{w}{1-t}\frac{1}{m} L_i}{J'\left(\frac{1}{e_s} - \frac{1}{e_d}\right)\frac{w}{N}}$$

Multipliziert man die Zähler der Quotienten auf beiden Seiten der Ungleichung mit

$$\frac{1}{L_i pw} \cdot \frac{N}{C'Y} \cdot J'\left(\frac{1}{e_s} - \frac{1}{e_d}\right)\frac{w}{N},$$

dann erhält man

$$\frac{1}{e_s} - \frac{1}{e_d} > \frac{1}{C'm} \cdot \frac{1+t_i}{1-t}, \quad \text{wegen} \quad \frac{1}{1-\emptyset} = 1+t_i$$

als Bedingung für einen positiven Anstieg der Iso-Preis-Linie.

Anmerkung 2:

Bei Existenz von Fiskalillusion (und Geldillusion) reduziert sich das Gleichungssystem (1) - (8) im 2. Teil zu

$$pf(N) - C(p \cdot f(N)(1-t)) - J(i) = G \qquad (9')$$

$$pL(p\, f(N),\, i) = M \qquad (10')$$

$$pf' - h(N) = 0 \qquad (11')$$

Aus diesem System findet man für den Anstieg der Iso-Beschäftigungs- und Iso-Preis-Linie

$$\left(\frac{dM}{dt}\right)_{dN=0} = \frac{L_i wC'Y}{J'\frac{w}{p}} = \frac{L_i C'Yp}{J'} > 0$$

$$\left(\frac{dM}{dt}\right)_{dp=0} = \frac{-pL_i\left(\frac{1}{e_d} - \frac{1}{e_s}\right)\frac{w}{N}\, C'Y}{-J'\left(\frac{1}{e_d} - \frac{1}{e_s}\right)\frac{w}{N}} = \frac{-pL_i C'Y}{-J'} > 0$$

Bei Freiheit von Fiskalillusion muß somit $\left(\frac{dM}{dt}\right)_{dN=0} > \left(\frac{dM}{dt}\right)_{dp=0}$

sein, weil gemäß Gleichung (1) und (3) im Text

$$\frac{\frac{1}{m} L_i Y \frac{w}{1-t} + J'\frac{M}{p}\frac{\bar{w}}{1-t}}{J'\frac{w}{p}} > 0 > - \frac{\frac{p\cdot w}{1-\emptyset} \cdot \frac{w}{1-t} \cdot \frac{1}{m} L_i}{J' \left(\frac{1}{e_s} - \frac{1}{e_d}\right) \frac{w}{N}}$$

ist.

Anmerkung 3:
Zum folgenden vgl. Blinder/Solow (a.a.O.)

Sei der Produktionsmittelbestand K und das Preisniveau konstant ($p = 1$), sei Y = Sozialprodukt, C = Konsum, I = Investitionen, G = Staatsausgaben, T = Steuerbetrag, B = Zinszahlungen aus der Staatsschuld, i = Zinssatz, M^d = Geldnachfrage, M^s = Geldangebot, W = Realvermögen und sei das Modell zur Analyse der Auswirkungen einer Steuersenkung auf das Volkseinkommen und den Zinssatz bei Finanzierung des entstehenden Defizits entweder durch Vermehrung der Geldmenge (Notenbankkredit) oder durch Verkauf von Staatspapieren gegeben durch

$$\begin{aligned}
Y &= C + J + G \\
C &= C(Y + B - T\,(Y+B),\ M + {}^{B}/_{i} + K) \\
T &= T(Y+B) \\
J &= J(i) \\
M^d &= L(i,\ Y,\ M + B/\,i + K) \\
M^s &= M \\
M^s &= M^d \\
W &= M + B/i + K
\end{aligned}$$

Faßt man diese acht Gleichungen zusammen zu

$$Y = C(Y+B-T(Y+B),\ M + {}^{B}/_{i} + K) + J(i) + G$$

$$M = L(i,\ Y,\ M + {}^{B}/_{i} + K)$$

und bildet das totale Differential, dann erhält man

$$dY = C_y(1-T')\,dy + C_w\,d({}^{B}/_{i}) + C_w\,dM - C_w \frac{B}{i^2}\,di + J'\,di$$

$$dM = L_i\,di + L_y\,dy + L_w \cdot dM + L_w\,d({}^{B}/_{i}) + L_w(-\,{}^{B}/_{i^2})\,di$$

Umformung ergibt

$$\left[1-C_y(1-T')\right] dy + \left[C_w \frac{B}{i^2} - J'\right] di = C_w\,d({}^{B}/_{i}) + C_w\,dM$$

$$L_y\,dy + \left[L_i - L_w\,{}^{B}/_{i^2}\right] di = (1-L_w)\,dM - L_w\,d({}^{B}/_{i})$$

oder in Matrixschreibweise

$$\begin{bmatrix} 1-C_y(1-T') & C_w \frac{B}{i^2} - J' \\ L_y & L_i - L_w\,{}^{B}/_{i^2} \end{bmatrix} \begin{bmatrix} dy \\ di \end{bmatrix} = \begin{bmatrix} C_w\,d({}^{B}/_{i}) + C_w\,dM \\ -L_w\,d({}^{B}/_{i}) + (1-L_w)\,dM \end{bmatrix}$$

Für die Determinante der Koeffizientenmatrix erhält man

$$\left[1-C_y(1-T')\right] \cdot \left[L_i - L_w\,{}^{B}/_{i^2}\right] - \left[C_w\,{}^{B}/_{i^2} - J'\right] L_y = |A|$$

Somit gilt für

$$dY = \frac{1}{|A|} \begin{vmatrix} C_w\,d({}^{B}/_{i}) + C_w\,dM & C_w \frac{B}{i^2} - J' \\ -L_w\,d({}^{B}/_{i}) + (1-L_w)\,dM & L_i - L_w \frac{B}{i^2} \end{vmatrix}$$

oder

$$dY = \frac{1}{|A|}\left\{C_w d(B/i)\left[L_i - L_w \frac{B}{i^2}\right] + C_w\left[L_i - L_w \frac{B}{i^2}\right] dM\right.$$

$$\left. + \left[C_w \frac{B}{i^2} - J'\right] \cdot L_w d(B/i) - \left[C_w \frac{B}{i^2} - J'\right](1-L_w) dM\right\}$$

Sei d(B/i) = 0, dann ergibt sich für den Geldmengenmultiplikator

$$\frac{dY}{dM} = \frac{C_w(L_i - L_w B/i^2) - (C_w B/i^2 - J')(1-L_w)}{|A|}$$

$$= \frac{\dfrac{C_w(L_i - L_w B/i^2)}{-(C_w B/i^2 - J')} + (1-L_w)}{\left[1 - C_y(1-T')\right] \cdot \dfrac{L_i - L_w B/i^2}{-(C_w B/i^2 - J')} + L_y}$$

Schreibt man für

$$k = \frac{J' - C_w B/i^2}{L_i - L_w B/i^2} > 0 \quad \text{wegen} \quad \begin{matrix} J' < 0,\ C_w > 0 \\ L_i < 0,\ L_w^{\cdot} > 0, \end{matrix}$$

dann erhält man

$$\frac{dY}{dM} = \frac{C_w + (1-L_w)\ k}{1 - C_y(1-T') + L_y \cdot k} > 0$$

Bei einer Senkung der Steuerlasten und bei Finanzierung des auftretenden Defizits durch einen vorübergehenden Notenbankkredit expandiert das Volkseinkommen.
Auf gleichem Wege findet man für dM = 0

$$\frac{dY}{d(B/i)} = \frac{C_w(L_i - L_w B/i^2) + (C_w B/i^2 - J')\ L_w}{|A|}$$

$$= \frac{C_w - \dfrac{J' - C_w \, {}^B/_{i^2}}{L_i - L_w \, {}^B/_{i^2}} \, L_w}{1 - C_y(1-T') + \dfrac{J' - C_w \, {}^B/_{i^2}}{L_i - L_w \, {}^B/_{i^2}} \cdot L_y}$$

oder

$$\frac{dY}{d({}^B/_i)} = \frac{C_w - k \cdot L_w}{1 - C_y(1-T') + kL_y} \gtrless 0$$

Eine Finanzierung des Defizits mittels Emission von Staatstiteln wirkt expansiv, wenn gilt

$$C_w > k\, L_w = \frac{J'}{L_i} \cdot L_w \quad \text{für} \quad \begin{array}{l} C_w \cdot {}^B/_{i^2} = 0 \\ L_w \cdot {}^B/_{i^2} = 0 \end{array}$$

d.h. der Vermögenseffekt hinsichtlich des Konsums muß den Vermögenseffekt hinsichtlich der Geldnachfrage multipliziert mit dem Verhältnis aus Grenzneigung zur Investition und marginaler Geldnachfrage übertreffen. Nur wenn diese Bedingung erfüllt ist, ist das System stabil.

Anmerkung 4:

Definition: Eine Steuer ist progressiv (regressiv, proportional), wenn mit steigendem Einkommen der Steuerbetrag überproportional (unterproportional, proportional) zunimmt.
Sei die Steuerfunktion T = T(Y), dann gilt für den Grenzsteuersatz

$$\frac{dT}{dY} = t'$$

Division mit dem Durchschnittssteuersatz t = T/Y ergibt

$$\frac{dT}{dY} : \frac{T}{Y} = \frac{dT}{T} : \frac{dY}{Y} = \frac{\hat{T}}{\hat{Y}} = \varepsilon^T/_Y = \text{Steuerbetragselastizität}$$

Der Steuertarif ist somit

$$\text{progressiv, wenn } \varepsilon^{T}/_{Y} > 1$$

$$\text{regressiv, wenn } \varepsilon^{T}/_{Y} < 1$$

$$\text{proportional, wenn } \varepsilon^{T}/_{Y} = 1 \text{ erfüllt ist.}$$

Da t = T(Y)/Y ist, gilt außerdem

$$\frac{dt}{dY} = \frac{Y \cdot T'(Y) - T(Y)}{Y^2} = \frac{T'(Y) - t}{Y}$$

Division mit t/Y ergibt

$$\frac{dt}{dY} \Big/ \frac{t}{Y} = \varepsilon^{t}/_{Y} = \frac{t'}{t} - 1 = \varepsilon^{T}/_{Y} - 1 = \text{Durchschnittssteuersatzelastizität}$$

Der Steuertarif ist somit

$$\text{progressiv, wenn } \varepsilon^{t}/_{Y} > 0$$

$$\text{regressiv, wenn } \varepsilon^{t}/_{Y} < 0$$

$$\text{proportional, wenn } \varepsilon^{t}/_{Y} = 0 \text{ erfüllt ist.}$$

Sei der Einkommensteuertarif progressiv und sei das reale Einkommen eines privaten Haushalts konstant, dann sinkt mit steigendem Preisniveau das reale Einkommen nach Steuern (12). Sei

$$Y = p \cdot Q; \quad T(Y) = T(p \cdot Q); \quad \frac{T(Y)}{p} = T\,\text{real}$$

dann gilt

$$\frac{\partial T\text{real}}{\partial p} = \frac{p \cdot \frac{dT}{dY} \cdot \frac{dY}{dp} - T(Y)}{p^2} = \frac{dT}{dY} \cdot \frac{Q}{p} - \frac{T(Y)}{p^2}$$

Multiplikation mit $\frac{p}{T\,\text{real}} = \frac{p^2}{T(Y)}$ ergibt

$$\frac{\partial Treal}{\partial p} \cdot \frac{p}{T\,real} = \frac{\hat{T}\,real}{\hat{p}} = \varepsilon\,\frac{T\,real}{p} = \frac{t'}{t} - 1 = \varepsilon^{t}/_{Y}$$

Bei einer Preissteigerung in Höhe von 1 v.H. steigt somit die reale Steuerbelastung, wenn $\epsilon\ t/Y > 0$. Wegen $Y/_p$ = konstant und $\frac{Y-T}{p} = \frac{Y_v}{p}$ nimmt das reale Einkommen nach Steuern ab. Die Werte für die Steuerbetrags- und Steuersatzelastizität findet man in Tabelle 3-1 und 3-2.

Anmerkung 5:

Sei die Sensivität des Durchschnittsteuersatzes σ (t) definiert als prozentualer Anstieg des Durchschnittsteuersatzes bei einem Anstieg des Einkommens vor Steuern in Höhe von 1 v.H. (13). Dann gilt unter Berücksichtigung von Anmerkung 4

$$\sigma(t) = \frac{dt}{dlogY} = \frac{dt}{\frac{1}{Y}\cdot dy} = \frac{dt}{dy} \cdot Y = \frac{Y \cdot T'(Y) - T(Y)}{Y^2} \cdot Y$$

$$= \frac{dT}{dY} - \frac{T(Y)}{Y} = t' - t$$

Zum Ausgleich für die nominelle Progression muß somit der jeweils einkommenspezifische Steuersatz t um $\hat{p} \cdot \sigma$ (t) vermindert werden. Für den korrigierten (indexierten) Steuersatz erhält man

$$\tilde{t} = t - \hat{p}\sigma(t) = t - \hat{p}(t' - t) \quad \text{oder}$$

$$\tilde{t}/_{t} = 1 - \hat{p}\left(\frac{t'}{t} - 1\right) \quad \text{oder}$$

$$\tilde{t} = t(1 - \hat{p}\ \varepsilon^{t}/_{y})$$

Der Verwaltungsmehraufwand bei Indexierung hält sich somit in Grenzen, da es nicht sehr schwierig sein dürfte, jährlich entsprechend korrigierte Steuertabellen auszudrucken. An der Formel für den indexierten Steuersatz erkennt man auch, daß die Auswahl des Preisindex' für das Ausmaß der Korrektur bedeutsam ist. Da es keinen objektiv richtigen Index gibt, muß die Wahl letztlich immer in Hinsicht auf die gewollten Verteilungsrelationen politisch entschieden werden. Man kann somit nicht mit dem Hinweis, daß es keinen

„richtigen" Index gibt, die Indexbindung der Besteuerung quasi aus technischen Gründen ablehnen.
Soll die Korrektur in Höhe der nominellen und der realen Progression durchgeführt werden, dann berechnet sich der indexierte Steuersatz nach der Formel

$$\tilde{t} = t - \sigma(t)\ (\hat{p}+\hat{\gamma}) = t(1-\varepsilon^{t}/_{Y}(\hat{p}+\hat{\gamma})).$$

Wie aus folgender Untersuchung der Tarifformel für die Einkommensteuer hervorgeht, gilt im Gegensatz zu Vito Tanzi's Ansicht (14) für dieses Korrekturverfahren nicht, daß bisher (niedrige) unversteuerte Einkommen trotz der Reduktion der Steuersätze versteuert werden, und daß die Spitzeneinkommen zu einem laufend geringeren Spitzensteuersatz herangezogen werden.

Aus $\tilde{t} = t(1-\hat{p} \cdot \varepsilon^{t}/_{Y})$ folgt

$\tilde{t} = 0$, wenn $t = 0$ oder

$$1 = \hat{p} \cdot \varepsilon^{t}/_{Y}$$

$\tilde{t} < 0$, wenn $1 < \hat{p}\, \varepsilon^{t}/_{Y} = \hat{p} \left(\frac{t'}{t} - 1\right)$

Gemäß § 32 a EStG wird bis zu einem zu versteuernden Einkommen in Höhe von DM 3.029,– keine Steuer erhoben (Nullzone).
Bei Einkommen von DM 3.030,– bis 16.019,– gilt die Tarifformel

$$T = 0{,}22Y - 660 = 0{,}22(Y-3000).$$

$\frac{dT}{dY} = t' = 0{,}22$ an der Stelle Y = DM 3030

$$\frac{T}{Y} = t = 0{,}22\ \frac{Y - 3000}{Y} = 0{,}002178 = t_{min}$$

Somit ist für $t'/t_{min} = 101$

und für $\hat{p}\, \varepsilon^{t}/_{Y} = \hat{p} \cdot 100$

Für $\hat{p} = 0{,}01$ gilt dann $1 = \hat{p}\, \varepsilon^{t}/_{Y}$, so daß $\tilde{t} = 0$

Für $\hat{p} > 0{,}01$ gilt $\hat{p}\, \varepsilon^{t}/_{Y} > 1$, so daß $\tilde{t} < 0$

d.h. bei rein nomineller Aufblähung der Einkommen verschiebt (vergrößert) sich die Nullzone entsprechend. Die unteren Einkommen bleiben damit steuerfrei.
Bei Einkommen über DM 130.020,– gilt die Tarifformel

$$T = 0{,}56Y - 12676 = 0{,}56\ (Y - 22636)$$

$$t' = 0{,}56$$

$$t = 0{,}56\ \frac{Y-22636}{Y} = 0{,}56\ (1 - \frac{22636}{Y})$$

$$\lim_{Y \to \infty} t = 0{,}56$$

Für sehr hohe Einkommen wird damit der Ausdruck $\hat{p}\,\epsilon^{t}/Y = 0$, so daß $\tilde{t} = t$
Die Auswirkung der Indexbindung der Lohnbesteuerung auf den Verlauf der Durchschnittsteuersatzfunktion $t = T(Y)/Y = t(Y)$ und das Ausmaß der Steuermindereinnahmen wird durch folgende Abbildung deutlich.

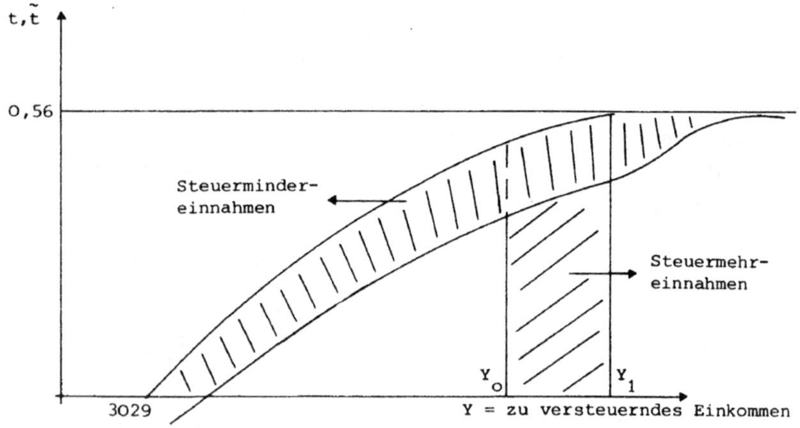

Abb. 3 - 7: Durchschnittsteuersatzfunktion vor und nach der Indexbindung

Mit steigenden Einkommen steigen auch die Steuereinnahmen des Staates; dies wäre auch bei einem proportionalen Tarif der Fall. Durch die Indexbindung der Besteuerung entstehen dem Staat im

Vergleich zu einem konstanten progressiven Tarif aber Mindereinnahmen, und zwar resultieren bei konstantem Realeinkommen aus der Tarifanpassung konstante reale Steuererträge. Wollte der Staat real über einen größeren Anteil am Sozialprodukt verfügen, müßte er Steuererhöhungen vornehmen.

Literaturverzeichnis

(1) Vgl. zur nachfolgenden Analysemethode *Thomas F. Dernburg,* The Macroeconomic Implications of Wage Retaliation against higher Taxation, in: International Monetary Fund Staff Papers, Vol. 21 (1974), pp. 758-788; sowie Ders./*Duncan M. Mc. Dougall,* Macroeconomics, fifth edition, Mc Graw-Hill Book Company, Düsseldorf et al., 1976.
(2) Vgl. zu folgendem *Winfried Vogt,* Theorie der wirtschaftlichen Entwicklung, Regensburg 1974, Manuskript unveröffentlicht.
(3) Vgl. *Susanne Wied-Nebbeling,* a.a.O., Seite 29f. und S. 52f.
(4) Zu folgendem vgl. *A.S. Blinder/R.M. Solow,* Does Fiscal Policy Matter?, in: Journal of Public Economics, Vol. 2 (Nov. 1973), pp. 319-337, Dies., Analytical Foundations of Fiscal Policy, in: *A.S. Blinder, R.M. Solow, G.F. Break, P.O. Steiner, D. Netzer,* The Economics of Public Finance, The Brookings Institution: Washington, D.C. 1974, pp. 45-57.
(5) Vgl. *A.S. Blinder/R.M. Solow,* Analytical Foundations . . ., a.a.O., p. 47.
(6) Vgl. ebenda, pp. 51 sowie Dies., Does Fiscal Policy Matter?, a.a.O., p. 329.
(7) Vgl. *A.S. Blinder/R.M. Solow,* Does Fiscal Policy Matter?, a.a.O.
(8) Für empirische Untersuchungen zur Entwicklung der Steuerbelastung in anderen Ländern vgl. u.a.
   - *Charles J. Goetz/Warren E. Weber,* Intertemporal Changes in Real Federal Income Tax Rates. 1954-70, in: National Tax Journal, Vol. 24, No. 1, (1971) pp. 51-63;
   - *Dudley Jackson/H.A. Turner/Frank Wilkinson,* Do Trade Unions Cause Inflation? Two Studies with a Theoretical Introduction and Policy Conclusion, Cambridge University Press: London-New York, 1972;
   - *Georg Vukelich,* The Effect of Inflation on Real Tax Rates in: Canadian Tax Journal, Vol. 20, No. 4 (July-August 1972) pp. 327-342;
   - *John Bossons/Thomas A. Wilson,* Adjusting Tax Rates for Inflation, in: Canadian Tax Journal, Vol. 21, No. 3 (May-June 1973), pp. 185-199;
   - *Theo Stevers,* The Impact of Growth and Inflation on Taxation, in: Institut International De Finances Publiques Saarbrücken (Hrsg.), The Impact of Economic Growth on Taxation, 29. Kongress im September 1973 in Barcelona, Saarbrücken, 1975, pp. 99-125.
(9) Vgl. u.a.
   - *Amalio Humberto Petrei,* Inflation Adjustment Schemes under the Personal Income Tax, in: International Monetary Fund Staff Papers, Vol. XXII, (1975), pp. 539-564.
   - OECD (Committee on Fiscal Affairs), The Adjustment of Personal Income Tax Systems for Inflation, Paris 1976,

– *Vito Tanzi*, Adjusting Personal Income Taxes for Inflation: The Foreign Experience, in: Henry J. Aaron (ed.), Inflation and the Income Tax, The Brookings Institution: Washington, D.C., 1976.

(10) Vgl. dazu für die Bundesrepublik Deutschland die Vorschläge des Deutschen Gewerkschaftsbundes zur Steuerreform, in: *Heinrich W. Kruse* (Hrsg.) Steuerreform, Walter des Gruyter Verlag: Berlin, New York 1973, Seite 177 ff.

(11) Zur theoretisch-empirischen Analyse des Zusammenhangs von Besteuerung und Arbeitsangebot vgl. *L. Godfrey*, Theoretical and Empirical Aspects of the Effects of Taxation on the Supply of Labour, hrsg. von OECD, Paris 1975.

(12) Vgl. *Leif Johansen*, Public Economics, North-Holland Publishing Company: Amsterdam-London, 1971.

(13) Vgl. *Theo Stevers*, The Impact of Growth and Inflation on Taxation, a.a.O., p. 100.

(14) Vgl. *Vito Tanzi*, Adjusting Personal Income Taxes for Inflation: The Foreign Experience, a.a.O., p. 216.

II. Zur Theorie und Empirie der Steuer- und Abgabenstruktur

Mit relativ steigender Steuer- und Abgabenbelastung nimmt auch die Militanz in den Verteilungsauseinandersetzungen zwischen Gewerkschaften und Unternehmungen zu, wobei die Nettoprofite in konjunkturellen Erholungs- und Aufschwungsphasen ihre Position gegenüber den Nettolöhnen zunächst verbessern können, in den darauffolgenden Boomphasen jedoch wieder an Boden verlieren, da sich in Boomphasen die Markt- und Verhandlungsmacht der Gewerkschaften erhöht. Verschlechtern sich mit zunehmendem (Lohn-) Kostendruck die Ertragserwartungen der Unernehmungen, dann schränken diese schließlich Produktion und Beschäftigung ein. Der Bruttolohnanstieg verlangsamt sich, während bei weiterhin steigenden Preisen infolge der Steuerprogression die Nettoreallöhne stagnieren oder abnehmen. Auf die Stagnation bzw. den Rückgang der Nettoreallöhne und ihre sich verschlechternde Verteilungsposition reagieren die abhängig Beschäftigten mit entsprechend höheren Bruttonominallohnforderungen, so daß sich der Kostendruck beschleunigt und sich bei nachlassender Investitionstätigkeit Unterbeschäftigung (Kurzarbeit) und Arbeitslosigkeit ausbreiten. Um die Beschleunigung der Lohn - Preis - Steuer Spirale zu stoppen und um Stagflation und Rezession entgegenzuwirken, kann der Staat die privaten Einkommen insbesondere die Lohn- und Gehaltseinkommen zumindest hinsichtlich des nominellen und realen Progressionseffekts steuerlich entlasten. In der Bundesrepublik Deutschland hat er auch eine derartige Steuerpolitik periodischer Tarifanpassungen in den Jahren 1965 und 1975 kurz vor bzw. während einer Rezession betrieben. Ebenfalls um die Verteilungsauseinandersetzungen zu entschärfen und die private Kapitalakkumulation zu stützen, kann er die Gewinne kompensatorisch entlasten. Tatsächlich hat der Staat in der Bundesrepublik Deutschland seit 1960 die Einkommen aus Unternehmertätigkeit und Vermögen steuerlich *relativ* entlastet, so daß die gesamtwirtschaftliche Nettoprofitquote trendmäßig konstant blieb. Mittels einer derartigen strukturellen wachstumsorientierten Steuerpolitik kann der Steuerstaat den endogen bestimmten trendmäßigen Anstieg der Steuer- und Abgabenquote bzw. den Ressourcentransfer vom privaten in den öffentlichen Sektor durchsetzen, ohne daß er die private Kapitalakkumulation behindert. Der Staat könnte das kapitalistische Konkurrenzpreissystem langfristig nicht stabilisieren, wenn er zugleich die Profite schröpfte und auf diesem Wege die Investitionsneigung der Kapitaleigentümer be-

einträchtigte. Deshalb darf auch die konjunkturell eingesetzte Steuerpolitik die strukturelle Steuerpolitik auf Dauer nicht konterkarieren. Die Steuerstruktur wird somit tendenziell von der ökonomisch definierten sozialen Struktur bestimmt; und die strukturell gehandhabte Steuerpolitik unterstreicht den Zusammenhang bzw. die Einheit von Verteilungsauseinandersetzungen innerhalb des privaten Sektors und den steuerpolitischen Auseinandersetzungen im politischen Entscheidungsprozeß.
Im folgenden Abschnitt soll die These von der wachsenden Militanz der gewerkschaftlichen Lohnpolitik bei relativ zunehmender Steuer- und Abgabenbelastung der abhängig Beschäftigten empirisch überprüft (1) und die trendmäßig feststellbare relative Steuerentlastung der Gewinne, d.h. die Verschiebung der Steuerstruktur zu Lasten der abhängig Beschäftigten als Bedingung für eine langfristig erfolgreiche wirtschaftspolitische Stabilisierungsstrategie begründet werden. Zu diesem Zweck wird zunächst die relativ steigende Steuer- und Abgabenbelastung der Löhne und Gehälter dargestellt, sodann der wechselseitige Zusammenhang von Lohnauseinandersetzungen und steuerpolitischen Maßnahmen untersucht und schließlich die relative steuerliche Entlastung der Gewinne in der Dynamik der Lohn - Preis - Steuer Spirale begründet.

1. Die Auswirkungen des Steuer- und Abgabensystems auf die Entwicklung der Nettolöhne in der Bundesrepublik Deutschland 1957-1976

Im folgenden werden die Verteilungswirkungen des Steuer- und Abgabensystems auf die Löhne und Gehälter in der Industrie empirisch analysiert, wobei hinsichtlich Familiengröße, Leistungsgruppe, Industriezweig und Berufsgruppe differenziert wird.
Die Entwicklung der Löhne und Gehälter in der Bundesrepublik Deutschland nach 1957 ist gekennzeichnet durch eine zunehmende Belastung der Lohnabhängigen durch staatliche Abgaben in Form von Lohnsteuern, Kirchensteuern und Sozialversicherungsabgaben. Der Anteil der Nettoabgaben eines verheirateten, alleinverdienenden Industriearbeiters mit zwei Kindern stieg von rund 12,6 v.H. (1957) auf 27,4 v.H. (1974). Infolge der Einkommensteuerreform ab 1975 ging der Anteil 1975 auf 20,6, v.H. zurück; er stieg aber 1976 bereits wieder auf 22,4 v.H. Die Steuerquote erreichte mit 12,1 v.H. (1976) fast wieder den Stand von 1973 mit 12,3 v.H. Wie aus folgender Ta-

belle ersichtlich, ist dieser steigende Abgabenanteil im wesentlichen durch die überproportional wachsende Lohnsteuer bedingt.
Für einen verheirateten, alleinverdienenden Industriearbeiter *ohne* Kinder nahm die Nettoabgabenquote von 18,4 v.H. (1957) auf 30,4 v.H. (1974) zu. Die Einkommensteuerreform brachte im Jahre 1975 eine Entlastung um ca. 2,9 Prozentpunkte; 1976 betrug die Nettoabgabenquote 28,9 v.H. Ein Lediger mußte 1957 22,3 v.H. seines Lohnes abgeben und 1974 37,0 v.H. Die Vergleichszahlen für 1975 bzw. 1976 lauten 33,1 v.H. bzw. 35,2 v.H. Arbeiterfamilien mit 4 Kindern erhielten bis 1968 infolge Steuerbefreiung und Kindergeld staatliche Transferzahlungen; die Nettoabgabenquote stieg dann aber von 3,5 v.H. (1969) auf 15,8 v.H. (1974); sie ging 1975 auf 7,3 v.H. herunter und betrug 1976 wieder 10,2 v.H. (vgl. Tabellenanhang, Tab. 3.8*). Der trendmäßig überproportionale Anstieg der Nettoabgaben läßt sich nicht nur für die Industrieabreiter, sondern gleichfalls für die kaufmännischen und technischen Angstellten der Industrie nachweisen (vgl. Tabellenanhang, Tab. 3.9*). Die Steuertarifsenkungen in den Jahren 1958, 1965 und 1975 haben diesen Trend zum Teil nur kurzfristig unterbrochen aber. nicht aufgehalten. Wie aus obiger Tabelle ersichtlich, brachte die Steuertarifsenkung von 1958 dem 4-Personen-Arbeiterhaushalt eine faktische Befreiung von der Lohnsteuer für drei Jahre; die Tarifsenkung im Jahre 1965 setzte den Anstieg des durchschnittlichen Steuersatzes (= Steuerquote = Steuer bezogen auf den Bruttonominallohn) für ein Jahr aus, und infolge der Einkommensteuerreform verminderte sich der Steuersatz im Jahre 1975 um 1,5 Prozentpunkte. Auch die Erhöhung der Werbungskostenpauschale 1958, der Sonderausgabenpauschale 1958 und 1965, der Kinderfreibeträge 1958 und 1962, die Einführung des Arbeitnehmerfreibetrages 1965 und des Weihnachtsfreibetrages 1960 sowie die Erhöhung des Kindergeldes 1957, 1959, 1961, 1964 und 1970 haben den überproportionalen Anstieg der Lohnsteuerlast nicht aufhalten können.
Die wachsende relative Abgabenbelastung hat den Anstieg des realen Lebensstandards für die Beschäftigten in der Industrie zunehmend abgebremst. Im Durchschnitt der Jahre 1970 - 1974 stieg der durchschnittliche Bruttonominallohn eines Industriearbeiters um rund 10 v.H., der Bruttoreallohn um 4,4 v.H. und der Nettoreallohn um 3 v.H. (ohne Kinder), 2,7 v.H. (2 Kinder) und 1,7 v.H. (4 Kinder). Im Durchschnitt der Jahre 1960 - 1964 betrug der Anstieg des Bruttonominallohns 8 v.H., des Bruttoreallohns 5,5 v.H. und des Nettoreallohns 4,4 v.H. bzw. 4,4 v.H. und 5,7 v.H. Aus der Tab. 3-4 ist gleich-

Tab. 3-3: Durchschnittlicher Jahresbruttolohn, Steuern, Sozialversicherungsabgaben und Nettoabgaben eines männlichen Industriearbeiters, verheirateter Alleinverdiener[1] mit zwei Kindern, Bundesrepublik Deutschland 1957-1976

Jahr	*Bruttolohn* 2 *nominal*	*Steuern* 3	*Sozialversicherungsbeiträge* 4 *in DM/Jahr*	*Nettoabgaben* 5	*Steuerquote*	*Nettoabgabenquote* *- in v.H. -*
1957	*5928*	*50*	*695*	*745*	*0,8*	*12,6*
58	*6136*	—	*746*	*746*	—	*12,2*
59	*6604*	—	*805*	*805*	—	*12,2*
1960	*6968*	—	*851*	*851*	—	*12,2*
61	*7644*	*103*	*909*	*1012*	*1,4*	*13,2*
62	*8372*	*194*	*1005*	*1199*	*2,3*	*14,3*
63	*8944*	*324*	*1073*	*1397*	*3,6*	*15,6*
64	*9724*	*492*	*1128*	*1620*	*5,1*	*16,7*
1965	*10660*	*540*	*1248*	*1788*	*5,1*	*16,8*
66	*11232*	*663*	*1394*	*2057*	*5,9*	*18,3*
67	*11180*	*652*	*1401*	*2053*	*5,8*	*18,4*
68	*11856*	*786*	*1522*	*2308*	*6,6*	*19,5*
69	*13312*	*1082*	*1748*	*2830*	*8,1*	*21,3*
1970	*15184*	*1477*	*1980*	*3457*	*9,7*	*22,8*
71	*16640*	*1771*	*2229*	*4000*	*10,6*	*24,0*
72	*17940*	*2043*	*2423*	*4466*	*11,4*	*24,9*
73	*19864*	*2437*	*2851*	*5288*	*12,3*	*26,6*
74	*21424*	*2760*	*3113*	*5873*	*12,9*	*27,4*
1975	*22360*	*2550*	*3488*	*4598*	*11,4*	*20,6*
76	*24388*	*2963*	*3946*	*5469*	*12,1*	*22,4*

1 Im folgenden wird also *nicht vom Familieneinkommen* ausgegangen, sondern von der Annahme, daß dieses dem Einkommen des Familienvaters entspricht.

2 *Der Jahresbruttonominallohn* wurde errechnet durch Multiplikation des effektiven durchschnittlichen Bruttowochenverdienstes mit 52. Dieser Durchschnitt wird als arithmetisches Mittel der Werte aus vier Erhebungsmonaten (Januar, April, Juli, Okt.) gebildet. Für die Jahre 1957 bis 1959 standen lediglich die Novemberzahlen zur Verfügung. Nach Angaben des Statistischen Bundesamtes gelten als bezahlte Arbeitszeit die effektiv geleisteten Stunden „hinter der Stechuhr" sowie bezahlte Ausfallstunden (Krankheitstage, gesetzliche Feiertage, bezahlter Urlaub, bezahlte Arbeitspausen und Freizeit). Als *Bruttoverdienst* gelten alle Beträge, die laufend vom Arbeitgeber bezahlt werden. Alle einmaligen Zahlungen wie Gratifikationen, 13. Monatsgehalt, Gewinnbeteiligung usw. gehören nicht zum Bruttolohn.

3 Steuern umfassen Lohnsteuern und Kirchensteuer. Sie wurden ermittelt anhand der entsprechenden Jahres-Lohnsteuer-Tabellen des Presto-Verlages, Hannover für das Land Bremen. Bei der Berechnung der Jahreslohnsteuertabellen aus den Einkommensteuertabellen sind die Werbungskostenpauschale, die Sonderausgabenpauschale und der Arbeitnehmerfreibetrag sowie bis 1974 die entsprechenden Kinderfreibeträge berücksichtigt. Die folgenden Berechnungen beruhen somit auf der Annahme, daß die Lohnabhängigen nur diese *durchschnittlichen Abzüge* geltend machen und keine weiteren Mög-

lichkeiten der Steuervermeidung durch erhöhte Sonderausgaben usw. in Anspruch nehmen.

4 Sozialversicherungsbeiträge umfassen die Beiträge der abhängig Beschäftigten zur gesetzlichen Rentenversicherung, Krankenversicherung und Arbeitslosenversicherung. Zur Berechnung vgl. die Angaben im statistischen Anhang, Tabellen 3-1* – 3-3*.

5 Nettoabgaben = Steuern + Sozialversicherungsbeiträge - Kindergeld; für die Höhe des Kindergeldes vgl. Anhang, Tabelle 3-4*.

Quelle: – Statistisches Bundesamt (Hrsg.), Statistisches Jahrbuch für die Bundesrepublik Deutschland, versch. Jahre.
– Ders., Fachserie M. Preise, Löhne Wirtschaftsrechnungen, Reihe 15, Arbeitnehmerverdienste, versch. Jahre.
– Eigene Brechnungen.

Tab. 3-4: Jährliche Wachstumsraten des durchschnittlichen Jahreslohns eines Industriearbeiters nach Familienstand, 1958 - 1976 Bundesrepublik Deutschland, in v.H., Preisbasis 1970 = 100.

Jahr	Bruttolohn		Nettoreallohn			Lediger
			Verheirateter Alleinverdiener			
	nominal	real[1]	ohne Kinder	2 Kinder	4 Kinder	
1958	3,5	1,5	2,3	1,9	0,4	– 0,2
59	7,6	6,5	4,9	6,5	9,5	5,4
1960	5,5	4,0	3,0	4,0	3,2	3,4
61	9,7	7,2	6,0	6,0	9,4	6,6
62	9,5	6,5	4,8	5,1	5,9	5,2
63	6,8	3,7	2,6	2,1	2,7	3,0
64	8,7	6,2	5,5	4,9	7,4	5,4
1965	9,6	6,1	7,1	5,2	6,4	8,3
66	5,4	1,8	0,2	– 0,1	0,4	0,3
67	– 0,5	– 2,0	– 2,0	– 2,0	– 2,0	– 2,1
68	6,1	4,7	3,6	3,3	3,1	3,5
69	12,3	10,1	8,3	7,6	5,7	8,0
1970	14,1	10,5	9,1	8,4	6,6	8,4
71	9,6	4,3	2,9	2,6	1,8	2,2
72	7,8	2,4	1,5	1,2	0,2	0,6
73	10,7	3,7	1,5	1,3	0,1	– 0,4
74	7,9	0,9	– 0,1	– 0,2	– 1,0	– 1,1
1975	4,4	– 1,6	2,5	7,7	8,3	4,5
76	9,1	4,2	2,2	1,8	1,1	0,9

Quelle: Vgl. Tabelle 3-3 – Eigene Berechnungen

1 Die Nominallöhne wurden mit dem Preisindex für die Lebenshaltung eines 4-Personen-Arbeitnehmerhaushalts mit mittlerem Einkommen des alleinverdienenden Haushaltsvorstandes (darunter 2 Kinder) auf der Basis 1970 = 100 deflationiert; vgl. Anhang Tab. 3-5*.

falls ersichtlich, daß der deutliche Rückgang der Nettoreallohnzuwächse bzw. die Stagnation des Realeinkommens Anfang der 70er Jahre und 1976 nach der Einkommensteuerreform durch die ansteigende Abgabenbelastung bedingt ist. 1974 erhöht sich das Bruttoreal-

einkommen eines Industriearbeiters immerhin noch um knapp 1 v.H., während das Nettorealeinkommen (unabhängig von Familienstand und Familiengröße) infolge der zunehmenden Abgabenbelastung sinkt. 1975 wachsen die Nettoreallöhne erheblich schneller als die Bruttoreallöhne; zum Teil übertrifft ihr Anstieg sogar den des Bruttonominallohns. Aber 1976 zeichnet sich bereits wieder das bekannte Bild ab, daß der Nettoreallohnzuwachs infolge der überproportional ansteigenden Steuern und Abgaben deutlich hinter dem Zuwachs des Bruttoreallohns zurückbleibt.
Gleichfalls sichtbar wird aus Tab. 3-4, daß der allgemein zunehmende Druck des Abgabensystems auf den Nettoreallohn die kinderreichen Familien härter trifft als Familien ohne Kinder bzw. Ledige. So stieg der Nettoreallohn einer Industriearbeiterfamilie mit 4 Kinders von 1958 - 1964 im Durchschnitt schneller als der Bruttoreallohn. Das Abgabensystem bewirkte somit in diesem Zeitraum eine Umverteilung zugunsten der kinderreichen Familien, so daß sich deren Einkommensposition ständig verbesserte. Seit 1966 kehrte sich dann die Umverteilungsfunktion des Abgabensystems zu ungunsten der kinderreichen Familien um, zugleich verschärfte sich der Druck auf den Nettoreallohn insbesondere in den Aufschwungsphasen 1969/70 und 1973. Die Einkommensteuerreform 1975 brachte im übrigen keinen *Richtungs*wechsel in der Umverteilungswirkung der Einkommensteuer. Das Nettorealeinkommen einer Familie ohne Kinder wuchs 1976 doppelt so rasch wie das einer Familie mit 4 Kindern.
Die Differenz aus den Zuwachsraten des Brutto*nominal*lohns und Bruttoreallohns gibt an, um wieviel Prozentpunkte der Zuwachs des Bruttolohns durch Preissteigerungen reduziert wird (= Preiseffekt). Die Differenz aus den Zuwachsraten des *Bruttoreal*lohns und *Netto-real*lohns gibt an, um wieviel Prozentpunkte der Zuwachs des Bruttoreallohns durch zusätzliche Abgaben reduziert wird (= Abgabeneffekt). In der folgenden Tabelle sind die Werte des jährlich berechneten Preis- und Abgabeneffektes und die Werte aus entsprechenden gleitenden Dreijahresdurchschnitten wiedergegeben.
Zusammengefaßt resultieren aus der bisherigen Analyse folgende Ergebnisse:

– Unabhängig von Beruf, Familienstand und Familiengröße verschärft sich die Abgabenbelastung der Beschäftigten in der Industrie, d.h. der unteren und zum Teil noch mittleren Einkommen merklich seit Ende der 60er Jahre. Vor allem in Boomphasen beeinflußt das Abgabensystem die Entwicklung des realen Lebensstandards entscheidend.

– Die Umverteilungsfunktion des Abgabensystems zugunsten kinderreicher Familien kehrt sich Mitte der 60er Jahre um. Aus einer Entlastung wird eine beschleunigt zunehmende Belastung dieser Einkommensgruppe.

Diese Entwicklung läßt sich durch Abb. 3-8 veranschaulichen.

Tab. 3-5: Preis- und Abgabeneffekte (jährlich und gleitende Dreijahresdurchschnitte) bezogen auf den Lohn eines verheirateten, alleinverdienenden Industriearbeiters mit vier Kindern.

Jahr	Preiseffekt	Abgabeneffekt	Preiseffekt	Abgabeneffekt
	Gleitende Dreijahresdurchschnitte		— Jährliche Werte —	
1958			2,0	1,1
59	1,5	– 0,4	1,1	– 3,0
1960	1,7	– 1,5	1,5	0,8
61	2,3	– 0,3	2,5	– 2,2
62	2,9	– 0,2	3,0	0,6
63	2,9	0,1	3,1	1,0
64	3,0	– 0,2	2,5	– 1,2
1965	3,2	0,0	3,5	– 0,3
66	2,9	0,4	3,6	1,4
67	2,2	1,0	1,5	0,0
68	1,7	2,0	1,4	1,6
69	2,4	3,3	2,2	4,4
1970	3,7	3,6.	3,6	3,9
71	4,8	2,9	5,3	2,5
72	5,9	2,8	5,4	2,2
73	6,5	2,6	7,0	3,6
74	6,7	– 1,5	7,0	1,9
1975	6,0	– 1,6	6,0	– 9,9
76			4,9	3,1

Quelle: Eigene Berechnungen

Welche Ursachen hat nun die zunehmende Abgabenbelastung der abhängig Beschäftigten, wenn doch, wie oben erwähnt, die Lohnsteuersätze zweimal reduziert und die Freibeträge, die abzugsfähigen Sonderausgaben sowie das Kindergeld mehrfach erhöht wurden? Zunächst ist zu verweisen auf die steigenden Beitragssätze und Beitragsbemessungsgrenzen in den gesetzlichen Rentenversicherungen, Krankenversicherungen und der Arbeitslosenversicherung seit Ende der 60er Jahre (vgl. Tabellenanhang, Tab. 3-1* bis 3-3*). So stieg der Beitragssatz in der Arbeiterrenten- und der Angestelltenversicherung von 14 v.H. (1967) auf 18 v.H. (1976) und die Beitragsbemessungsgrenze erhöhte sich von DM 16.800,– (1967) auf DM 37.200,– (1976). In der gesetzlichen Krankenversicherung sank zwar der Beitragssatz 1969/70 von 10,6 v.H. auf 8,2 v.H. infolge des Lohnfortzahlungsgesetzes, stieg

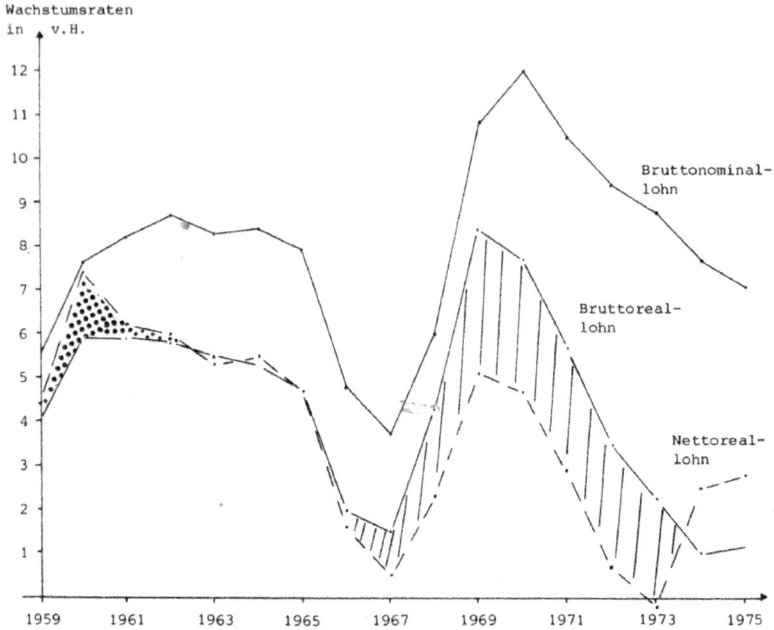

Der gestrichelte Bereich bezeichnet den Abgabeneffekt als Differenz von Bruttoreallohn- und Nettoreallohn-Wachstumsrate. Aufmerksamkeit verdient der Tatbestand, daß erst seit 1966 der Nettoreallohn im Trend langsamer wächst als der Bruttoreallohn.
Quelle: Vgl. Tab. 3-4.

Abb. 3-8: Gleitende Dreijahresdurchschnitte der Wachstumsraten des Bruttonominallohns, Bruttoreallohns und Nettoreallohns (verheirateter, alleinverdienender Industriearbeiter mit 4 Kindern)

dann aber wieder auf 11,2 v.H. (1975); außerdem wurde die Beitragsbemessungsgrenze von DM 11.880,– (1969) auf DM 27.900,– (1976) erhöht. In der Arbeitslosenversicherung wurde der Beitragssatz von 1,4 v.H. auf 1,7 v.H. ab 1.1.1971 angehoben; die Beitragsbemessungsgrenze entspricht derjenigen der Rentenversicherung. In den Jahren 1975 und 1976 wurde der Beitragssatz in der Arbeitslosenversicherung auf 2,0 v.H. bzw. 3,0 v.H. festgesetzt.
Vergleicht man die Entwicklung der Nettoabgabenquote mit der Steuerquote in Tab. 3-3, dann wird man feststellen, daß ein wesentlicher Faktor für die überproportional zunehmende Abgabenbelastung die

Steuerprogression war und ist, die sich vor allem in Inflationszeiten und Zeiten stagnierender Bruttoreallöhne nachteilig auswirkt. Denn wird der Geldlohn – wie gezeigt – lediglich der Preisentwicklung angepaßt, d.h. der Reallohn konstant gehalten, dann muß der Nettoreallohn infolge der Steuerprogressionswirkung sinken. Berechnet man die Steuern einmal auf Basis des Bruttoreallohns und zum anderen auf Basis des Bruttonominallohns, und bildet die entsprechenden Steuerquoten, dann ergibt die Differenz dieser Steuerquoten den Preis-Steuereffekt (2) oder den Effekt der nominellen Steuerprogression.

Tab. 3-6: Steuerquoten bezogen auf den Bruttonominal- und Bruttoreallohn eines verheirateten, alleinverdienenden Industriearbeiters mit zwei Kindern, Preisbasis 1970 = 100.

Jahr	*Steuerquote*		*Preis-Steuer-Effekt*
	nominal	*real*	
	in v.H.		
1970	*9,7*	*9,7*	–
71	*10,6*	*10,1*	*0,5*
72	*11,4*	*10,4*	*1,0*
73	*12,3*	*10,8*	*1,5*
74	*12,9*	*10,8*	*2,1*
1975[1]	*11,4*	*8,6*	*0,6*
76	*12,1*	*9,0*	*0,9*

Quelle: Eigene Berechnungen

1 Der „Steuerreformeffekt" als Differenz der realen Steuerquote 1974 (10,8 v.H.) beträgt 2,2 Prozentpunkte, so daß der Preis-Steuer-Effekt 1975 und in den folgenden Jahren entsprechend reduziert werden muß. Aber immerhin ist er auch 1975 positiv und zeigt steigende Tendenz.

Die Steuerquote hat von 1970 bis 1974 um über 3 Prozentpunkte zugenommen. Auf den Anstieg des Bruttoreallohns entfällt davon ca. 1 Prozentpunkt. Die Anpassung des Nominallohns an Produktivitätsfortschritt und Inflationsrate führt bei progressivem Steuertarif zu einer um so höheren Steuerbelastung, je größer der Preisanstieg ist. Infolge des steigenden Preisniveaus wird somit der Bruttolohn nicht nur direkt (gemessen durch den Preiseffekt) reduziert, sondern ebenfalls indirekt (gemessen durch den Preis-Steuereffekt) aufgrund der Steuerprogression.

Auf die Entwicklung der unteren und mittleren Einkommen haben die vom 1.1.1968 bis zum 31.12.1974 wirksame Ergänzungsabgabe und die vom 1.7.1973 bis zum 30.6.1974 wirksame Stabilitätsabgabe nur geringen Einfluß gehabt. Die Ergänzungsabgabe belastete zu versteuernde Einkommen von Alleinstehenden ab DM 16.020,– und von Verheirateten ab 32.040,– in Höhe von 3 v.H. der Einkommensteuer. Die Stabilitätsabgabe bedeutete eine Steuerschuld in Höhe von 10 v.H. der Einkommensteuer für steuerpflichtige Jahreseinkommen von Alleinstehenden ab DM 24.000,– und von Verheirateten ab DM 48.000,– in der Zeit vom 1.7.1973 bis zum 30.6.1974. Lohnpolitisch können sie somit für die Gewerkschaften kaum ins Gewicht gefallen sein. Das gleiche gilt für den vom 1.7.1970 bis zum 30.6.1971 wirksamen Konjunkturzuschlag, da die Regierung sich verpflichtet hatte, diesen Zuschlag wieder zurückzuzahlen. Wegen der Rückzahlbarkeit blieb deshalb der Konjunkturzuschlag bei den hier durchgeführten Berechnungen unberücksichtigt.

Die Maßnahmen der Einkommensteuerreform 1975 haben die hier skizzierten allgemeinen Entwicklungslinien des Lohn-Abgabesystems nicht verändert. Der trendmäßig abgabenverschärfende kombinierte Einfluß des Progressions- bzw. Abgabeneffekts und des Preis-Steuer-Effekts wird auch in Zukunft wirksam sein. Denn soweit die Lohnsteuer betroffen ist, besteht die Steuerreform im Kern aus einer Steuersatzsenkung für die unteren Einkommen infolge der Erhöhung des Grundfreibetrages und der Ausweitung der sogenannten Proportionalzone. Steuervermindernd werden auch die Erhöhung des Arbeitnehmerfreibetrages und die Neuregelung der steuerlichen Berücksichtigungen von Vorsorgeaufwendungen wirken. Auch die Neuregelung des Familienlastenausgleichs wird den unteren Einkommen eine gewisse Entlastung bringen, und die steuerlich ungleiche Behandlung von *Kindern* niedriger und höherer Einkommen aufheben (vgl. Anmerkung 1). Aber diese Entlastung wird nur von kurzer Dauer sein. Infolge der Einkommensteuerreform verminderten sich die Nettoabgaben eines verheirateten, alleinverdienenden männlichen Industriearbeiters mit zwei Kindern von DM 5.873,– auf DM 4.598,–. Im Jahre 1976 beliefen sie sich aber wieder auf DM 5.469,– und hatten damit das Niveau vom Jahre 1973 um knapp DM 2.000,– überschritten. Die unteren Einkommen werden sehr schnell in die Progressionszone hineinwachsen, so daß in Verbindung mit entsprechenden Preissteigerungsraten die Steuerquote kräftig steigen wird und die Abgaben wieder einen nicht zu vernachlässigenden Druck auf die Nettoreallöhne ausüben werden (3). Aus Tab. 3-8* bzw. 3-9* im Anhang ist ersichtlich, daß der durchschnittliche *Steuer*satz für Arbeiterfamilien bzw. Angestelltenfamilien mit 4 Kindern trotz der Steuerreform von 9,4 v.H. (1974) auf 11,1 v.H. (1975) bzw. von 12,1 v.H. (1974) auf 12,5 v.H. (1975) für kaufmännische Angestellte und von 13,1 v.H. (1974) auf

13,3 v.H. (1975) für technische Angestellte gestiegen ist. Bei Familien mit 2 Kindern ist er zwar im Jahre 1975 geringer als 1974, aber sein Anstieg infolge der Progression ist auch im Jahre 1976 merklich.
Nachdem die allgemeinen Auswirkungen des Lohnabgabesystems auf die Nettoreallohnentwicklung der abhängig Beschäftigten in der Industrie dargestellt worden sind, sollen nun folgende Fragen analysiert werden. Fördert das Steuersystem die Nivellierung der Einkommen, oder vergrößert es vielmehr die Lohndifferenzen? Können aus der Verschiebung von Verteilungspositionen Rückschlüsse auf die Streikbereitschaft in Lohnauseinandersetzungen gezogen werden?
Die Lohneinkommen werden durch das Abgabesystem um so weniger belastet, je größer die Familie ist. So beträgt das Nettorealeinkommen eines verheirateten Alleinverdieners (Industriearbeiter) ohne Kinder 79,1 v.H. (1976) des Nettorealeinkommens eines Familienvorstandes mit 2 Kindern. Aber von 1966 bis 1974 haben sich – wie aus Tab. 3-8 ersichtlich – die Verteilungsrelationen von Jahr zu Jahr zu ungunsten der großen Familien verschlechtert. Das Steuersystem zeigt also eine deutliche Umkehr seiner Umverteilungsfunktion: Unter der Annahme, daß die Bruttoeinkommen der Familienvorstände unabhängig von der Familiengröße gleich sind und mit gleicher Rate wachsen, wächst das Nettorealeinkommen um so langsamer, je größer die Familie ist. Das bedeutet zugleich, daß der Abgabeeffekt mit der Größe der Familie zunimmt. Diese Entwicklung wurde auch durch die Einkommensteuerreform 1975 nicht aufgehalten, wie die Berechnung des Abgabeeffekts für das Jahr 1976 in der folgenden Tab. 3-7 zeigt.
Darüberhinaus stagnierte das Nettorealeinkommen einer Arbeiterfamilie mit 4 Kindern in den Jahren 1972 und 1973 und im Jahre 1974 zeigte es den stärksten Rückgang. Da ein erheblicher Anteil der Frauen aus größeren Familien mitarbeiten muß, um einen ausreichenden Lebensunterhalt für die Familie zu sichern, trifft Arbeitslosigkeit der Frau in der Rezession bzw. Rückgang der Nettoreallöhne in der Rezession die großen Familien besonders hart (vgl. Tabellenanhang, Tab. 3-10*).
Seit 1968 ist der Abgabeneffekt des Steuersystems für den 6-Personen-Arbeiterhaushalt am größten, d.h. die Abgabebelastung trifft die Haushalte um so härter, je größer die Familien sind. Entsprechend wächst das Nettorealeinkommen der größeren Familien am langsamsten. Bis 1964 erfüllte das Abgabesystem eine Umverteilungsfunktion zugunsten der großen (6-Personen-) Familien: Die Nettorealeinkommen wuchsen im Durchschnitt der Jahre 1958 bis 1964 schneller als die Bruttoeinkommen. Infolgedessen verbesserte sich die Verteilungspo-

sition dieser Haushalte. Mit Ausnahme des Jahres 1975 wächst dagegen seit 1966 das Nettorealeinkommen eines verheirateten Arbeitnehmerehepaares ohne Kinder schneller als die Einkommen der Ehepaare mit Kindern.

Tab. 3-7. Preis- und Abgabeneffekte (jährliche und gleitende Jahresdurchschnitte) bezogen auf den Lohn eines verheirateten, alleinverdienenden Industriearbeiters ohne, mit 2 bzw. mit 4 Kindern.

Jahr	Preiseffekt		Abgabeneffekte in Prozentpunkten					
	Jahreswerte	Dreijahresdurchschnitte	Jahreswerte			Dreijahresdurchschnitte		
			0 K.	2 K.	4 K.	0 K.	2 K.	4 K.
1958	2,1		– 0,8	– 0,4	1,1			
59	1,1	1,5	1,6	0,0	– 3,0	0,6	– 0,1	– 0,4
1960	1,5	1,7	1,0	0,0	0,8	1,3	0,4	– 1,5
61	2,5	2,3	1,2	1,2	– 2,2	1,3	0,9	– 0,3
62	3,0	2,9	1,7	1,4	0,6	1,3	1,4	– 0,2
63	3,1	2,9	1,1	1,6	1,0	1,1	1,4	0,1
64	2,5	3,0	0,7	1,3	– 1,2	0,3	1,3	– 0,2
1965	3,5	3,2	– 1,0	0,9	– 0,3	0,4	1,4	0,0
66	3,6	2,9	1,6	1,9	1,4	0,2	0,9	0,4
67	1,5	2,2	0,0	0,0	0,0	0,9	1,1	1,0
68	1,4	1,7	1,1	1,4	1,6	1,0	1,3	2,0
69	2,2	2,4	1,8	2,5	4,4	1,4	2,0	3,3
1970	3,6	3,7	1,4	2,1	3,9	1,5	2,1	3,6
71	5,3	4,8	1,4	1,7	2,5	1,2	1,7	2,9
72	5,4	5,9	0,9	1,2	2,2	1,5	1,8	2,8
73	7,0	6,5	2,2	2,4	3,6	1,4	1,6	2,6
74	7,0	6,7	1,0	1,1	1,9	– 0,3	– 1,9	– 1,5
1975	6,0	6,0	– 4,1	– 9,3	– 9,9	– 0,4	– 1,9	– 1,6
76	4,9		2,0	2,4	3,1			

Quelle: Eigene Berechnungen

Die Zahlen belegen die „Familien- oder Kinderfeindlichkeit" der Steuerpolitik nach 1965. Immerhin ist das Einkommen eines Ehepaares ohne Kinder im Verhältnis zum Einkommen einer Familie mit 4 Kindern von 1965 bis 1974 um rund 7,5 Prozentpunkte gestiegen. Die in den dazwischen liegenden Jahren getroffenen Maßnahmen zum Familienlastenausgleich (Erhöhung des Kindergeldes) haben nicht ausgereicht, daß das Nettorealeinkommen der größeren Familien im Gleichschritt mit den Einkommen von kinderlosen Ehepaaren anstieg. Diese Verschiebungen in den Verteilungsrelationen sind – wenn überhaupt – nicht mit dem Leistungsfähigkeitsprinzip, d.h. der Verhältnismäßigkeit der erbrachten Steueropfer zu vereinbaren. Wie aus Tabelle 3-8 ersichtlich, hat auch die Steuerreform hinsichtlich der kinderreichen Familien nicht einmal den Status quo von 1966 wieder hergestellt. 1966 betrug der Anteil des Nettoreallohns eines verheirateten Ehepaares ohne Kinder am Nettorealeinkommen einer Familie mit 4 Kindern rund 75 v.H. und im Jahre 1975 errechnet sich eine Relation von rund 78 v.H. Beim Familienlastenausgleich kann somit hinsichtlich der quantitativen Auswirkungen auch nicht von einer Reform gesprochen werden. Noch weniger kann man von einer Reform sprechen, wenn man die Verteilungsrelationen zwischen Familien mit zwei bzw. vier Kindern betrachtet. Nach der Steuerreform 1975 beträgt diese 85,7 v.H. (1975), während sie 1966 rund 80 v.H. ausmachte.

Tab. 3-8: Verhältnis der Nettoreallöhne von verheirateten, alleinverdienenden Industriearbeitern nach Kinderzahl, Bundesrepublik Deutschland 1957-1976.

Jahr	*Nettoreall. (0 K.) / Nettoreall. (4 K.)*	*Nettoreall. (0 K.) / Nettoreall. (2 K.) in v.H.*	*Nettoreall. (2 K.) / Nettoreall. (4 K.)*
1957	*81,2*	*93,4*	*86,9*
58	*82,7*	*93,8*	*88,2*
59	*79,3*	*92,4*	*85,8*
1960	*79,1*	*91,5*	*86,4*
61	*76,7*	*91,6*	*83,7*
62	*75,9*	*91,3*	*83,1*
63	*75,8*	*91,8*	*82,7*
64	*74,5*	*92,3*	*80,8*
1965	*75,1*	*93,3*	*80,4*
66	*74,9*	*93,5*	*80,1*
67	*74,9*	*93,5*	*80,1*
68	*75,2*	*93,8*	*80,2*
69	*77,0*	*94,4*	*81,6*
1970	*78,9*	*95,0*	*83,0*
71	*79,7*	*95,3*	*83,6*
72	*80,8*	*95,6*	*84,5*
73	*81,9*	*95,8*	*85,5*
74	*82,7*	*95,9*	*86,2*
1975	*78,2*	*91,2*	*85,7*
76	*79,1*	*91,6*	*86,3*

Quelle: Eigene Berechnungen

Insgesamt ergibt sich, daß die Entwicklung des realen Lebensstandards der kinderreichen Familien durch das Abgabensystem insbesondere durch den Steuertarif am stärksten begrenzt wird. Tendenziell wird durch das Lohnabgabesystem zu ungunsten der unteren Einkommen von kinderreichen Familien umverteilt. Denn, wie in Anmerkung 1 gezeigt, werden infolge der Steuerprogression höhere Einkommen in jedem Fall durch den Familienlastenausgleich in Form von Kinderfreibeträgen gegenüber niedrigeren Einkommen begünstigt. Diese Begünstigung schlägt sich auch deutlich in den vorliegenden Berechnungen nieder, wie ein Vergleich der Abgabeneffekte in Tab. 3-7 und 3-9 für die Jahre 1968-1974 zeigt. Aber auch bei den höheren Einkommen zeigt sich hinsichtlich der Umverteilungswirkung des Lohnabgabesystems die oben beschriebene Tendenz, daß die Nettorealeinkommen der größeren Familien seit 1965 permanent langsamer wachsen als die Einkommen der kleineren Familien. *Insoweit* werden die höher verdienenden Angestellten gegenüber den Arbeitern durch das Abgabesystem nicht günstiger gestellt, wie aus Tab. 3-9 ersichtlich.

Tab. 3-9: Abgabeneffekte (jährliche und Dreijahresdurchschnitte) bezogen auf den Lohn eines männlichen Angestellten in der Industrie nach Beruf und Familienstand.

Jahr	Abgabeneffekt in Prozentpunkten					
	Jahreswerte			Dreijahresdurchschnitte		
	0 Kinder	2 Kinder	4 Kinder	0 Kinder	2 Kinder	4 Kinder
	— technischer Angestellter —					
1962	0,8	0,6	1,2			
63	0,6	1,0	1,7	0,7	0,9	1,1
64	0,6	1,0	0,5	0,0	0,6	0,8
1965	— 1,2	— 0,2	0,1	0,2	0,8	1,0
66	1,2	1,5	2,4	0,1	0,6	1,1
67	0,3	0,4	0,8	0,8	1,0	1,7
68	1,0	1,2	1,8	0,9	1,2	1,9
69	1,5	1,9	3,1	1,3	1,6	2,6
1970	1,3	1,6	2,8	1,5	1,7	2,8
71	1,7	1,7	2,4	1,4	1,5	2,4
72	1,2	1,2	1,9	1,8	1,8	2,5
73	2,6	2,6	3,2	1,9	1,9	2,5
74	1,9	1,8	2,4	0,0	— 1,2	— 0,8
1975	— 4,5	— 8,0	— 8,1	— 0,3	— 1,3	— 1,0
76	1,8	2,3	2,7			
	— kaufmännischer Angestellter —					
1962	0,9	0,6	0,2			
63	1,0	1,3	0,8	0,8	0,9	0,3
64	0,4	0,8	0,0	0,1	0,7	0,4
1965	— 1,1	— 0,1	0,4	0,3	0,8	1,1
66	1,5	1,8	2,8	0,2	0,7	1,4
67	0,3	0,5	1,1	0,9	1,2	2,1
68	1,0	1,3	1,9	0,9	1,2	2,1
69	1,5	1,9	3,3	1,2	1,6	2,7
1970	1,1	1,6	2,8	1,4	1,8	2,9
71	1,6	1,9	2,7	1,3	1,5	2,5
72	1,1	1,1	2,1	1,7	1,8	2,7
73	2,5	2,5	3,4	1,8	1,8	2,6
74	1,7	1,7	2,4	0,1	— 1,3	— 1,0
1975	— 4,0	— 8,0	— 8,7	0,0	— 1,1	— 0,7
76	2,3	3,1	4,2			

Quelle: Eigene Berechnungen

Durch die Neuregelung des Familienlastenausgleichs (Einführung von Kindergeld unabhängig vom Einkommen) ist die steuerliche Begünstigung der höheren Einkommen durch die Gewährung von Kinderfreibeträgen weitgehend aufgehoben worden. Aber durch die Berücksichtigung der Kinderzahl bei der Festlegung der Sonderausgabenhöchstbeträge, die im Rahmen der Einkommensteuerreform ebenfalls angehoben wurden, können die höheren Einkommen vermehrt die Möglichkeit der Steuervermeidung ausnutzen. Es ist somit sehr zweifelhaft, ob die Neuregelung des Familienlastenausgleichs faktisch die Begünstigung der höheren Einkommen aufgehoben hat. Die Berechnung der Abgabeneffekte für das Jahr 1976 in Tab. 3 - 7 und 3 - 9 spricht eher für das Gegenteil. Die kinderreichen Familien mit niedrigerem Einkommen (Arbeiterhaushalte) sind somit steuerlich doppelt benachteiligt. Ihr Nettoeinkommen wächst langsamer als das Einkommen von Familien mit weniger oder keinen Kindern und langsamer als die höheren Einkommen von Familien mit gleich vielen Kindern.
In der Lohnstatistik werden die Arbeiterverdienste nach drei Leistungsgruppen getrennt ausgewiesen: Leistungsgruppe 1 = Facharbeiter, Leistungsgruppe 2 = angelernte Arbeiter, Leistungsgruppe 3 = ungelernte Arbeiter (Hilfsarbeiter). Bildet man für die Untersuchungsperiode die entsprechenden Lohnrelationen (brutto und netto), dann ergeben sich nur geringfügige Verschiebungen in den Einkommenspositionen unter den Leistungsgruppen, wie aus folgender Tab. 3 - 10 ersichtlich.
Die Einkommensposition der Angelernten gegenüber den Facharbeitern hat sich von 1957 - 1974 trendmäßig verschlechtert – um ca. 3 Prozentpunkte; diese Entwicklung, die, wie die entsprechenden Werte für das Jahr 1975 zeigen, durch die Einkommensteuerreform nicht beeinflußt wurde, schlägt auch bei den Nettorellohnverhältnissen durch, wobei die Nettoposition der angelernten Arbeiter infolge der Steuerprogression durchweg etwas besser ist als die Bruttoposition.
Gleichfalls hat sich die Einkommensposition – brutto wie netto – der Angelernten gegenüber den Hilfsarbeitern im Trend verschlechtert. Das Verhältnis der Facharbeiterlöhne zu den Löhnen der Hilfsarbeiter hat sich – brutto wie netto – nicht merklich verändert. Eine Veränderung der Lohnhierarchie bzw. eine merkliche Nivellierung der Industriearbeiterlöhne zwischen den Leistungsgruppen ist somit durch das Lohnabgabesystem weder verstärkt noch aufgehalten worden. Darüber hinaus muß festgestellt werden, daß sich die Zuwachsraten der Nettoreallöhne bezüglich der Leistungsgruppen in der konjunkturellen Bewegung gleich verhalten und seit 1970 rückläufig sind. Die

Verstärkung von Lohndifferenzen zwischen Facharbeitern, Angelernten und Hilfsarbeitern in der Industrie kann somit für die besondere Militanz der einen oder anderen Gruppe nicht ausschlaggebend gewesen sein. Aber, und dies muß betont werden, wenn alle Leistungsgruppen die wirtschaftliche Stagnation bzw. den Rückgang der Nettoreallöhne gleichmäßig erfahren haben (vgl. Tab. 3-11), dann kann von daher die Solidarität in den Lohnauseinandersetzungen nicht beeinträchtigt worden sein; man kann somit davon ausgehen, daß die Industriearbeiter die Lohnauseinandersetzungen aus gleichgerichteter Interessenlage führten.

Tab. 3-10: Lohnstruktur der Industriearbeiter: Brutto- und Nettoreallohnverhältnisse nach Leistungsgruppen, Bundesrepublik Deutschland 1957-1976, verheirateter Alleinverdiener mit 2 Kindern.

Jahr	*Bruttoreallohnverhältnisse*		*Nettoreallohnverhältnisse*	
	Lohn eines Angelernten / Facharbeiter-Lohn	*Lohn eines Hilfsarbeiter / Lohn eines Angelernten*	*Angelernt L. / Facharbeiter-Lohn*	*Hilfsarbeiterlohn / Angel. Lohn*
	— in v.H. —			
1957	92,6	85,8	93,5	86,6
58	92,9	85,5	92,9	85,5
59	93,3	86,4	93,3	86,4
1960	93,6	85,6	94,2	85,6
61	92,9	86,8	94,5	91,1
62	92,4	87,9	93,6	94,0
63	91,8	88,6	93,0	90,6
64	90,5	90,0	91,7	91,6
1965	90,4	88,8	91,7	90,6
66	90,4	88,5	91,5	90,6
67	90,4	88,8	91,5	90,9
68	90,5	89,1	91,5	89,1
69	90,4	88,6	91,3	89,9
1970	89,7	89,3	90,6	91,7
71	88,6	89,2	89,8	90,7
72	88,6	89,6	89,8	90,8
73	89,2	89,0	90,2	90,3
74	89,3	89,0	90,6	92,3
1975	88,3	88,9	90,3	91,1
76	89,7	88,8	91,5	90,8

Quelle: Eigene Berechnungen

Die Streikbereitschaft ist vermutlich bei den niedrigen Lohngruppen höher, da hier der Lohn näher an der „Armutsgrenze“ liegt. Aber unabhängig von derartigen Intensitätsunterschieden in der Steikbereitschaft wird die Stagnation bzw. der Rückgang der Reallöhne die Streik-

Tab. 3-11: Jährliche Veränderungsraten des Nettoreallohns eines verheirateten, alleinverdienenden Industriearbeiters mit 2 Kindern, nach Leistungsgruppen, Bundesrepublik Deutschland 1958-1976, in v.H.

Jahr	*Jährliche Veränderungsrate des Nettoreallohns Leistungsgruppe*		
	Facharbeiter	*Angelernter*	*Hilfsarbeiter*
1958	*2,5*	*1,9*	*0,6*
59	*5,2*	*5,7*	*6,8*
1960	*3,1*	*4,1*	*3,1*
61	*5,6*	*5,9*	*12,8*
62	*5,5*	*4,4*	*7,7*
63	*2,5*	*1,9*	*— 1,8*
64	*5,4*	*3,9*	*5,1*
1965	*5,9*	*5,8*	*4,7*
66	*0,2*	*0,0*	*— 0,1*
67	*— 2,3*	*— 2,4*	*— 2,0*
68	*3,4*	*3,4*	*1,4*
69	*7,8*	*7,5*	*8,4*
1970	*8,8*	*8,0*	*10,1*
71	*3,0*	*2,1*	*1,0*
72	*1,1*	*1,0*	*1,2*
73	*1,2*	*1,7*	*1,2*
74	*— 0,7*	*— 0,3*	*1,8*
1975	*7,6*	*7,3*	*6,0*
76	*1,1*	*2,4*	*2,0*

Quelle: Eigene Berechnungen

bereitschaft aller Gruppen verstärken, so daß die möglichen Differenzen in der Solidarität nicht größer sondern eher geringer werden, d.h. aber, daß die Solidarität, soweit sie vorhanden ist, nicht beeinträchtigt wird.

Um Aufschluß darüber zu erhalten, ob das Lohnabgabesystem die branchenmäßige Lohndifferenzierung und insoweit die Entwicklung und Struktur von Lohnauseinandersetzungen beeinflußt, wurden die durchschnittlichen Nettolöhne eines verheirateten, alleinverdienenden Arbeiters in den sieben Industriezweigen Energiewirtschaft/Wasserversorgung, Bergbau, Grundstoff- und Produktionsgüterindustrie, Investitionsgüterindustrie, Verbrauchsgüterindustrie, Nahrungs- und Genußmittelindustrie und Hoch- und Tiefbau berechnet. Drei wichtige analytische Ergebnisse brachten diese Berechnungen. Es kann gesagt werden,

- daß sich Militanz bei Lohnkämpfen für eine Branchengewerkschaft auszahlt,
- daß die Einkommensteuerprogression tendenziell eine Nivellierung der branchenmäßigen Arbeiternettoreallöhne bewirkt, d.h. die

branchenmäßigen Niveauunterschiede des realen Lebensstandards der Industriearbeiter werden tendenziell angeglichen und,

- daß sich die Rangfolge der Löhne brutto wie netto in gleicher Weise verändert – wenn es überhaupt bei den festgestellten geringen Nettoreallohndifferenzen einen Sinn hat, Rangfolgen aufzuzeichnen.

Eine Gegenüberstellung der jährlichen Wachstumsraten der Bruttogeldlöhne und der Nettoreallöhne in Tab. 3-12 zeigt für die Periode

Tab. 3-12: Jährliche Zuwachsrate des Bruttolohns und des Nettoreallohns eines verheirateten, alleinverdienenden Industriearbeiters mit 2 Kindern nach Industriezweigen, Bundesrepublik Deutschland 1962-1976, in v.H.

Jahr	*Industriezweige*						
	Energiew. Wasser-vers.	*Bergbau*	*Grund-stoff/ Prod.-güter*	*Invest.-güter*	*Verbr.-güter*	*Nahr.- Genußm.-güter*	*Hoch- u. Tiefbau*
			— Bruttonominallohn —				
1962	*9,9*	*8,1*	*7,7*	*10,3*	*9,4*	*9,7*	*12,7*
63	*7,2*	*6,8*	*7,1*	*5,0*	*8,0*	*7,6*	*11,3*
64	*3,4*	*9,3*	*8,3*	*8,9*	*6,1*	*7,7*	*10,1*
1965	*13,6*	*10,1*	*9,2*	*10,9*	*11,6*	*8,2*	*7,1*
66	*9,1*	*0,5*	*5,2*	*5,4*	*6,7*	*7,6*	*5,7*
67	*2,6*	*0,5*	*0,0*	*– 0,9*	*0,5*	*– 3,8*	*– 2,3*
68	*1,3*	*7,7*	*5,4*	*7,6*	*5,8*	*8,8*	*5,1*
69	*10,5*	*8,0*	*12,3*	*14,0*	*10,5*	*10,3*	*11,8*
1970	*14,5*	*14,8*	*14,0*	*12,3*	*12,4*	*12,2*	*17,3*
71	*15,3*	*7,9*	*7,6*	*9,6*	*10,7*	*12,7*	*10,0*
72	*11,0*	*6,6*	*8,0*	*7,2*	*9,0*	*8,7*	*8,2*
73	*7,6*	*12,2*	*12,0*	*11,4*	*10,4*	*10,1*	*9,0*
74	*11,4*	*14,2*	*9,4*	*7,3*	*7,7*	*9,4*	*5,7*
1975	*7,2*	*8,5*	*0,5*	*5,6*	*4,6*	*6,9*	*3,4*
76	*7,3*	*6,3*	*11,1*	*9,2*	*9,6*	*9,0*	*6,4*
			— Nettoreallohn —				
1962	*5,5*	*4,0*	*3,9*	*5,6*	*5,9*	*6,3*	*7,4*
63	*2,5*	*2,2*	*2,4*	*0,8*	*2,9*	*2,7*	*5,7*
64	*0,6*	*5,5*	*4,6*	*5,0*	*2,8*	*4,0*	*6,2*
1965	*9,0*	*6,1*	*5,6*	*6,9*	*7,3*	*4,7*	*3,7*
66	*3,3*	*– 4,0*	*– 0,1*	*0,0*	*1,0*	*1,7*	*0,4*
67	*0,7*	*– 1,2*	*– 1,6*	*– 2,4*	*– 1,2*	*– 4,8*	*– 3,6*
68	*– 0,9*	*4,7*	*2,7*	*4,5*	*3,0*	*5,4*	*2,5*
69	*6,1*	*3,9*	*7,7*	*9,1*	*6,0*	*5,9*	*7,1*
1970	*8,9*	*9,1*	*8,5*	*7,0*	*7,1*	*6,9*	*11,3*
71	*7,4*	*1,3*	*0,7*	*2,6*	*3,6*	*5,3*	*2,8*
72	*4,0*	*0,2*	*1,4*	*0,7*	*2,1*	*2,0*	*1,6*
73	*– 1,3*	*2,4*	*2,4*	*1,8*	*1,0*	*0,7*	*– 0,1*
74	*2,8*	*5,0*	*1,1*	*– 0,6*	*– 0,3*	*1,1*	*– 1,9*
1975	*9,0*	*11,1*	*4,0*	*8,7*	*8,3*	*9,8*	*6,8*
76	*0,4*	*– 0,2*	*3,4*	*1,9*	*2,1*	*1,8*	*– 0,2*

Quelle: Eigene Berechnungen

1962-1976, daß die jährlichen Veränderungsraten des Bruttogeldlohns und des Nettoreallohns positiv korreliert sind: Je höher die Zuwachsraten des Bruttonominallohns sind, um so höher sind auch die Zuwachsraten des Nettoreallohns. Eine Gewerkschaft, der es nicht gelingt, in Abschwungphasen eine bestimmte Zuwachsrate des Bruttonominallohns durchzusetzen, riskiert, daß der reale Lebensstandard ihrer Mitglieder sinkt. Gewerkschaften, die dagegen höhere Bruttozuwachsraten durchsetzen helfen, sichern ihren Mitgliedern einen mindestens gleichbleibenden oder zunehmenden realen Lebensstandard. Die Frage, ob sich Militanz auszahlt, gilt im übrigen für jede Leistungsgruppe. Deshalb können bei der empirischen Überprüfung dieser Frage Auswirkungen auf den Durchschnittslohn durch Veränderungen in den branchenmäßigen Beschäftigungsstrukturen vernachlässigt werden. Die Frage, ob sich die Militanz der Gewerkschaften in der Bundesrepublik Deutschland *tatsächlich ausgezahlt hat,* müßte durch weitergehende statistische Analysen geprüft werden.
Die Werte für 1974 zeigen, daß selbst Zuwachsraten des Bruttogeldlohns von über 7 v.H. nicht ausreichten, um den Preiseffekt und Abgabeneffekt zu kompensieren. Der durchschnittliche Nettoreallohn eines verheirateten, alleinverdienenden Arbeiters mit 2 Kindern, der in der Investitions- oder Verbrauchsgüterindustrie oder im Hoch- und Tiefbau beschäftigt war, ging zurück, während er in anderen Industriezweigen mit entsprechend höheren Bruttozuwachsraten mehr oder weniger schwach anstieg. Bemerkenswert ist noch, daß im Bergbau, der Grundstoff- und Produktionsgüter- und Investitionsgüterindustrie die Bruttoreallöhne stärker anstiegen als die Arbeitsproduktivität je Arbeiter (Preisbasis: 1970 = 100), während die Arbeitsproduktivität je Arbeiter in der Verbrauchsgüter- und Nahrungs- und Genußmittelindustrie stärker zunahm als der Bruttoreallohn. Somit lagen mindestens in der Verbrauchsgüterindustrie die Voraussetzungen für höhere Lohnabschlüsse günstiger als in den zuerst genannten drei Industriezweigen. Ähnliche Ergebnisse findet man für das Jahr 1976. Im Bergbau und Hoch- und Tiefbau konnte der Bruttonominallohn nicht in ausreichendem Maße angehoben werden, um einen Rückgang des realen Lebensstandards zu vermeiden. Je schneller der Bruttonominallohn anstieg, um so schneller wuchs auch der Nettoreallohn. Hinsichtlich der „Stagnationsschwelle" des Nettoreallohns betrug die Zuwachsrate des Bruttonominallohns ca. 7 v.H.
Aus der Angst vor der Konkurrenz der Einzelgewerkschaften um den höchsten Lohnanteil entstand seinerzeit der Gedanke der konzertierten Aktion. Aber in Zeiten der Stagflation, das zeigen die Ergeb-

nisse mit aller Deutlichkeit, handelt es sich für die gewerkschaftliche Lohnpolitik nicht nur um die Durchsetzung des höchstmöglichen Lohnanteils, sondern in erster Linie um die Erhaltung des realen Lebensstandards der Arbeiter. In dieser Defensivsituation tut sich ein unüberbrückbarer Konflikt auf zwischen den Mitgliederinteressen der Einzelgewerkschaften nach Sicherung der materiellen Lage und einer stabilitätskonformen Lohnpolitik. Die konzertierte Aktion muß wirkungslos werden und die Lohnauseinandersetzungen werden sich notwendig verschärfen. Darüber hinaus wird die *Streikbereitschaft* der Arbeiter eine breite Basis finden, da alle Leistungsgruppen der Arbeiter gleichmäßig und die Arbeiter mit Kindern stärker als der Durchschnitt betroffen sind.

Die Besonderheit der Entwicklung seit Mitte der 60er Jahre, dies muß hier nochmals betont werden, liegt gerade in dem wachsenden Druck des Abgabensystems auf die Löhne. Im Abschwung bzw. in der Stagflation reicht es zur Sicherung des realen Lebensstandards nicht, die Nominallöhne der erwarteten Preissteigerungsrate anzupassen, denn bei einer derartigen Lohnpolitik würde der Nettoreallohn infolge der Steuerprogression sinken. Vielmehr muß die Anhebung des Bruttonominallohns mindestens den Preissteigerungen *und* den überproportional steigenden Abgaben Rechnung tragen, d.h. die Zuwachsrate des Bruttonominallohns muß über der erwarteten Preissteigerungsrate liegen, wenn die Gewerkschaften rein pragmatisch die Interessen ihrer Mitglieder angemessen vertreten wollen. Wie erinnerlich, gilt bei Freiheit von Fiskalillusion für die gewerkschaftlichen Lohnforderungen die Kalkulationsbedingung

$$\hat{w}_t = \frac{1-t}{1-t'} \left(\eta \hat{p}^e_t + \hat{\gamma}_t \right) + \delta \frac{1}{1-t} dt, \text{ wobei}$$

$\hat{w}_t$ = Zuwachsrate des Bruttonominallohns in der Periode t

t = Durchschnittssteuersatz

t' = Grenzsteuersatz

$\hat{p}^e_t$ = erwartete Inflationsrate in Periode t

$\hat{\gamma}_t$ = Anstieg der Arbeitsproduktivität in Periode t

Da infolge der Steuerprogression der multiplikative Aufschlagssatz $\frac{1-t}{1-t'} = \tau > 1$ ist, muß bei einer Preissteigerungsrate $\hat{p}^e_t = \hat{p}_t$ der Bruttonominallohn mit der Rate $\hat{w}_t = \tau \cdot \hat{p}_t$ wachsen, damit der Nettoreallohn bzw. der reale Lebensstandard nicht zurückgeht. Eine derartige Lohnpolitik kann also gar nicht stabilitätskonform sein, obwohl sie nicht einmal ihren defensiven Charakter aufgibt. Defensive gewerkschaftliche Lohnpolitik darf somit nicht mit systemstabilisierender Lohnpolitik gleichgesetzt werden; auch konfliktorische gewerkschaftliche Lohnpolitik kann defensiv sein.

Das vorliegende Zahlenmaterial zeigt weiterhin, daß das Steuersystem eine Nivellierung der branchenmäßigen Industriearbeiterlöhne bewirkt, was möglicherweise zu einer verstärkten Konkurrenz der Einzelgewerkschaften um den höchsten Lohnanteil führt. Zunächst sei darauf hingewiesen, daß Abgabeeffekt und Zuwachsrate des Bruttogeldlohns positiv korreliert sind, wie aus Tab. 3-12 und 3-13 ersichtlich ist. Je höher die Zuwachsrate des Bruttonominallohns, um so höher ist auch der Abgabeneffekt. D.h. die Differenz zwischen der Zuwachsrate der Nettoreallöhne ist in der Regel geringer als die Differenz zwischen der Zuwachsrate der Bruttonominallöhne.

Tab. 3-13: Abgabeneffekte der durchschnittlichen Industriearbeiterlöhne nach Industriezweigen, verheirateter Alleinverdiener mit 2 Kindern, in Prozentpunkten.

Jahr	*Energiew. Wasser-vers.*	*Bergbau*	*Grund-stoff/ Prod.*	*Invest.-güter*	*Verbr.-güter*	*Nahr.-Genußm.-güter*	*Hoch-und Tiefbau*
1962	*1,4*	*1,0*	*0,8*	*1,7*	*0,4*	*0,3*	*2,1*
63	*1,6*	*1,5*	*1,6*	*1,1*	*1,9*	*1,7*	*2,3*
64	*0,4*	*1,3*	*1,2*	*1,4*	*1,9*	*1,2*	*1,4*
1965	*0,9*	*0,4*	*0,1*	*0,4*	*0,6*	*0,0*	*0,0*
66	*2,1*	*1,1*	*1,7*	*1,9*	*2,2*	*2,3*	*1,8*
67	*0,4*	*0,2*	*0,1*	*0,0*	*0,2*	*– 0,4*	*0,1*
68	*0,9*	*1,6*	*1,3*	*1,7*	*1,5*	*2,0*	*1,2*
69	*2,3*	*2,0*	*2,4*	*2,7*	*2,3*	*2,3*	*2,5*
1970	*3,1*	*2,2*	*1,9*	*1,8*	*1,8*	*1,8*	*2,3*
71	*2,3*	*1,4*	*1,7*	*1,7*	*1,7*	*1,9*	*1,9*
72	*1,4*	*1,1*	*1,1*	*1,1*	*1,4*	*1,2*	*1,1*
73	*2,0*	*2,6*	*2,5*	*2,5*	*2,4*	*2,4*	*2,2*
74	*1,4*	*1,8*	*1,3*	*1,1*	*1,1*	*1,3*	*3,0*
1975	*– 8,0*	*– 8,8*	*– 9,3*	*– 9,2*	*– 9,7*	*– 9,1*	*– 9,3*
76	*2,2*	*1,8*	*2,8*	*2,5*	*2,6*	*2,3*	*1,9*

Quelle: Eigene Berechnungen

Da für zu versteuernde Einkommen von DM 15.000,– bis DM 110.000,– nach dem Einkommensteuertarif von 1965 der Aufschlagssatz (vgl. Tabelle 3-2) in den höheren Lohngruppen höher ist als in den unteren, bleiben die branchenspezifischen Nettoreallohnrelationen nur dann erhalten, wenn in den „Hochlohn"-Branchen der Bruttolohn schneller ansteigt als in den „Niedriglohn"-Branchen. Wie aus Tab. 3-11* (vgl. Tabellenanhang) ersichtlich, lag 1970 der Bruttojahreslohn eines männlichen Industriearbeiters in vier von sieben Industriezweigen über dem relevanten Tarifniveau von DM 15.000,–. Wollte eine Branchengewerkschaft einen dauerhaften Lohnvorsprung gewinnen, dann mußte sie seit 1970 *permanent* höhere Bruttogeldlohnzuwächse fordern als die anderen Branchengewerkschaften. Eine nur einmalige überdurchschnittliche Lohnsteigerung wäre durch die Steuerprogression tendenziell wieder ausgeglichen worden. Die Steuerprogression verschärft somit die Konkurrenz der Industriegewerkschaften, die auch offensichtlich im Beobachtungszeitraum insbesondere seit 1970 darum bemüht waren, ihre jeweilige Position in der Lohnhierarchie zu behaupten. Es sei nur darauf hingewiesen, daß 1961 die Differenz zwischen dem höchsten Nettoreallohn (DM 9.013,– in der Grundstoff- und Produktionsgüterindustrie) und dem niedrigsten Nettoreallohn (DM 8.226,– in der Verbrauchsgüterindustrie) DM 787,– und das Lohnverhältnis zwischen diesen beiden Löhnen 91,3 v.H. betrug. 1976 belief sich die Differenz zwischen den Nettoreallöhnen in den gleichen Branchen auf DM 783,– und das Lohnverhältnis auf 94,3 v.H., d.h. *relativ* hat der niedrige Branchenlohn aufgeholt. Die maximale Differenz (zwischen dem höchsten und niedrigsten Branchennettoreallohn) betrug 1976 DM 1.157,– und das Lohnverhältnis 92,2 v.H. Je stärker somit die Arbeiterlöhne von der Progression erfaßt wurden, um so mehr mußte sich die *besondere* konkurrenzbedingte Militanz der Branchengewerkschaften verstärken. Dies gilt jedoch nur solange, wie die Regression des Sozialversicherungsbeitragssystems nicht entgegenwirkendes Moment ist. Immerhin kann nicht ausgeschlossen werden, daß das Abgabensystem die Militanz der Gewerkschaften seit Beginn der 70er Jahre auf zweifache Weise verstärkt hat. Einmal durch die Verschärfung der Konkurrenz beim Kampf um Verteilungspositionen, zum anderen durch den steigenden relativen Druck der Abgaben auf die Löhne, so daß sich die Gewerkschaften in Phasen der Stagflation als rein pragmatische Interessenvertretung für die Mitgliederinteressen an der Sicherung der materiellen Lage und gegen stabilitätskonforme Lohnpolitik entscheiden mußten.

Die Konkurrenz der Industriegewerkschaften um Verteilungspositionen kann auch durch eine Analyse der branchenmäßigen Lohnhierarchie anhand von Rangziffern dargestellt werden. Die Rangskala bleibt durchaus nicht von Jahr zu Jahr konstant, sondern zwischen 1961 und 1976 kommen immer wider erhebliche Verschiebungen vor und dies trotz der konzertierten Aktionen zur einkommenspolitischen Einbindung der Löhne in die staatliche Stabilisierungspolitik. Außerdem wird deutlich, daß unterdurchschnittliche Lohnsteigerungen in Abschwungsphasen – wie 1974 beispielsweise in der Verbrauchsgüterindustrie – nicht nur eine Reduktion der Nettoreallöhne, sondern auch eine Verschlechterung in der Lohnrangskala bedingen.

Tab. 3-14: Rangfolge der durchschnittlichen Nettoreallöhne eines verheirateten, alleinverdienenden Industriearbeiters mit 2 Kindern nach Industriezweigen 1961-1976 Bundesrepublik Deutschland.

Jahr	Energiewirtsch./ Wasservers.	Bergbau	Grundstoff-, Prod.-güter	Invest.-güter	Verbr. güter	Nahrgs.- u. Genuß-mittel güter	Hoch- u. Tiefbau
1961	2	3	1	4	7	5	6
62	2	3	1	4-5	7	6	4-5
63	2-3	4	1	6	7	5	2-3
64	4	3	2	5-6	7	5-6	1
1965	3	4	1	5	7	6	2
66	1	6	2	4	7	5	3
67	1	5	2	4	6	7	3
68	1	5	2	3-4	7	6	3-4
69	2	6	1	3	7	5	4
1970	2	5	1	4	7	6	3
71	1	6-7	3	4	6-7	5	2
72	1	7	3	4	6	5	2
73	1	7	2	4	6	5	3
74	1	3	2	4-5	7	6	4-5
1975	1	2	5	4	7	3	6
76	1	3-4	2	5	7	3-4	6

Quelle: Eigene Berechnungen

Der bisher für die Industriearbeiter aufgezeigte Trend allgemein steigender Abgabenbelastung und der damit verbundene Einfluß der Steuerpolitik bzw. des Abgabensystems auf die Entwicklung der Nettoreallöhne gilt auch für die kaufmännischen und technischen Angestellten der Industrie (ohne Handel, Kreditinstitute und Versicherungsgewerbe), obgleich die Bruttolöhne dieser Berufsgruppen (durchschnittlicher Bruttolohn eines kaufmännischen Angestellten = DM 32.376,– (1976) und eines technischen Angestellten = DM 34.656,–

(1976) gegenüber dem durchschnittlichen Bruttolohn eines Arbeiters in Höhe von DM 24.388,– (1976) höher sind als die Arbeiterlöhne und deshalb die degressive Gestaltung des Sozialversicherungsabgabensystems infolge der Beitragsbemessungsgrenzen den Abgabeneffekt in der Leistungsgruppe 1 abmildert.

Tab. 3-15: Durchschnittlicher Jahreslohn kaufmännischer und technischer Angestellter in der Industrie, jährliche Veränderungsraten für verheiratete Alleinverdiener nach Kinderzahl, Bundesrepublik Deutschland 1962-1976, Preisbasis 1970 = 100.

Jahr	Bruttolohn			Nettoreallohn		
		Jährliche Zuwachsraten				
	nominal in DM/Jahr	nominal	real in v.H.	0 Kinder	2 Kinder in v.H.	4 Kinder
			— kaufmännische Angestellte —			
1962	10284	8,5	5,4	4,5	4,8	5,3
63	10920	6,2	3,0	2,1	1,7	2,2
64	11664	6,8	4,3	4,0	3,5	4,3
1965	12696	8,9	5,3	6,4	5,4	5,0
66	13632	7,4	3,8	2,3	2,0	1,0
67	14172	4,0	2,4	2,1	1,9	1,3
68	14892	5,1	3,8	2,7	2,5	1,9
69	16380	10,0	7,8	6,3	5,9	4,6
1970	18264	11,5	8,1	7,0	6,5	5,3
71	20340	11,4	6,0	4,3	4,1	3,3
72	22236	9,3	3,8	2,7	2,7	1,7
73	24936	12,1	5,0	2,5	2,5	1,6
74	27720	11,2	4,0	2,4	2,3	1,6
1975	27804	0,3	— 5,5	— 1,5	2,5	3,2
76	32376	16,4	11,3	9,0	8,2	7,1
			— technische Angestellte —			
1962	11592	8,5	5,5	4,7	4,9	4,3
63	12252	5,7	2,6	1,9	1,6	0,8
64	13080	6,8	4,3	3,7	3,3	3,8
1965	14184	8,4	1,9	6,1	5,1	4,8
66	15168	6,9	3,4	2,1	1,9	0,9
67	15624	3,0	1,5	1,2	1,1	0,7
68	16404	5,0	3,7	2,7	2,5	1,9
69	18096	10,3	8,2	6,7	6,3	5,0
1970	20220	11,7	8,3	7,0	6,7	5,5
71	22536	11,5	6,0	4,4	4,3	3,6
72	24468	8,8	3,1	1,9	1,9	1,2
73	27228	11,3	4,2	1,7	1,6	1,0
74	30120	10,6	3,5	1,6	1,7	1,1
1975	31956	6,1	0,0	4,5	8,0	8,1
76	34656	8,4	3,7	1,9	1,4	1,0

Quelle: Statistisches Bundesamt (Hrsg.) Fachserie M, Reihe 15, Heft II. Angestelltenverdienste, verschiedene Jahre. Eigene Berechnungen.

In der Periode von 1970 bis 1974 wächst der durchschnittliche Bruttogeldlohn der kaufmännischen Angestellten um 11,1 v.H. p.a., das Bruttorealeinkommen um 5,4 v.H. p.a. und das Nettorealeinkommen eines verheirateten Alleinverdieners mit 2 Kindern um 3,6 v.H. p.a. Das Bruttonominaleinkommen wird somit im Durchschnitt durch den Preiseffekt um 5,7 Prozentpunkte und durch den Abgabeneffekt um 1,8 Prozentpunkte reduziert.

Tab. 3-16: Verhältnis von Arbeiter- zu Angestelltenreallöhnen in der Industrie, verheirateter, alleinverdienender Arbeiter bzw. Angestellter mit 2 Kindern, 1961-1976, Bundesrepublik Deutschland, in v.H.

Jahr	Industriearbeiterlohn/ Lohn eines techn. Angest.		Industriearbeiterlohn/ Lohn eines kaufm. Angestellten	
	brutto	netto	brutto	netto
1961	71,6	75,7	80,6	83,8
62	72,2	75,8	81,4	84,1
63	73,0	76,2	81,9	84,4
64	74,3	77,4	83,4	85,5
1965	75,2	77,9	84,0	85,9
66	74,1	76,4	82,4	84,2
67	71,6	74,1	78,9	80,9
68	72,3	74,7	79,6	81,6
69	73,6	75,6	81,3	82,9
1970	75,1	76,8	83,1	84,4
71	73,8	75,5	81,8	83,1
72	73,3	75,0	80,7	81,9
73	73,0	74,7	79,7	81,0
74	71,1	73,3	77,3	79,0
1975	70,0	73,1	80,4	83,0
76	70,4	73,4	75,3	78,1

Quelle: Eigene Berechnungen

In der gleichen Periode wächst der durchschnittliche Bruttogeldlohn des technischen Angestellten um 10,8 v.H. p.a., der Bruttoreallohn um 5,0 v.H. p.a. und das Nettorealeinkommen eines verheirateten Alleinverdieners mit 2 Kindern um 3,2 v.H. p.a. Auch in diesem Fall wird das Bruttoeinkommen durch Preis- und Abgabeneffekt um rund 8 Prozentpunkte reduziert. Bemerkenswert ist die Tatsache, daß die Zuwachsrate des Nettorellohns seit 1970 ständig abnimmt, wenn auch noch kein Rückgang des Nettoreallohns im Jahre 1974 wie bei den Arbeitern zu beobachten ist. Die Zuwachsrate des Nettoreallohns für einen verheirateten, alleinverdienenden Angestellten (technischen Angestellten) mit 2 Kindern ist von 6,5 v.H. (6,7 v.H.), im Jahre 1970 auf 2,3 v.H. (1,7 v.H.) im Jahre 1974 gesunken. Außerdem steigen die

Nettolöhne um so geringer an, je größer die Familie ist. Diese Tendenz setzt sich bezüglich der technischen Angestellten auch im Jahre 1976 fort. Der Nettoreallohnzuwachs (1,4 v.H.) eines 4-Personen-Haushalts lag noch unter der Zuwachsrate des Jahres 1974; und er fiel mit zunehmender Familiengröße geringer aus. Hinsichtlich der kaufmännischen Angestellten ist für die Jahre 1975 - 1976 eine atypische Sonderbewegung in der Lohnentwicklung zu beobachten. Sowohl bei den technischen wie kaufmännischen Angestellten kann man die Umverteilung zu ungunsten der größeren Familien seit 1966 von Jahr zu Jahr feststellen. Somit konnten auch die Angestellten seit 1972 ihren realen Lebensstandard nicht in gewohntem Ausmaß erhöhen, und zwar verminderte sich mit zunehmender Familiengröße der Spielraum für eine faktische Verbesserung der Reproduktionsmöglichkeiten. Allerdings wuchsen die Löhne der unteren Leistungsgruppen im Durchschnitt der Jahre 1972 - 1974 schneller als die Löhne der höheren Leistungsgruppen. Es ist somit fraglich, ob die Streikbereitschaft der Angestellten durch den Rückgang im Wachstum der Nettoreallöhne in dieser Periode überhaupt angestachelt wurde.

Was das Verhältnis von Arbeiter- zu Angestelltenlöhnen anbetrifft, so zeigt sich weder brutto noch netto seit 1961 eine Tendenz zur Verschiebung der Lohnrelationen.

Die Steuerprogression hat offensichtlich trendmäßig keine Umverteilung von den Gehältern zu den Löhnen bewirkt. Allerdings sind von 1970 bis 1974 die durchschnittlichen Angestelltenlöhne ständig schneller gewachsen als die Arbeiterlöhne, so daß sich in dieser Phase die Verteilung zugunsten der Angestellten verbesserte. Ob diese Entwicklung irgendwelche Einflüsse auf die Lohnforderungen und den Durchsetzungswillen der Industriearbeiter hatte, läßt sich nur sehr schwer sagen. Ausschlaggebend für die Streikbereitschaft der Angestellten mag die Konkurrenz um einen höheren Lohnanteil gewesen sein. Mehr als diese Vermutungen lassen die vorliegenden Daten nicht zu. Militantes Verhalten der Arbeiter bei der *Sicherung* ihres realen Lebensstandards mag somit 1974 ergänzt worden sein durch militantes Verhalten der Angestellten in der Industrie bei der Durchsetzung eines entsprechend hohen Lohnanteils; ein Verhalten, das schließlich auch die Beschäftigten im öffentlichen Dienst „ansteckte". Vielleicht läßt sich mit dieser „Epidemie-These" das Zusammentreffen der zunehmenden Streiktätigkeit in der Industrie und im öffentlichen Dienst im Jahre 1974 erklären. Immerhin kann gesagt werden, daß auch für die Entwicklung der Nettoreallöhne der Angestellten der Abgabeneffekt seit 1966 eine wichtige Rolle spielt, daß seit 1972 eine – gemessen an

früheren Jahren – nur bescheidene Erhöhung des realen Lebensstandards in Angestelltenfamilien zu registrieren ist, und daß auch bei den Angestelltenlöhnen die Gefahr besteht, zu stagnieren oder abzunehmen.
Für alle Berufsgruppen hat das Steuer- und Abgabensystem einen wachsenden Druck auf die Entwicklung des realen Lebensstandards der Industriearbeiter und Angestellten in der Industrie – vor allem in Boomphasen – ausgeübt und es hat mit zunehmendem Preiseffekt seit 1972 den deutlich abgeschwächten Anstieg der Nettoreallöhne bedingt. Zugleich blieb die Wachstumsrate des durchschnittlichen Bruttogeldlohns der Industriearbeiter im Durchschnitt der Jahre 1970 - 1974 in Höhe von rd. 10 v.H. p.a. hinter der Wachstumsrate des Bruttonominallohns je abhängig Beschäftiger in Höhe von rd. 12 v.H. p.a. zurück. Dies bedeutet, daß sich die materielle Lage der Industriearbeiter gegenüber dem Durchschnitt der abhängig Beschäftigten relativ verschlechtert hat. Die speziellen Bedingungen für derartige Entwicklungen müssen noch analysiert werden, um herauszufinden, ob in bestimmten Wirtschaftsbereichen die Erfolgsaussichten militanter Lohnpolitik anders zu beurteilen sind als im industriell-gewerblichen Bereich. Im folgenden Abschnitt der Untersuchung soll jedoch zunächst unabhängig von diesen Entwicklungen gezeigt werden, daß ein signifikanter Zusammenhang zwischen der Entwicklung der Nettoreallöhne und der zunehmenden Militanz der Lohnabhängigen bei den Lohnauseinandersetzungen in der Industrie seit Mitte der 60er Jahre besteht. Insoweit hat das Konzept der Freiheit von Fiskalillusion nicht nur theoretische sondern gerade für praktische Steuerpolitik erhebliche Bedeutung.

2. Lohnauseinandersetzungen und steuerpolitische Maßnahmen in der Bundesrepublik Deutschland 1960 - 1976

Die Lohn - Preis - Steuer Spirale beschreibt den polit-ökonomischen Zusammenhang der Einkommensansprüche von abhängig Beschäftigten, Kapitaleigentümern und Staat in einem kapitalistischen Konkurrenzpreissystem. Lohnsteuern und Sozialabgaben beeinträchtigen den realen privaten Lebensstandard der abhängig Beschäftigten, und zwar nicht nur hinsichtlich des Niveaus, sondern auch im Verhältnis zum Lebensstandard der Kapitaleigentümer und anderer sozialer Gruppen. Bei Freiheit von Fiskalillusion werden deshalb die abhängig Beschäftigten ihren Anspruch auf proportionale Beteiligung am Zu-

wachs der realen Güterproduktion geltend machen und entsprechende Lohnforderungen anmelden und auch den systemimmanenten Verhaltensweisen folgend durch Kampfmaßnahmen, d.h. Streiks, durchzusetzen versuchen. Lohnkämpfe und deren Verschärfung stehen somit in engem Zusammenhang mit der Entwicklung des realen privaten Lebensstandards und mit der Veränderung von Verteilungspositionen im Verhältnis zu anderen sozialen Gruppen wie aber auch innerhalb der abhängig Beschäftigen selbst. Steigende Lohnstückkosten werden die Unternehmungen wiederum im Preis weitergeben, um ihre Einkommensansprüche durchzusetzen. Infolgedessen gerät die Lohn - Preis - Steuer Spirale kumulativ in Bewegung. Und da der Staat die Beschleunigung des Inflationstempos durch den Verzicht auf überproportionale Steuererhöhungen wirksam bekämpfen kann, besteht ein wechselseitiges Verhältnis zwischen der Intensität von Lohnkämpfen, d.h. der Militanz der Gewerkschaften einerseits und strukturell wirksamen steuerpolitischen Maßnahmen der Regierung andererseits. Dieser wechselseitige Zusammenhang von Lohnauseinandersetzungen und steuerpolitischen Maßnahmen soll im folgenden Abschnitt anhand der konkreten Entwicklung in der Bundesrepublik Deutschland dargestellt werden.
Aus der folgenden Tab. 3-17 ist ersichtlich, daß die staatliche Abgabenquote als Verhältnis der Abgaben (vgl. Tabellenanhang, Tab. 3-7*)

Tab. 3-17: Abgabenquote und Nettoprofit-/Nettolohnverhältnis, Bundesrepublik Deutschland 1960-1976, in v.H.

Jahr	*Abgabenquote*	*Profit/Lohn-Relation*
1960	33,0	93,8
61	34,1	86,4
62	34,6	82,6
63	34,5	81,3
64	34,3	82,3
1965	33,7	80,6
66	34,3	79,9
67	34,6	82,1
68	34,3	88,1
69	36,3	84,9
1970	35,6	84,9
71	36,4	83,9
72	37,0	82,8
73	39,3	79,9
74	39,7	77,8
1975	39,3	80,4
76	40,5	85,7

Quelle: Eigene Berechnungen

aus indirekten und direkten Steuern sowie Sozialversicherungsbeiträgen zum Bruttosozialprodukt zu Marktpreisen von 1960 bis 1974 deutlich gestiegen ist, während das Verhältnis von Nettoprofiten zu Nettolöhnen in dieser Periode keinen eindeutigen Trend aufweist. Die Nettoprofite (Nettoprofite = Bruttosozialprodukt minus Nettolohn- und Nettogehaltssumme minus staatliche Abgaben) sinken – ausgenommen im Jahr 1964 – von 1960 bis zum Rezessionsjahr 1966 im Verhältnis zu den Nettolöhnen. In der Phase der wirtschaftlichen Erholung und Belebung in den Jahren 1967 und 1968 holen sie gegenüber 1966 um rd. 8 Prozentpunkte auf und verschlechtern dann vom Jahre 1969 bis zur Wirtschaftskrise im Jahre 1974 wieder ihre Position gegenüber den Nettolöhnen. Wiederum können sie in der anschliessenden Erholungsphase 1975/1976 ihre relative Position um knapp 8 Prozentpunkte verbessern.
Insoweit die Nettoprofite seit 1969 langsamer wachsen als die Nettolöhne, kann man sagen, daß die Lohnpolitik der Gewerkschaften seit Ende der 60er Jahre erfolgreich war. Das schnellere Wachstum der Nettolöhne muß aber nicht bedeuten, daß das Nettoeinkommen je abhängig Beschäftigter im Verhältnis zum Nettoeinkommen je selbständig Beschäftigter zugenommen hat (4). Aber wenn die Nettoprofitquote zurückgeht, muß bei konstanter Technik (d.h. Kapitalkoeffizient = konstant) auch die Nettoprofitrate sinken, d.h. den Unternehmungen gelingt es dann nicht, die im Aufschwung überproportional steigenden Löhne voll auf die Preise zu überwälzen. Da aber die Nettoprofitrate nur bis zu einer bestimmten Untergrenze sinken kann (5), wird es früher oder später zu Produktionseinschränkungen und damit Arbeitslosigkeit kommen. Der Erfolg militanter Lohnpolitik wird somit in Marktwirtschaften mit privater Verfügungsgewalt über Produktionsmittel immer durch Arbeitslosigkeit „erkauft" werden. Bei Arbeitslosigkeit geraten schließlich die Löhne im Rahmen des Lohnbargaining unter Druck, so daß die Unternehmungen ihre Ertragslage wieder verbessern können, d.h. die Nettoprofite holen gegenüber den Nettolöhnen auf, mit den bekannten Auswirkungen auf Produktion und Beschäftigungslage.
Die im Boom nicht voll durchsetzbare Überwälzung steigender Steuern, Staatsabgaben und Lohnstückkosten realisieren die Unternehmungen schließlich durch Anpassung im Mengensystem durch Rückwälzung auf die Löhne. Die Profitquote schwankt somit bei steigender staatlicher Abgabenquote zwischen oberen und unteren Extremwerten, die durch die Realisierungsbedingungen der Profitansprüche der Kapitaleigentümer (Akkumulationsrate und Sparquote) markiert sind.

Bei steigendem Staatsanteil, d.h. steigender Steuer- und Abgabenquote *verschärft* sich notwendig der Verteilungskonflikt zwischen Kapitaleigentümern und abhängig Beschäftigten durch den zunehmenden Druck des Abgabensystems auf die Nettoreallöhne. Dieser Druck auf die Löhne setzt sich fort als Druck auf die Preise bzw. die Nettoprofitrate. Aus der kumulativen Beschleunigung des Inflationstempos resultiert schließlich die stabilitätspolitische Notwendigkeit, den Druck der direkten, fühlbaren Lohn- und Gehaltsabgaben durch „Steuerreformen" *zu mildern*: Bei wachsendem Staatsanteil erhält

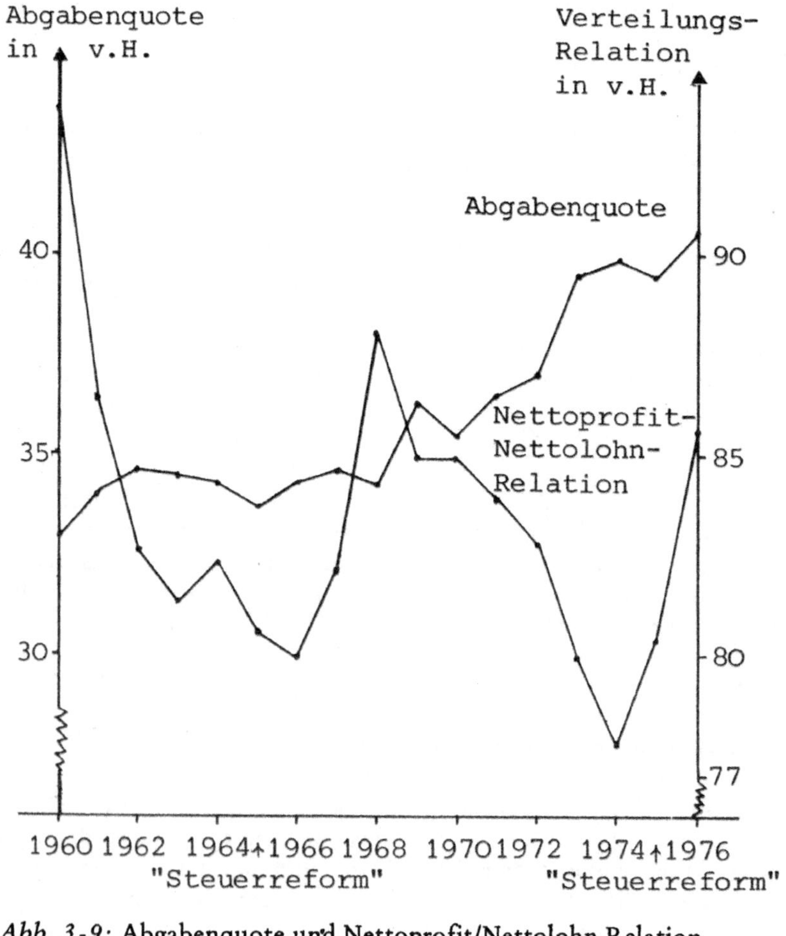

Abb. 3-9: Abgabenquote und Nettoprofit/Nettolohn-Relation

infolgedessen die strukturell gehandhabte Steuerpolitik für die staatliche Stabilisierungspolitik ein zunehmendes Gewicht.
In der Abb. 3-9 ist die konflikt- und krisenbehaftete Entwicklung des Nettoprofit - Nettolohn - Verhältnisses bei trendmäßig steigender Abgabenquote veranschaulicht.
Die Ausgestaltung des Abgabensystems und die Steuerpolitik hat spätestens seit Ende der 60er Jahre außer der individuell nicht direkt merklichen Netto-Verteilungsrelation gegenüber den Kapitaleigentümern das *Niveau* des realen Lebensstandards der Lohnabhängigen fühlbar beeinflußt. Es soll nun die Behauptung überprüft werden, daß der Einfluß des Abgabensystems auf die Entwicklung der Nettorellöhne ein wichtiger Erklärungsfaktor für die beobachtbare verstärkte Militanz gewerkschaftlicher Lohnpolitik – insbesondere in der 1972/73 einsetzenden Phase der Stagflation – ist. Zu diesem Zweck muß die Entwicklung des Nettoreallohns in Verbindung mit den Lohnstreikaktivitäten und der Arbeitslosigkeit bzw. Kurzarbeit untersucht werden.
Aus den folgenden Abb. 3-10 und 3-11 kann man ersehen, daß die Streikaktivitäten in der Industrie – ausgenommen die Jahre 1969 und 1972 – um so geringer waren, je stärker der Nettoreallohn zunahm. Zu beachten ist, daß die Angaben in Abb. 3-11 die sogenannten wilden Streiks im Jahre 1969 und 1973 und die Streiks außerhalb des Indu-

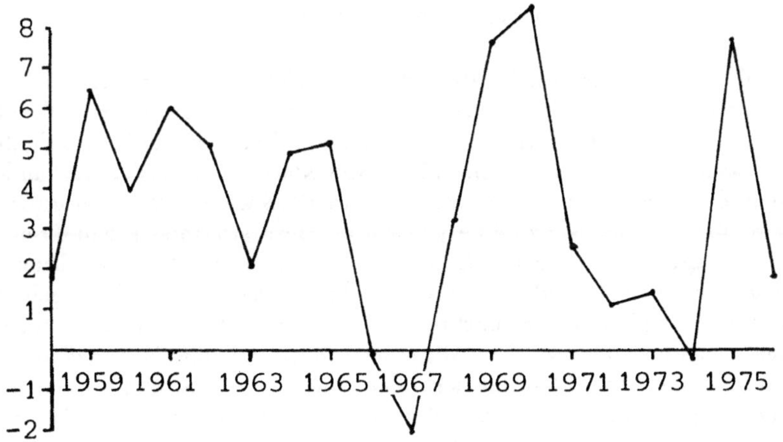

Abb. 3-10: Jährliche Veränderungsrate des Nettoreallohns eines verheirateten, alleinverdienenden Industriearbeiters mit zwei Kindern, in v.H.

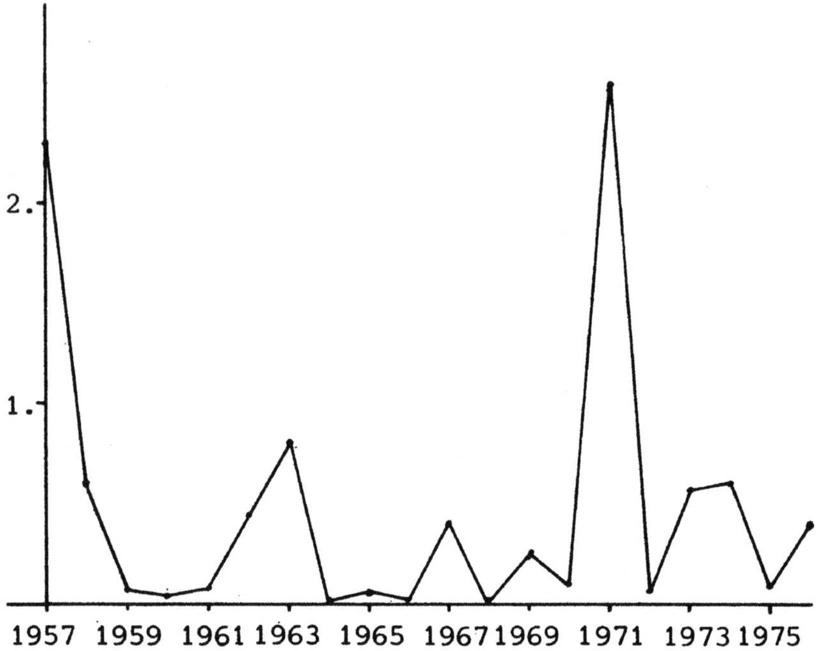

Abb. 3-11: Streiks in der Industrie (mit Hoch- und Tiefbau): Verlorene Arbeitstage, in Mill. Tage

striebereichs – z.B. die Streiks im öffentlichen Dienst im Jahre 1974 – nicht berücksichtigen. Die Beobachtungsergebnisse in den Jahren 1969 und 1972 weichen von dem typischen Erscheinungsbild deshalb ab, weil im Jahre 1969 ein „Nachholbedarf" in den Tarifverhandlungen durchgesetzt werden sollte. Denn 1968 waren die Nettoprofite schneller als die Nettolöhne gewachsen; insofern mußte den Lohnforderungen ein gewisser Nachdruck vor allem in der Investitionssowie in der Grundstoff- und Produktionsgüterindustrie gegeben werden. Möglicherweise machte sich in diesem Jahr aber auch schon der steigende Druck des Abgabensystems auf die Nettoreallohnentwicklung bemerkbar mit der Folge zunehmender Streikbereitschaft der Industriearbeiter. Im Aufschwung ist ja der Abgabeneffekt besonders hoch; für 1969 betrug er 2,5 Prozentpunkte für einen verheirateten, alleinverdienenden Industriearbeiter mit 2 Kindern. Für 1972 waren die Tarifabschlüsse in wesentlichen Bereichen bereits 1971 ausgehandelt worden.

In den Jahren, in denen der reale Lebensstandard verlangsamt oder nur gering zunahm bzw. zurückging, verstärkte sich die gewerkschaftliche Streikbewegung. Dies ist ein deutliches Indiz für den gewerkschaftlichen Pragmatismus, bei der Mobilisierung der Arbeiter an ihren materiellen Interessen anzuknüpfen (6). Insoweit weicht die Entwicklung in den Jahren 1973 und 1974 nicht von derjenigen in den 60er Jahren ab. Bezieht man jedoch die Entwicklung von Arbeitslosigkeit und Kurzarbeit in die Analyse ein, dann zeigen sich deutliche Unterschiede.

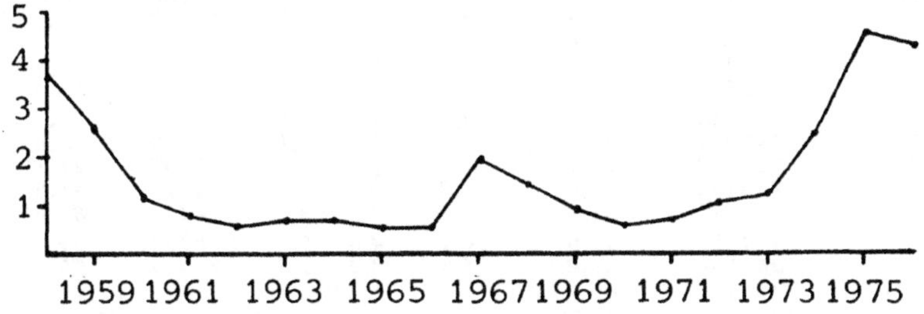

Abb. 3-12: Arbeitslosenquote Bundesrepublik Deutschland 1958 - 1976, in v.H.

Zwei Tendenzen sind aus obiger Darstellung ersichtlich. Die gewerkschaftliche Streikbereitschaft nimmt zu,

- wenn sich bei geringer Arbeitslosigkeit das Wachstum des Nettoreallohns verlangsamt und
- wenn bei relativ hoher Arbeitslosigkeit der Nettorellohn stagniert bzw. abnimmt.

Es ist darüber hinaus deutlich erkennbar, daß die *Streikbereitschaft* der Industriearbeiter – vor allem wenn man die „wilden" Streiks mit einbezieht – in den Jahren 1973 und 1974 gemessen an den verlorenen Arbeitstagen höher ist als 1967, wie aus Tab. 3-19 zu ersehen ist. Ihre Intensität hat zugenommen, wenn man berücksichtigt, daß die Arbeitslosenquote mit 2,6 v.H. (1974) höher (1967: 2,1 v.H.), die Zahl der Kurzarbeiter doppelt so hoch ist als 1967 (1974: 292 403; 1967: 142 694) sowie Arbeitslosigkeit und Kurzarbeit eine deutlich steigende Tendenz aufweisen (vgl. Tabelle 3-18). Allerdings ist der Anteil der arbeitslosen Männer 1973/74 wesentlich geringer (1974: 55,7 v.H.) als 1967 (72,9 v.H.).

Tab. 3-18: Arbeitslose, Arbeitslosenquote, Kurzarbeiter, Bundesrepublik Deutschland 1957-1976, Jahresdurchschnitte.

Jahr	Arbeitslose inges.	Arbeitslose dav. Männer in v.H.	Arbeitslosenquote insges.	Arbeitslosenquote m. in v.H.	Arbeitslosenquote w in v.H.	Kurzarbeiter insges.	Kurzarbeiter dav. Männer in v.H.
1957	753711	60,3	3,7	3,4	4,3	19312	55,4
58	763850	65,0	3,7	3,7	3,8	54773	44,8
59	539942	65,6	2,6	2,5	2,6	25868	55,4
1960	270678	65,9	1,3	1,3	1,3	3305	45,8
61	180855	65,0	0,8	0,8	0,8	3341	39,9
62	154523	66,3	0,7	0,7	0,7	4006	54,9
63	185646	70,2	0,8	0,9	0,7	10904	64,6
64	169070	67,9	0,8	0,8	0,7	2154	47,3
1965	147352	71,8	0,7	0,7	0,5	1105	55,3
66	161059	72,4	0,7	0,8	0,6	15816	55,9
67	459489	72,9	2,1	2,4	1,7	142694	62,6
68	323480	72,7	1,5	1,7	1,2	10388	63,4
69	178579	69,8	0,9	0,9	0,8	1322	55,4
1970	148846	62,4	0,7	0,7	0,8	9615	37,7
71	185072	54,5	0,8	0,7	1,1	86055	60,6
72	246433	57,1	1,1	1,0	1,4	76263	71,1
73	273498	54,8	1,2	1,0	1,5	43710	41,5
74	582481	55,7	2,6	2,2	3,1	292403	67,6
1975	1074217	58,0	4,7	4,3	5,4	773334	69,5
76	1060336	53,4	4,6	3,9	5,8	277008	75,8
Jan. 77	1248918	56,0					

Quelle: Bundesanstalt für Arbeit (Hrsg.), Amtliche Nachrichten der Bundesanstalt für Arbeit, Arbeitsstatistik 1974 – Jahreszahlen, Nürnberg 1975 sowie Arbeitsstatistik 1976 – Jahreszahl, Nürnberg 1977. Eigene Berechnungen.

Ausgenommen im Jahr 1974 wurden die Streiks fast ausschließlich von den Beschäftigten in der Industrie organisiert und durchgeführt. Deshalb mußte auch bei der Analyse des Zusammenhangs von Steuerpolitik bzw. Nettoreallohnentwicklung und Lohnkämpfen von der Entwicklung der Löhne der Industriearbeiter und -angestellten ausgegangen werden.

Der besondere Einfluß des Abgabensystems auf die *verstärkte* Militanz der Industriearbeiter insbesondere in den Jahren 1973 und 1974 gegenüber 1967 ergibt sich nun daraus, daß 1967 der durchschnittliche Bruttoreallohn der Industriearbeiter um rd. 2 v.H. zurückging, und diese Reduktion der Löhne durch das Abgabensystem *nicht verstärkt* wurde. Auch die Nettoreallöhne sanken unabhängig vom Familienstand und der Kinderzahl der Arbeiter um rd. 2 v.H. (1967). 1973 dagegen betrug die Zuwachsrate des durchschnittlichen Bruttoreallohns eines Industriearbeiters 3,7 v.H., während der Nettoreallohn eines Ledigen durch die gestiegene Abgabenbelastung abnahm und der

Tab. 3-19: Streiks nach Zahl der verlorenen Arbeitstage, Bundesrepublik Deutschland 1957-1976.

Jahr	*insgesamt*	*davon in der Industrie*[1]	*in v.H.*
1957	2320927	2320733	100,0
58	782123	609710	78,0
59	61825	57388	92,8
1960	37723	37455	99,3
61	64350	62957	97,8
62	450948	449883	99,8
63	878026	876066	99,8
64	16711	16711	100,0
1965	48520	48494	100,0
66	27086	26825	99,0
67	389581	388177	99,6
68	25249	25249	100,0
69	249184	247068	99,2
1970	93203	92928	99,7
71	2599413	2548703	98,1
72	66045	64067	97,0
73	563051	562822	100,0
74	1051290	610906	58,1
1975	68680	68573	99,8
76	533696	506348	94,9

Quelle: Statistisches Bundesamt (Hrsg.), Statistisches Jahrbuch für die Bundesrepublik Deutschland, verschiedene Jahre.

1 Industrie mit Hoch- und Tiefbau, dieser mit Handwerk. Die Einteilung der durch Streiks verlorenen Arbeitstage nach Industriezweigen erfolgte in Übereinstimmung mit den Bezeichnungen der Industriezweige in der Lohn- und Gehaltsstatistik.

Nettoreallohn eines verheirateten alleinverdienenden Familienvaters mit 4 Kindern stagnierte und der Nettoreallohnverdienst eines Familienvorstandes mit weniger Kindern um 1,3 v.H. anstieg. 1974 wuchs der Bruttoreallohn der Industriearbeiter um knapp 1 v.H., während der Nettoreallohn unabhängig von Familienstand und Kinderzahl abnahm bzw. stagnierte. Große Teile der Arbeiterschaft realisierten somit im Jahre 1973 stagnierenden realen Lebensstandard infolge der steigenden direkten Lohnabgaben und im Jahre 1974 bei nur gering ansteigendem Bruttoreallohn eine Abnahme des Nettoreallohns infolge der Steuerprogression.

Die Stagnation bzw. rückläufige Entwicklung des realen Lebensstandards infolge der zunehmenden Abgabenbelastung hat offensichtlich der Streikbereitschaft der Industriearbeiter 1973 und 1974 so verstärkt, daß trotz steigender Arbeitslosigkeit und Kurzarbeit der Druck auf die Lohnkosten nicht geringer wurde, wie in der Rezession 1966/67, sondern eher zunahm. Denn im Zeichen der Stagflation

Tab. 3-20: Jährliche Veränderungsraten der Industriearbeiterlöhne nach Familienstand und Kinderzahl in v.H.

Jahr	*Bruttolohn*		*Nettoreallohn*			
	nominal	*real*	*Lediger*	*Verheirateter Alleinverdiener*		
				0 Kinder	*2 Kinder*	*4 Kinder*
1967	*— 0,5*	*— 2,0*	*— 2,1*	*— 2,0*	*— 2,0*	*— 2,0*
1973	*10,7*	*3,7*	*— 0,4*	*1,5*	*1,3*	*0,1*
1974	*7,9*	*0,9*	*— 1,1*	*— 0,1*	*— 0,2*	*— 1,0*
1975	*4,4*	*— 1,6*	*4,5*	*2,5*	*7,7*	*8,3*
1976	*9,1*	*4,2*	*0,9*	*2,2*	*1,8*	*1,1*

Quelle: Eigene Berechnungen

muß jede Einzelgewerkschaft – wie gezeigt – bemüht sein, einen höheren Bruttolohnanstieg durchzusetzen als die Preise steigen, wenn ein Absinken des realen Lebensstandards der Mitglieder infolge der Abgabenprogression vermieden werden soll. Deshalb können sich die Gewerkschaften nicht ohne weiteres auf eine kostenneutrale bzw. systemkonforme Lohnpolitik einlassen. Sie sind gezwungen, konfliktorische Lohnpolitik zur *Verteidigung* der materiellen Interessen ihrer Mitglieder zu betreiben. Die Gleichsetzung von systemstabilisierender und defensiver Lohnpolitik ist somit unzulässig. Und da die unternehmerische Preiskalkulation bei obligopolistischer Konkurrenz kostendeterminiert, d.h. nachfrageunabhängig ist, konnte auch die nachfrageorientierte Stabilitätspolitik der Bundesregierung und der Bundesbank nur dann wirksam sein, wenn die Regierung bereit war, das politisch nicht kalkulierbare Risiko einer seit Jahren nicht mehr gekannten hohen Arbeitslosigkeit in Kauf zu nehmen.
Andererseits erkannte die Regierung in dieser Situation die Chance, durch steuerpolitische Maßnahmen, d.h. Abgabenentlastung der unteren und zum Teil noch mittleren Lohneinkommen, den Verteilungskonflikt zu entschärfen und auf diesem Wege den Lohnkostendruck auf die Preise zu dämpfen. Diese Funktion der Einkommensteuerreform 1975 für die Stabilitätspolitik wird im Bulletin der Bundesregierung deutlich umschrieben. „Da die Einkommensteuer (Lohnsteuer) aber auch die Steuer ist, mit der fast jeder Bürger und ständig unmittelbar konfrontiert wird – insbesondere die große Zahl der Arbeitnehmer durch den Lohnsteuerabzug –, steht die Reform des Einkommensteuerrechts zugleich im Mittelpunkt der öffentlichen Diskussion. Die Einkommensteuer ist nicht nur finanziell ergiebig, sondern sie ist auch wie kaum eine andere Abgabe geeignet, dem Prinzip der Steuergerechtigkeit zu dienen, jeden Bürger nach Maßgabe

seiner finanziellen Leistungsfähigkeit mit Steuern zu belasten. Schließlich ist die Einkommensteuer (Lohnsteuer) auch geeignet, wirtschaftspolitische, konjunkturpolitische und verteilungspolitische Funktionen zu erfüllen" (7).

Auch der Sachverständigenrat zur Begutachtung der gesamtwirtschaftlichen Entwicklung geht in seinen Gutachten verschiedentlich von der Vermutung eines Zusammenhanges von Steuerpolitik und Lohnkämpfen aus. „Außerdem ist der Verteilungskampf", schreibt er „für 1975 frei von der Belastung, die jahrelang aus den progressiv steigenden Ansprüchen des Staates auf Teilhabe an den Einkommen seiner Bürger entstand. Die Steuerreform wird wenigstens dieses Jahr einmal einen entgegengesetzten Effekt schaffen. Richtig ist, daß dies eigentlich eine Frage zwischen Bürger und Staat ist, nicht eine Frage der Tarifvertragsparteien. Da aber in der Vergangenheit die Steuerprogression ein Argument im Lohnstreit war, wird es diesmal gewiß auch die Steuerentlastung sein können" (8). Wie treffend der Sachverständigenrat den Zusammenhang zwischen gewerkschaftlicher Lohnpolitik und struktureller Steuerpolitik erkannt hat, zeigt der Verlauf der Lohnauseinandersetzungen im Jahr 1975 bei erheblich angestiegenen Nettorealeinkommen. Im Sondergutachten 1975 findet sich ein weiterer Hinweis über das Verhältnis von Abgabenpolitik und Lohnkämpfen. „In der öffentlichen Diskussion", äußert sich der Sachverständigenrat, „überwiegt zur Zeit die Befürchtung, den Unternehmen könnten die Grundlagen der Investitionstätigkeit – Ertragsaussichten und Risikobereitschaft – dauerhaft entzogen werden. Zum Beleg wird auf die Lohnkosten und die staatlich verordneten Leistungen und Abgaben verwiesen, die in den letzten Jahren ein ungewöhnliches Steigerungstempo und – im Vergleich zu anderen Industrienationen – ein hohes Niveau erreicht haben. Diese wurden im Zusammentreffen mit verringertem Wachstum und geldpolitisch immer enger gezogenen Grenzen der Überwälzung zu gravierenden Belastungen, und es spricht vieles dafür, daß ihre Steigerung geringer gewesen wäre, hätten sich alle Beteiligten zeitiger darauf eingestellt, daß ihre Ansprüche das Erfüllbare überstiegen und der Ausweg in die Inflation eine Sackgasse ist" (9).

Die Hypothese, daß die steuerpolitischen Maßnahmen der Regierung Ende der 60er bzw. Anfang der 70er Jahre insbesondere die Durchführung der Einkommensteuerreform 1975 durch die Intensität der Lohnauseinandersetzungen beeinflußt wurden und insofern Lohnkämpfe zugleich Auseinandersetzungen um Steuerbelastungen bzw. -entlastungen darstellen, findet somit nicht nur empirisch Unterstützung, sondern wird auch durch Äußerungen von Politikern, Administratoren und deren Sachverständige bestätigt. Zu den erwähnten steuerpolitischen Maßnahmen gehört unter anderem auch die Einführung der Ergänzungsabgabe für höhere Einkommen ab 1.1.1968, des Konjunkturzuschlags vom 1.7.1970 bis 30.6.1971 und der Stabilitätsabgabe vom 1.7.1973 bis 30.6.1974 für höhere Einkommen. Mit diesen Maßnahmen sollte die Kaufkraft der privaten Haushalte insbesondere in den mittleren und oberen Einkommensklassen abgeschöpft werden, um die inflatorische Lücke auf den Gütermärkten zu verringern. Die Regierung wollte mit diesen Maßnahmen hinsichtlich der zu erwartenden Inflationsrate die Voraussetzungen – zumindest aber das Klima – für stabilitätskonforme Lohnabschlüsse verbessern und/oder den Gewerkschaften demonstrieren, daß sie nicht bereit ist, eine Lohnpolitik, die nicht den gesamtwirtschaftlichen Erfordernissen entspricht, zu tolerieren. Da diese Maßnahmen nicht zum gewünschten Erfolg führten, mußte die Regierung schließlich eine Politik der Lohndisziplinierung via massive Arbeitslosigkeit einschlagen, wenn sie die Lohn - Preis - Steuer Spirale in den Griff bekommen wollte. Die ab 1975 wirksame Einkommensteuerreform sollte dann dazu dienen, sowohl von der Kosten- wie auch von der Nachfrageseite her die inflationäre Rezession zu überwinden, wobei allerdings zugleich an eine zu einem späteren Zeitpunkt geplante Erhöhung der Mehrwertsteuersätze gedacht wurde, um die (zeitweiligen) Einnahmeausfälle des Staates aufgrund der Einkommensteuerreform wieder auszugleichen. Die steuerliche Entlastung der abhängig Beschäftigten sollte also nur zeitlich befristet erfolgen.

Die vorliegenden Ergebnisse erlauben den Schluß, daß den Verteilungsauseinandersetzungen eine wichtige *Vermittlungsfunktion* zukommt für die Durchsetzung von Interessen der abhängig Beschäftigten und der Kapitaleigentümer im Rahmen staatlicher Finanzpolitik. In dem hier analysierten Fall vermitteln sich dem von der Tauschgesellschaft abgehobenen Staat die gruppenspezifischen Interessen bei gegebener ökonomisch-sozialer Struktur wesentlich durch den Lohnkampf. Dieses Ergebnis widerspricht der neoklassischen Theorie, daß die abhängig Beschäftigten ihre Einkommenspositionen gegenüber den Kapitaleigentümern nicht durch Lohnkämpfe, sondern nur durch steuerpolitische Maßnahmen des Staates verbessern könnten, wozu sie sich politisch statt gewerkschaftlich organisieren müßten. Aber es widerspricht auch der orthodoxen marxistischen Theorie, daß sich die Lohnbezieher nur im Lohnkampf als Klasse konstituieren und letztlich nur durch den Lohnkampf Klassenpolitik betreiben können, und daß deshalb der Verzicht auf den direkten Lohnkampf auf den Verzicht hinausläuft, als Klasse zu agieren. „Die Grundlage jeder Klassenpolitik“, schreibt Rowthorn, „ist der tagtägliche Kampf des Arbeiters an seinem Arbeitsplatz gegen seinen Arbeitgeber. Nur auf diese Weise, durch die Verbreitung und Vereinheitlichung solcher Kämpfe lernen Arbeiter als Klasse zu handeln. Ohne diese Grundlage verkommt die Politik der Arbeiterklasse, was auch immer ihre Anfänge sein mögen, bis zu einem Punkt, wo die Arbeiterklasse aufhört, als Klasse zu handeln. In dem Maß, wie der Arbeiter politisch noch aktiv bleibt, kämpft er nicht mehr als Mitglied einer Klasse, sondern als Bürger. Wie radikal ihre Parolen auch sein mögen, der praktische Inhalt einer Theorie, die besagt, daß alle Veränderungen durch Steuern und Besitzverteilungsmaßnahmen erreicht werden sollen, ist die politische Teilnahme des Arbeiters als letztlich eines individuellen Bürgers und die Auflösung der Arbeiterklasse auf organisatorischer Ebene zusammengefaßt. Die Arbeiter müssen den Klassenkampf aufgeben und sich der bürgerlichen Politik zuwenden“ (10). Diese Kritik übersieht, daß es eine Trennung zwischen Lohnkämpfen und „Steuerkämpfen“ nicht gibt. D.h. die neoklassische Ablehnung von Lohnkämpfen kann nicht durch die marxistische Ablehnung von „Steuerkämpfen“ ersetzt werden. Lohnkämpfe und „Steuerkämpfe“ bilden für die abhängig Beschäftigten eine konkrete polit-ökonomische Einheit, die beachtet werden muß, wenn sie ihre Interessen erfolgreich durchsetzen oder zumindest defensiv verteidigen wollen.

Die empirischen Untersuchungsergebnisse sprechen somit nicht gegen die Hypothese, daß sich die Lohnkämpfe und die steuerpolitischen Maßnahmen der Regierung spätestens seit Anfang der 70er Jahre wechselseitig beeinflußt haben. Modelltheoretisch bedeutet dieses Ergebnis, daß im Rahmen langfristiger Analysen der Wirtschaftsentwicklung, wie sie unter anderem anhand ökonometrischer Modelle betrieben werden, die Steuersätze *keine exogenen* Variablen sein können, sondern endogene Variable sind, deren Veränderungen aus der Dynamik der Lohn - Preis - Steuer Spirale heraus zu erklären sind. Diese Vermutung wird auch durch die folgende empirische Analyse der Gewinnbesteuerung nicht in Frage gestellt.

3. Die relative steuerliche Entlastung der Gewinne in der Dynamik der Lohn - Preis - Steuer Spirale

Im vorhergehenden Abschnitt war anhand der Einkommensentwicklung in der Bundesrepublik Deutschland gezeigt worden, daß steuer-

politische Maßnahmen Bedingung wie Konsequenz von Verteilungsauseinandersetzungen im privaten Sektor sind. Bei Freiheit von Fiskalillusion verschärfen relative Steuer- und Abgabenerhöhungen die Verteilungsauseinandersetzungen, und da Preise und Löhne instrumentell zur Sicherung von Einkommensansprüchen gesetzt werden, resultiert aus diesen Verteilungskämpfen eine (kumulative) Beschleunigung der Inflation. Andererseits können steuerpolitische Maßnahmen die Verteilungsauseinandersetzungen entschärfen, indem durch Steuersenkungen der Abgabeneffekt auf Null reduziert wird. Insoweit sind steuerpolitische Maßnahmen ein wirksames Instrument zur Inflationsbekämpfung. Dieser wechselseitige Zusammenhang zwischen ökonomischen und politischen Aktivitäten bzw. Entscheidungen soll in folgendem noch etwas vertieft analysiert werden.
Gelingt den Unternehmungen nicht die volle Weitergabe von Kostensteigerungen im Preis, dann vermindert sich die (Netto-)Profitquote und bei kontantem oder steigendem Kapitalkoeffizienten die (Netto-)Profitrate. Bei nachlassender Rentabilität von Investitionen in sachliche Produktionsmittel schränken die Unternehmungen ihre Produktion und Kapazitäten ein. Das Tempo der Kapitalakkumulation verringert sich, so daß das vorhandene Arbeitskräftepotential keine ausreichende Beschäftigung mehr findet. Die staatliche Wirtschaftspolitik kann derartigen rezessiven Tendenzen kompensatorisch entgegenwirken, indem sie mittels relativer Steuerentlastung verhindert, daß der Rückgang der Bruttoprofitquote auf die Nettoprofitquote durchschlägt. Bei endogen überproportional steigenden Staatsausgaben bzw. Staatsabgaben resultiert aus der relativen Entlastung der Einkommen aus Unternehmertätigkeit und Vermögen die Notwendigkeit, die Einkommen der unselbständig Tätigen trendmäßig relativ höher zu belasten. Diese werden aber wiederum, wie gezeigt, auf überproportional steigende Steuer- und Abgabenlasten mit entsprechend höheren Lohnforderungen reagieren, so daß die Profite erneut unter Druck geraten. Die relative steuerliche Entlastung der Profite kann somit den stabilitätspolitischen „Teufelskreis" der Lohn - Preis - Steuer Spirale nicht durchbrechen. Dieses Dilemma der Steuerpolitik wird auch vom Sachverständigenrat so gesehen: „Geht man davon aus", schreibt er, „daß Investitionen ganz wesentlich von Gewinnerwartungen abhängen, so werden die Steuerentlastungen nur Erfolg haben, wenn die Unternehmer meinen, sie können den Zuwachs an Gewinn auch in die Zukunft fortschreiben. Inwieweit dies jedoch zutrifft, hängt nicht zuletzt von der Lohnpolitik ab. Gestehen die Arbeitnehmer den Unternehmen den aus der steuerlichen Entlastung resultierenden Gewinn zu und

beziehen ihn – selbst wenn sie von kompensierenden Steuerbelastungen mit betroffen wären – nicht in die Masse ein, um deren Verteilung bei den Lohnverhandlungen gerungen wird, so wäre der gewünschte Effekt erreicht. Das kann man aber nicht ohne weiteres unterstellen" (11). Macht man sich frei von Wunschdenken und beruft sich realistischerweise auf die Logik des kapitalistischen Konkurrenzpreissystems, so muß man in der Tat das gegenteilige Verhalten der Gewerkschaften unterstellen, nämlich, daß sie frei von Fiskalillusion Steuermehrbelastungen zu überwälzen versuchen. Aus dem Funktionszusammenhang des kapitalistischen Konkurrenzpreissystems folgt somit nicht nur, daß relative Ausgabensteigerungen des Staates trendmäßig von den abhängig Beschäftigten finanziert werden müssen, sondern gegebenenfalls auch, daß die Beibehaltung von Vollbeschäftigung eine staatliche Umverteilung zugunsten der Einkommen aus Unternehmertätigkeit und Vermögen erfordert. Anderenfalls muß der Staatshaushalt „saniert" und/oder Arbeitslosigkeit in Kauf genommen werden. Bei Privateigentum an Produktionsmitteln und eigennützigen, dezentralisierten Entscheidungen über Löhne und Preise, d.h. in einem kapitalistischen Konkurrenzpreissystem kann jede Regierung, und zwar unabhängig von ihrer parteipolitischen Programmatik, der Mehrheit der Bevölkerung nur diese nicht gerade verlockende „Speisekarte" wirtschaftspolitischer Alternativen anbieten. Der Streit zwischen Regierungspartei(en) und Opposition kann lediglich um die „schmackhafteste Würzung des Menüs" geführt werden. Ein radikaler Demokrat kann – und dies gerade aus dem Bewußtsein der herrschenden Ideologie von Freiheit und Gleichheit – diese Dominanz des allgemeinen Profitinteresses einer offensichtlichen Minderheit von Kapitaleigentümern im steuerpolitischen Entscheidungskalkül nicht akzeptieren. Für ihn stellt sich die Frage, unter welchen sozio-ökonomischen Bedingungen die Mehrheit der Bevölkerung bewußt über die optimale Allokation der Ressourcen und die Distribution der Produktion entscheiden kann. Zunächst bleibt jedoch zu zeigen, daß seit Anfang der 60er Jahre die Bevölkerung der Bundesrepublik Deutschland nach der oben erwähnten „Speisekarte" gelebt hat.

In der ökonomischen Theorie sind die Profite als Differenz aus den laufenden betrieblichen Aufwendungen und Erträgen definiert. Somit sind sie der maximale Überschuß, den eine Unternehmung an die Kapitaleigentümer ausschütten kann, ohne ihr Produktionspotential bzw. ihre Produktionskapazität einschränken zu müssen (12). In der Volkswirtschaftlichen Gesamtrechnung (13) werden die Bruttoeinkommen aus Unternehmertätigkeit und Vermögen als Differenz aus dem Nettoinlandproduk zu Faktorkosten und dem Bruttoeinkommen aus unselbständiger Arbeit ausgewiesen. Sie entsprechen somit den Betriebsgewinnen aus inländischer Produktion incl. Subventionen, wobei Scheingewinne und -verluste aufgrund von Wertänderungen bei den Vorräten und Kapitalgewinne bzw. -verluste aufgrund von Neubewertungen bzw. Transaktionen von Anlagen und finanziellen Werten eleminiert sind. Außerdem werden in den Konten und Standardtabellen der Volkswirtschaftlichen Gesamtrechnung ausgewiesen die Scheingewinne und -verluste als Differenzbetrag der Vorratsveränderungen zu Buchwert einerseits und zu durchschnittlichen Preisen der laufenden Periode andererseits, die Abschreibungen der Unternehmungen zu Wiederbeschaffungspreisen, die Subventionen der Gebietskörperschaften an Unternehmungen sowie die direkten Steuern der Unternehmen mit eigener Rechtspersönlichkeit (Körperschaftsteuer, Vermögensteuer, nicht veranlagte Steuern vom Ertrag, u.ä.) sowie der privaten Haushalte und privaten Organisationen ohne Erwerbscharakter (veranlagte Einkommensteuer, Vermögensteuer, nicht veranlagte Steuern vom Ertrag, u.ä.). Die Bruttoeinkommen aus Unternehmertätigkeit und Vermögen (= Betriebsgewinn) abzüglich der Abschreibungen zu Wiederbeschaffungswerten und der Scheingewinne bzw. -verluste stellen dar den maximal ausschüttbaren Überschußbetrag der Erträge aus inländischer Produktionstätigkeit (vor Steuern) über die betrieblichen Aufwendungen (= Nettoprofit vor Steuern). Addiert man die Subventionszahlungen sowie die Investitionszuschüsse des Staates an die Unternehmungen und subtrahiert die direkten Steuern der Unternehmungen und privaten Haushalte auf Einkommen aus Unternehmertätigkeit und Vermögen, d.h. alle Steuern, die – abgesehen von der Vermögensteuer – bei der Gewinnermittlung nicht abzugsfähig sind, so erhält man den Nettoprofit nach Steuern. Durch Addition von Abschreibungen und Scheingewinnen bzw. -verlusten errechnet sich der Bruttoprofit nach Steuern. Unter Berücksichtigung von direkten Steuern, Investitionszuschüssen und Subventionen erhält man schließlich den Bruttoprofit vor Steuern. Die Entwicklung der Profite ist in folgender Tabelle aufgezeichnet.

Zunächst ist an den obigen Berechungsergebnissen bemerkenswert, daß die Steuerquote innerhalb von zehn Jahren kontinuierlich von 18,9 v.H. (1962) auf 13,5 v.H. bzw. 13,6 v.H. (1971/72) zurückging, im Jahr 1973 aufgrund steuerpolitischer Maßnahmen zur Drosselung der Investitionstätigkeit gegenüber 1971/72 um ca. 2 Prozentpunkte auf 15,4 v.H. anstieg und im folgenden Jahr wieder rückläufig ist, d. h. daß das Jahr 1973 kein steuerpolitischer „Wendepunkt" in der fortgesetzten relativen steuerlichen Entlastung der Einkommen aus Unternehmertätigkeit und Vermögen gewesen ist. Im Durchschnitt der Jahre 1960 bis 1964 betrug die Steuerquote 18,0 v.H. und für die Zeitabschnitte 1965 bis 1969 bzw. 1970 bis 1974 errechnet sich eine Belastungsquote in Höhe von 16,6 v.H. bzw. 14,2 v.H.

Tab. 3-21: Im Inland entstandene Einkommen aus Unternehmertätigkeit und Vermögen, Bundesrepublik Deutschland 1960 - 1976, in Mill. DM sowie Steuerquote in v.H.

Jahr	*Bruttoprofit vor Steuern (1)*	*Bruttoprofit nach Steuern (2)*	*Nettoprofit nach Steuern (3)*	*Steuerquote*[1] *(4)*
1960	*118080*	*101340*	*76930*	*16,3*
61	*122120*	*102270*	*76290*	*18,4*
62	*130580*	*108780*	*78150*	*18,9*
63	*135440*	*113480*	*79960*	*18,9*
64	*152240*	*129450*	*90130*	*17,7*
1965	*163190*	*141400*	*97930*	*16,9*
66	*169040*	*146290*	*100270*	*16,9*
67	*171150*	*148680*	*101830*	*16,4*
68	*186640*	*163720*	*118520*	*16,4*
69	*210300*	*183890*	*123320*	*16,3*
1970	*235120*	*211930*	*139930*	*14,0*
71	*253950*	*229520*	*148610*	*13,5*
72	*273640*	*248690*	*159410*	*13,6*
73	*303140*	*271280*	*164180*	*15,4*
74	*324100*	*291160*	*165130*	*14,7*
1975	*325300*	*294060*	*172860*	*13,9*
76			*194870*	

Quelle: Eigene Berechnungen

1 Steuerquote = Direkte Steuern der Unternehmungen und privaten Haushalte auf Einkommen aus Unternehmertätigkeit und Vermögen unter Ausschluß von Investitionszuschüssen bezogen auf den Bruttoprofit vor Steuern.

Wie aus folgender Tabelle ersichtlich, hat diese relative steuerliche Entlastung der Einkommen aus Unternehmertätigkeit und Vermögen dazu beigetragen, daß der Anteil der Bruttoprofite nach Steuern am Bruttoinlandprodukt zu Faktorkosten (ohne Subventionen an Unternehmungen) von 1962 bis 1972 keinen trendmäßigen Rückgang aufweist. Denn gleichzeitig mit dem Rückgang des Anteils der Bruttoprofite vor Steuern am Bruttoinlandsprodukt zu Faktorkosten (ohne Subventionen) um ca. 5 Prozentpunkte (1961 - 1972) ist der Anteil der direkten Steuern am Bruttinlandsprodukt zu Faktorkosten (ohne Subventionen) kontinuierlich um rd. 2,8 Prozentpunkte gesunken. Die Regierungen haben somit in den 60er Jahren und Anfang der 70er Jahre steuerpolitisch eine merkliche Umverteilung zugunsten der

Profite und zu Lasten der Löhne und Gehälter betrieben. Offensichtlich wurde diese Umverteilungstendenz im Jahre 1973 nur kurzfristig aus Gründen des konjunkturpolitischen Krisenmanagements unterbrochen.

Tab. 3-22: Profitquoten, Bundesrepublik Deutschland 1960-1976, in v.H.

Jahr	*Bruttoprofit vor Steuern/ Bruttoinlandsprodukt zu Faktorkosten abzüglich Subventionen* (1)	*Bruttoprofit nach Steuern/ Bruttoinlandsprodukt zu Faktorkosten abzüglich Subventionen* (2)	*Nettoprofit nach Steuern/ Bruttoinlandsprodukt zu Faktorkosten abzüglich Subventionen* (3)	*Steuern/ Bruttoinlandsprodukt zu Faktorkosten abzüglich Subventionen* (4)
1960	45,1	38,7	32,4	7,3
61	42,9	35,9	29,5	7,9
62	42,1	35,1	28,0	7,9
63	41,3	34,6	27,1	7,8
64	41,9	35,6	27,8	7,4
1965	41,1	35,6	27,7	7,0
66	40,1	34,7	26,7	6,8
67	40,5	35,2	27,1	6,6
68	40,8	35,8	28,8	6,7
69	40,8	35,7	27,1	6,6
1970	39,5	35,6	26,7	5,5
71	38,4	34,7	25,6	5,2
72	37,9	34,5	25,2	5,1
73	37,3	33,4	23,3	5,8
74	36,7	32,9	21,8	5,4
1975	35,9	32,4	22,0	
76			22,7	

Quelle: Eigene Berechnungen

Der Rückgang der Bruttoprofitquote bedeutet, daß den Unternehmungen die Überwälzung überproportional steigender Lohnstückkosten infolge verschärfter Konkurrenzbeziehungen nicht gelungen ist (14). Denn wegen der ex post Gleichheit der unternehmerischen Kalkulationsbedingungen für den Warenpreis

$$p = \frac{w}{\gamma} \frac{\varepsilon}{\varepsilon - 1} = \frac{1}{1-\Pi} \cdot \frac{w}{\gamma}$$

entspricht einer Abnahme des (Brutto-) Aufschlagsatzes $\frac{1}{1-\Pi}$ eine Zunahme der Absatzelastizität ε , d.h. Preiserhöhungen sind für die Unternehmungen mit dem erhöhten Risiko behaftet, Marktanteile einzubüßen. Sie werden ihre Preise gerade auch angesichts verschärften ausländischen Konkurrenzdruckes vorsichtiger kalkulieren und ihre beanspruchte Gewinnmarge zurücknehmen müssen. Da die Unternehmungen ihre Investitionsentscheidungen bei Freiheit von Fiskalillusion von der Entwicklung der erwarteten Profite nach Steuern bzw. bei gegebener Produktionstechnik von der erwarteten Profitrate nach Steuern abhängig machen, kann via Lohn - Preis - Steuer Spirale bei verschärftem Wettbewerb und zunehmendem Lohnkostendruck auf die Profite die Investitionsneigung der Unternehmungen beeinträchtigt und infolgedessen rezessive Entwicklungen ausgelöst werden. Derartigen für die wirtschaftliche Entwicklung nachteiligen Auswirkungen kann die strukturelle Steuerpolitik auf dem Wege der relativen Entlastung der Profite insbesondere durch Gewährung von Investitionszuschüssen, Investitionsprämien, Subventionen und Abschreibungsvariationen entgegenwirken (15). Ob die strukturelle Steuerpolitik die Kapitalakkumulation in den 60er und 70er Jahren tatsächlich abgestützt hat, läßt sich nicht ohne weitere empirische Untersuchungen mit Sicherheit sagen. Zumindest kann man aber aus den vorliegenden Daten den Schluß ziehen, daß die strukturelle Steuerpolitik die Investitionsneigung der Unternehmungen im gesamtwirtschaftlichen Durchschnitt nicht beeinträchtigt hat. Die These, daß der Staat in den 60er und 70er Jahren „die Wirtschaft“ unmittelbar und zunehmend überforderte und infolgedessen steuerpolitisch eine schleichende Krise der kapitalistischen Warenproduktion im Sinne von David Ricardo erzeugte, wird durch die vorliegenden Untersuchungsergebnisse jedenfalls nicht bestätigt.

Die preisstabilisierende Wirksamkeit der dargestellten steuerpolitischen Stabilisierung der Profitrate muß allerdings bezweifelt werden. Denn bei trendmäßig steigender Abgabenquote impliziert die relative Entlastung der Profite eine entsprechende Mehrbelastung der Einkommen aus unselbständiger Tätigkeit, und diese Mehrbelastung wird bei Freiheit von Fiskalillusion den Druck der Löhne auf die Profite und damit die Inflationstendenzen verstärken. Mit Hilfe der strukturellen Steuerpolitik kann die Regierung somit verhindern, daß sich ein Boom frühzeitig in eine Stagflation bzw. Rezession umkehrt. Aber zur Bekämpfung der Inflation können diese steuerpolitischen Maßnahmen nichts beitragen. In folgender Tabelle ist deutlich zu erkennen, daß der Anstieg der Bruttolohnquote durch die überproportional wachsende Abgabenbelastung der abhängig Beschäftigten so reduziert wird, daß die Nettolohnquote einen – wenn auch geringen – rückläufigen Trend aufweist. Dieser Trend wurde auch nicht durch die „Steuerreform“ im Jahre 1965 und 1975 unterbrochen.

Tab. 3-23: Lohnquoten und Abgabenquoten, Bundesrepublik Deutschland 1960-1976, in v.H.

Jahr	*Lohnquote brutto*[1]	*netto*[2]	*Abgaben*[3]*/ Bruttolohn- und Gehaltssumme*	*Abgaben*[3]*/ Nettoinlandsprodukt zu Faktorkosten*
	(1)	*(2)*	*(3)*	*(4)*
1960	*51,9*	*43,6*	*15,9*	*8,3*
61	*53,8*	*44,9*	*16,6*	*8,9*
62	*55,1*	*45,7*	*17,0*	*9,4*
63	*56,0*	*46,2*	*17,3*	*9,7*
64	*56,0*	*46,1*	*17,8*	*10,0*
1965	*56,5*	*46,8*	*17,2*	*9,7*
66	*57,2*	*46,8*	*18,3*	*10,5*
67	*57,1*	*46,5*	*18,6*	*10,6*
68	*55,5*	*44,5*	*19,7*	*10,9*
69	*56,5*	*44,6*	*21,0*	*11,9*
1970	*57,5*	*44,4*	*22,8*	*13,1*
71	*58,5*	*44,3*	*24,2*	*14,1*
72	*58,4*	*44,3*	*24,2*	*14,1*
73	*58,9*	*43,2*	*26,7*	*15,7*
74	*60,0*	*43,3*	*27,8*	*16,7*
1975	*59,9*	*43,3*	*27,7*	*16,6*
76	*58,4*	*41,1*	*29,7*	*17,3*

Quelle: Eigene Berechnungen

1 Bruttolohn- und Gehaltssumme bezogen auf das Nettoinlandsprodukt zu Faktorkosten

2 Nettolohn- und Gehaltssumme bezogen auf das Nettoinlandsprodukt zu Faktorkosten

3 Tatsächliche Sozialbeiträge der Arbeitnehmer; Lohnsteuer – ohne Lohnsteuer auf Pensionen, sowie vor Abzug der Arbeitnehmersparzulage ab 1971.

Zusammenfassend kann man den Prozeß des Ressourcentranfers vom privaten zum staatlichen Sektor in der Bundesrepublik Deutschland seit Mitte der 60er Jahre folgendermaßen beschreiben. Mit endogen steigendem Staatsanteil hat die Abgabenbelastung der unselbständig Beschäftigten überproportional zugenommen. Diese versuchten frei von Fiskalillusion die relative Mehrbelastung über die Lohnauseinandersetzungen auf die Profite zu überwälzen. Soweit die Unternehmungen den wachsenden Lohnkostendruck infolge verschärfter Konkurrenzbeziehungen nicht durch entsprechende Preissteigerungen auffangen konnten, wirkte der Staat dem trendmäßigen Rückgang der gesamtwirtschaftlichen Profitquote nach Steuern bzw. der Profitrate nach Steuern mittels Steuererleichterungen entgegen. Auf diese Weise stützte er steuerpolitisch die private Kapitalakkumulation ab, stimulierte die Nachfrage der Unternehmungen nach Arbeitskräften

und festigte infolgedessen indirekt die Verhandlungsposition der Gewerkschaften in den Tarifauseinandersetzungen. Mit dieser Politik mußte er aber entsprechend der beschriebenen Wirkungsweise der Lohn - Preis - Steuer Spirale ein beschleunigtes Inflationstempo in Kauf nehmen. Der Versuch, Ende der 60er und Anfang der 70er Jahre mit Hilfe der konzertierten Aktion auf die Lohnpolitik der Gewerkschaften mäßigend einzuwirken, mußte scheitern, da nicht beabsichtigt war, konzertiert eine bewußte gesellschaftliche Planung der Verteilung zu erreichen, sondern insbesondere den abhängig Beschäftigten ein letztlich systemwidriges Verhalten abverlangt wurde. Die kumulative Beschleunigung des Inflationstempos konnte die Regierung auf Dauer nicht hinnehmen; so stoppte sie 1971/72 schließlich die weitere steuerliche Umverteilung zugunsten der Profite bzw. verschärfte 1973 kurzfristig die Besteuerung der Einkommen aus Unternehmertätigkeit und Vermögen. Infolge rückläufiger Nettorentabilität von Investitionen in produktives Vermögen schränkten die Unternehmungen Investitionen und Beschäftigung ein. Die stabilitätspolitisch herbeigeführte massive Arbeitslosigkeit wirkte schließlich disziplinierend auf die gewerkschaftliche Lohnpolitik und führte zu einer Stabilisierung der Profitquote 1975/76. Flankierend wurde in der Rezession 1974/75 einerseits durch die Einkommensteuerreform die Steuerbelastung der abhängig Beschäftigten vermindert, um die Verteilungsauseinadersetzungen zu entschärfen und die private Konsumnachfrage zu beleben, sowie andererseits das staatliche Budget „saniert“, um den zukünftigen Ausgabenzuwachs zu reduzieren. Nach diesen steuerpolitischen Zugeständnissen insbesondere den abhängig Beschäftigten gegenüber, nach der Schwächung der lohnpolitischen Kampfbereitschaft sowie des Steuerwiderstandes der unselbständig Beschäftigten und nach der Beschneidung des staatlichen Budgets kann die Regierung hoffen, ihre zukünftigen Ausgabenprogramme auf einem niedrigeren Inflationssockel mit einer fast zum Stillstand gekommenen Lohn - Preis - Steuer Spirale beginnen zu können.
Der beschriebene unregelmäßige Anstieg der Steuer- bzw. Abgabenquote und die Verschiebung der Steuerstruktur zu ungunsten der abhängig Beschäftigten ist wesentlich bestimmt durch die soziale Struktur, die durch Privateigentum an Produktionsmitteln und eigennützige, dezentralisierte Entscheidungen über Löhne und Preise definiert ist. Diese soziale Struktur bestimmt den steuer- bzw. fiskalpolitischen Aktionsspielraum des Staates und die Einflußmöglichkeiten bzw. Durchsetzungschancen sozialer Interessen in der Steuerpolitik. Eine konjunkturneutrale Ausdehnung des staatlichen Budgets ist bei

Freiheit von Fiskalillusion undenkbar. Jede Erhöhung der Steuer- bzw. Abgabenquote beschleunigt das Inflationstempo, wobei in der Dynamik der Lohn-Preis-Steuer Spirale die Finanzierungslast steigender Staatsausgaben den abhängig Beschäftigten indirekt im Preisbildungsprozeß oder direkt durch eine steuerpolitische Umverteilung zugunsten der Profite aufgebürdet wird. Auf jeden Fall muß die Steuermehrbelastung von den unselbständig Beschäftigten getragen werden. Andernfalls sinkt die Profitrate (nach Steuern) und infolgedessen die Investitionsneigung der Unternehmungen. Die resultierende Rezession und Arbeitslosigkeit kann letztlich nur durch die wirtschaftspolitische bzw. steuerpolitische Stabilisierung der Profitrate (nach Steuern) überwunden werden. „Echte" Alternativen gibt es innerhalb eines kapitalistischen Konkurrenzpreissystems zu dieser steuerpolitischen „Speisekarte" nicht.

Tabellenanhang

Tab. 3-1:* Beitragsbemessungsgrenze und Beitragssätze in der Arbeiterrenten- und Angestelltenversicherung.

Jahr	*Beitragsbemessungsgrenze in DM/Jahr*	*Beitragssatz in v.H.*
1957	9000	11 / ab 1.3. 14 v.H.
58	9000	14
59	9600	14
1960	10200	14
61	10800	14
62	11400	14
63	12000	14
64	13200	14
1965	14400	14
66	15600	14
67	16800	14
68	19200	15
69	20400	16
1970	21600	17
71	22800	17
72	25200	17
73	27600	18
74	30000	18
1975	33600	18
76	37200	18

Quelle: Bundesminister für Arbeit und Sozialordnung (Hrsg.), Übersicht über die soziale Sicherung, 9. Auflage, Stand: Juni 1974, Bonn, Januar 1975. Die Sozialversicherung, Heft 8 (1975), S. 221. Ders. (Hrsg), Arbeits- und Sozialstatistik, 7/8 (Juli/August 1977), Seite 259.

Erläuterungen

1. Beitragsbemessungsgrenze ist für Jahresbezüge das Doppelte der allgemeinen Bemessungsgrundlage, die für die Versicherungsfälle des laufenden Kalenderjahres gilt; sie wird auf einen durch 1.200 teilbaren Betrag aufgerundet.

2. Die allgemeine Bemessungsgrundlage = B wird nach dem durchschnittlichen Bruttojahresgehalt = W der Arbeiter und Angestellten ohne Lehrlinge und Anlernlinge im Mittel des dreijährigen Zeitraums vor dem Kalenderjahr, das dem Eintritt des Versicherungsfalles voraufgegangen ist, errechnet.
Beispiel zur Berechnung der allgemeinen Bemessungsgrundlage für das Jahr 1976: $B\ (76) = \frac{W(72) + W(73) + W(74)}{3}$

3. Die Beiträge werden im allgemeinen von den Versicherten und dem Arbeitgeber je zur Hälfte getragen, und zwar in v.H. von den Bezügen bis zur Beitragsbemessungsgrenze.

Tab. 3-2:* Versicherungspflichtgrenze für Angestellte (= allgemeine Beitragsbemessungsgrenze) und Durchschnittshöhe der Beitragssätze in der Krankenversicherung.

Stichtag von . . . am	*Beitragsbemessungsgrenze in DM/Jahr*	*Stichtag*	*Beitragssatz[1] in v.H.*
1.09.1952	6000		
1.10.1957	7920	Ende 1957	7,8
		Ende 1958	8,3
		Ende 1959	8,4
		1.4.1960	8,4
		1.4.1961	8,6
		1.4.1962	9,6
		1.4.1963	9,7
		1.4.1964	9,7
1.09.1965	10800	1.4.1965	9,8
		1.4.1966	9,9
		Ende 1967	10,1
		Ende 1968	10,3
1.08.1969	11880	Ende 1969	10,6
1.01.1970	14400	1.4.1970	8,2
1.01.1971	17100	1.1.1971	8,1
1.01.1972	18800	1.1.1972	8,3
1.01.1973	20700	1.1.1973	9,0
1.01.1974	22500	1.1.1974	9,36
1.01.1975	25200	1.1.1975	11,2
1.01.1976	27900	1.1.1976	11,36[2]

Quelle: Bundesminister für Arbeit und Sozialordnung (Hrsg.), Übersicht über die soziale Sicherung, 7. und 9. Auflage, Bonn 1967 und 1975
Ders., Hauptergebnisse der Arbeits- und Sozialstatistik, Bonn 1974
Ders., Die gesetzlichen Krankenversicherungen in der Bundesrepublik Deutschland im Jahre 1969 (1960), Bonn 1973 (o.J.)
Ders. (Hrsg.), Arbeits- und Sozialstatistik 7/8 (Juli/August 1977). Seite 260
Ders. (Hrsg.), Arbeits- und Sozialstatistik, 5 (Mai 1977), Seite 72

1 Beitragssatz für Pflichtmitglieder mit Entgeldfortzahlungsanspruch für mindestens 6 Wochen. Seit Wirksamwerden des Lohnfortzahlungsgesetzes am 1.1. 1970 gilt als allgemeiner Beitragssatz der Satz für diejenigen Mitglieder, die im Falle der Arbeitsunfähigkeit einen Anspruch auf Lohnfortzahlung für mindestens 6 Wochen besitzen.

2 Beitragssatz am 1.1.1977.

Erläuterungen

1. Beitragsbemessungsgrenze der Krankenversicherung ist gleich 75 v.H. der Beitragsbemessungsgrenze der Arbeiterrentenversicherung. Seit 1970 ist die Beitragsbemessungsgrenze dynamisiert.
2. Beitragsbemessungsgrundlage ist die Beitragsbemessungsgrenze das tatsächlich erzielte Bruttoentgelt.
3. Beiträge werden in v.H. der Bemessungsgrundlage von Arbeitnehmern und Arbeitgebern zu gleichen Teilen aufgebracht.

Tab. 3-3:* Beitragssätze in der Arbeitslosenversicherung

Zeitraum	in v.H.
ab 1.4.1955	3,0
ab 1.3.1957	2,0
ab 1.8.1961	0,0
ab 1.4.1962	1,4
ab 1.4.1964	1,3
ab 1.1.1971	1,7[1]
ab 1.1.1975	2,0
ab 1.1.1976	3,0

Quelle: Bundesminister für Arbeit und Sozialordnung (Hrsg), Übersicht über die soziale Sicherung, a.a.O. Ders. (Hrsg.), Arbeits- und Sozialstatistik, a.a.O., S. 260.

1 nach: Der Bundesminister für Arbeit und Sozialordnung (Hrsg.), Arbeits- und Sozialstatistik Heft 7/8 (Juli/August 1977), Seite 260, gilt der Beitragssatz in Höhe von 1,7 v.H. erst ab 1.1.1972.

Erläuterungen

1. Beitragsbemessungsgrundlage ist das Arbeitsentgelt bis zur Beitragsbemessungsgrenze in der Arbeiterrenten- und Angestelltenversicherung.
2. Beiträge werden in v.H. der Bemessungsgrundlage von Arbeitnehmern und Arbeitgebern zu gleichen Teilen aufgebracht.

Tab. 3-4:* Höhe des Kindergeldes in DM/Jahr

Stichtag	1. Kind	2. Kind	3. Kind	4. und weitere K.
1.01.1955			300	300
1.10.1957			360	360
1.03.1959			480	480
1.04.1961		300[1]	480	480
1.07.1964		300[1]	600	720
1.09.1970		300[1]	720	720
1.01.1975	600	840	1440	1440

Quelle: Bundesminister für Arbeit und Sozialordnung (Hrsg.), Übersicht über die soziale Sicherung, a.a.O., BGBl. I 1961, S. 1001; 1964, S. 256; 1965, S. 222; 1970, S. 1725; 1971, S. 1969; 1973, S. 1593; 1973, S. 1969.

1 Berechtigte, die höchstens zwei Kinder haben, erhalten für das zweite Kind Kindergeld, wenn ihr Einkommen folgende Obergrenzen nicht überschreitet: DM 7.200 (ab 23.7.1961); DM 7.800 (ab 1.1.1965); DM 13.200 (ab 1.9. 1970); DM 15.000 (ab 1.1.1972); DM 16.800 (ab 1.1.1973); DM 18.360 (ab 1.1.1974).

Tab. 3-5:* Preisindex für die Lebenshaltung (4-Personen-Arbeitnehmerhaushalt mit mittlerem Einkommen des alleinverdienenden Haushaltsvorstandes – darunter 2 Kinder, mindestens eines unter 15 Jahren), 1970 = 100. Jahresdurchschnitte

Jahr		Jahr		Jahr		Jahr	
1956	72,8	1960	77,8	1965	89,3	1970	100,0
57	74,4	61	79,6	66	92,4	71	105,1
58	75,9	62	81,9	67	93,8	72	110,7
59	76,7	63	84,4	68	95,0	73	118,2
		64	86,4	69	96,9	74	126,3
						75	134,0
						76	140,2

Quelle: Statistisches Bundesamt (Hrsg.), Statistisches Jahrbuch für die Bundesrepublik Deutschland 1974 und 1977.

Tab. 3-6:* Bruttosozialprodukt, Preisentwicklung des Bruttosozialprodukts, Lohn- und Gehaltssumme, Bundesrepublik Deutschland 1960-1976, Preisbasis 1970 = 100.

Jahr	Bruttosozialprodukt zu lfd. Preisen — in Mrd. DM —	Bruttosozialprodukt real 1970 = 100 — in Mrd. DM —	Lohn- und Gehaltssumme brutto — in Mrd. DM —	Lohn- und Gehaltssumme netto — in Mrd. DM —
1960	303,0	429,5	124,5	104,7
61	331,4	450,4	140,4	117,2
62	360,5	470,3	155,5	129,1
63	382,1	484,3	166,9	138,0
64	419,6	516,4	183,8	151,1
1965	458,2	545,0	203,1	168,2
66	487,4	558,8	218,0	178,1
67	493,7	558,1	217,9	177,3
68	535,2	594,4	232,8	186,9
69	597,7	641,3	261,1	206,1
1970	679,0	679,0	306,4	236,6
71	756,0	701,7	345,0	261,6
72	827,2	727,3	376,2	285,3
73	920,1	763,0	423,8	310,7
74	986,9	765,7	463,6	334,8
1975	1030,3	746,5	479,6	346,9
76	1123,2	789,4	511,2	359,6

Quelle: Statistisches Bundesamt Hrsg.), Statistisches Jahrbuch 1977

*Tab. 3-7**: Indirekte Steuern, direkte Steuern, Sozialversicherungsbeiträge, Beiträge zur gesetzlichen Unfallversicherung, Bundesrepublik Deutschland 1960-1976, in Mill. DM.

Jahr	indirekte Steuern	direkte Steuern[2]	Sozialvers. Beiträge[3]	Abgaben[4] insgesamt
1960	41030	27990	31040	100060
61	47410[5]	65440[6]		11·2850
62	49270	37830	37700	124800
63	54020[5]	77900[6]		131920
64	56130	44470	43470	144070
1965	60750	45650	48050	154450
66	64420	49390	53220	167030
67	66790	49390	54620	170800
68	68480	54860	60240	183580
69	83160	63780	69780	216720
1970	87180	72840[7]	81530	241550
71	96370	84960[7]	93540	274870
72	107560	91070[8]	107040	305670
73	118400	115810[9]	126970	361180
74	122170	128380[9]	140970	391520
1975[1]	126640	123810	153940	404390
76[1]	137580	143870	173860	455310

Quelle: Statistisches Bundesamt (Hrsg.); Statistisches Jahrbuch, v.J.

1 Vorläufige Ergebnisse

2 Vor Abzug der Arbeitnehmer-Sparzulage (ab 1971) und der Investitionszulagen ab 1970

3 Einschließlich unterstellte Einstellungen in fiktive Pensionsfonds für Beamte sowie Beiträge zur gesetzlichen Unfallversicherung

4 Ohne Verwaltungsgebühren der Unternehmungen, sonstige laufende Übertragungen der privaten Haushalte und Unternehmungen und ohne steuerliche Vermögensübertragungen

5 Einschließlich Beiträge zur gesetzlichen Unfallversicherung

6 Direkte Steuern und Sozialversicherungsbeiträge

7 Einschließlich des rückzahlbaren Konjunkturzuschlags (1970 und 1971)

8 Nach Erstattung des Konjunkturzuschlags (1972)

9 Einschließlich Stabilitätszuschlag

*Tab 3-8**: Steuern, Sozialversicherungsabgaben, Nettoabgaben eines männlichen Industriearbeiters nach Familienstand 1957-1976 Bundesrepublik Deutschland, in DM bzw. in v.H.

	Verheirateter Alleinverdiener									
	2 Kinder					4 Kinder				
Jahr	Steuern	Steuer-quote	Sozial-vers.-Ab-gaben	Netto abgaben	Netto Abgaben quote	Steuern	Steuer-quote	Sozial-vers.-Ab-gaben	Netto-abgaben	Netto-Abgaben quote
1957	50	0,8	695	745	12,6	—	—	695	35	0,6
58	—	—	746	746	12,6	—	—	746	26	0,4
59	—	—	805	805	12,2	—	—	805	— 155	— 2,3
1960	—	—	851	851	12,2	—	—	851	— 109	— 1,6
61	103	1,4	909	1012	13,2	—	—	909	— 276	— 3,6
62	194	2,3	1005	1199	14,3	—	—	1005	— 255	— 3,0
63	324	3,6	1073	1397	15,6	—	—	1073	— 187	— 2,1
64	492	5,1	1128	1620	16,7	—	—	1128	— 312	— 3,2
1965	540	5,1	1248	1788	16,8	—	—	1248	— 372	— 3,5
66	663	5,9	1394	2057	18,3	—	—	1394	— 226	— 2,0
67	652	5,8	1401	2053	18,4	—	—	1401	— 219	— 2,0
68	786	6,6	1522	2308	19,5	48	0,4	1522	— 50	— 0,4
69	1089	8,1	1748	2830	21,3	343	2,6	1748	471	3,5
1970	1477	9,7	1980	3457	22,8	739	4,9	1980	1059	7,0
71	1771	10,6	2229	4000	24,0	1033	6,2	2229	1522	9,1
72	2043	11,4	2423	4466	24,9	1305	7,3	2423	1988	11,1
73	2437	12,3	2851	5288	26,6	1698	8,5	2851	2809	14,1
74	2760	12,9	3113	5873	27,4	2017	9,4	3113	3390	15,8
1975	2550	11,4	3488	4598	20,6	2471	11,1	3488	1639	7,3
76	2963	12,1	3946	5469	22,4	2850	11,7	3946	2476	10,2

Jahr	Verheirateter Alleinverdiener ohne Kinder					Lediger				
	Steuern	Steuer-quote	Sozial-vers.-Ab-gaben	Netto-abgaben	Netto-Abgaben-quote	Steuern	Steuer-quote	Sozial-vers.-Ab-gaben	Netto-abgaben	Netto-Abgaben-quote
1957	393	6,6	695	1088	18,4	629	10,6	695	1324	22,3
58	337	5,5	746	1083	17,6	700	11,4	746	1446	23,6
59	441	6,7	805	1246	18,9	804	12,2	805	1609	24,4
1960	518	7,4	851	1369	19,6	881	12,6	851	1732	24,9
61	661	8,6	909	1570	20,5	1024	13,4	909	1933	25,3
62	816	9,7	1005	1821	21,8	1186	14,2	1005	2191	26,2
63	946	10,6	1073	2019	22,6	1309	14,6	1073	2382	26,6
64	1115	11,5	1128	2243	23,1	1518	15,6	1128	2646	27,2
1965	1132	10,6	1248	2380	22,3	1490	14,0	1248	2738	25,7
66	1255	11,2	1394	2649	23,6	1618	14,4	1394	3012	26,8
67	1242	11,1	1401	2643	23,6	1605	14,4	1401	3006	26,9
68	1378	11,6	1522	2900	24,5	1766	14,9	1522	3288	27,7
69	1674	12,6	1748	3422	25,7	2127	16,0	1748	3875	29,1
1970	2067	13,6	1980	4047	26,7	2646	17,4	1980	4626	30,5
71	2363	14,2	2229	4592	27,6	3075	18,5	2229	5304	31,9
72	2635	14,7	2423	5058	28,2	3511	19,6	2423	5934	33,1
73	3048	15,3	2851	5899	29,7	4249	21,4	2851	7100	35,7
74	3404	15,9	3113	6517	30,4	4819	22,5	3113	7932	37,0
1975	2665	11,9	3488	6153	27,5	3911	17,5	3488	7399	33,1
76	3106	12,7	3946	7052	28,9	4649	19,1	3946	8595	35,2

Quelle: Eigene Berechnungen

Tab. 3-9:* Steuern, Sozialversicherungsabgaben, Nettoabgaben eines männlichen Industrieangestellten nach Familienstand und Beruf, 1961-1976, in DM bzw. in v.H., Bundesrepublik Deutschland.

	Verheirateter Alleinverdiener									
	2 Kinder					4 Kinder				
Jahr	Steuern	Steuer-quote	Sozial-vers.-Ab-gaben	Netto-abgaben	Netto-Abgaben-quote	Steuern	Steuer-quote	Sozial-vers.-Ab-gaben	Netto-abgaben	Netto-Abgaben-quote
					a) Technischer Angestellter					
1961	765	7,2	11,51	1916	17,9	—	—	1151	— 34	— 0,3
62	894	7,7	1238	2132	18,4	117	1,0	1238	95	0,8
63	1037	8,5	1308	2345	19,1	259	2,1	1308	307	2,5
64	1218	9,3	1385	2603	19,9	441	3,4	1385	386	3,0
1965	1279	9,0	1520	2799	19,7	529	3,7	1520	429	3,0
66	1464	9,7	1696	3130	20,8	726	4,8	1696	802	5,3
67	1562	10,0	1741	3303	21,1	823	5,3	1741	943	6,0
68	1724	10,5	1893	3617	22,0	985	6,0	1893	1258	7,6
69	2067	11,4	2162	4229	23,4	1328	7,3	2162	1870	10,3
1970	2510	12,4	2440	4950	24,5	1771	8,8	2440	2551	12,6
71	2994	13,3	2801	5795	25,7	2240	9,9	2801	3301	14,6
72	3432	14,0	3068	6500	26,6	2635	10,8	3068	3963	16,2
73	4113	15,1	3614	7727	28,4	3236	11,9	3614	5110	18,8
74	4901	16,3	4019	8920	29,6	3944	13,1	4019	6223	20,7
1975	4503	14,1	4607	7670	24,0	4250	13,3	4607	4537	14,2
76	5101	14,7	5224	8885	25,6	4787	13,8	5224	5691	16,4

	Verheirateter Alleinverdiener									
	2 Kinder					4 Kinder				
Jahr	*Steuern*	*Steuer-quote*	*Sozial-vers.-Ab-gaben*	*Netto-abgaben*	*Netto-Abgaben-quote*	*Steuern*	*Steuer-quote*	*Sozial-vers.-Ab-gaben*	*Netto-abgaben*	*Netto-Abgaben-quote*
					b) Kaufmännischer Angestellter					
1961	505	5,3	1060	1565	16,5	—	—	1060	— 125	— 1,3
62	609	5,9	1142	1751	17,0	—	—	1142	— 118	— 1,1
63	752	6,9	1224	1976	18,1	—	—	1224	— 36	— 0,3
64	907	7,8	1276	2183	18,7	130	1,1	1276	— 34	— 0,3
1965	959	7,6	1407	2366	18,6	220	1,7	1407	7	—
66	1156	8,5	1578	2734	20,1	417	3,1	1578	375	2,8
67	1268	8,9	1629	2897	20,4	529	3,7	1629	538	3,8
68	1415	9,5	1770	3185	21,4	676	4,5	1770	826	5,5
69	1724	10,5	2012	3736	22,8	985	6,0	2012	1377	8,4
1970	2104	11,5	2261	4365	23,9	1365	7,5	2261	1966	10,8
71	2536	12,5	2595	5131	25,2	1797	8,8	2595	2652	13,0
72	2927	13,2	2859	5786	26,0	2177	9,8	2859	3296	14,8
73	3547	14,2	3388	6935	27,8	2735	11,0	3388	4383	17,6
74	4253	15,3	3782	8035	29,0	3361	12,1	3782	5403	19,5
1975	3648	13,1	4191	6399	23,0	3487	12,5	4191	3358	12,1
76	4602	14,2	4985	8147	25,2	4328	13,4	49,85	4993	15,4

Quelle: Eigene Berechnungen

*Tab. 3-10**: Durchschnittlicher Jahreslohn eines männlichen Industriearbeiters nach Familienstand, 1957-1976, Bundesrepublik Deutschland, in DM, Preisbasis 1970 = 100

Jahr	*Bruttolohn*		*Nettonominallohn*				*Nettoreallohn*			
	nominal	*real*	*Verheirateter Alleinverdiener*			*Lediger*	*Verheirateter Alleinverdiener*			*Lediger*
			0 Kind	*2 Kinder*	*4 Kinder*		*0 Kind*	*2 Kinder*	*4 Kinder*	
1957	*5928*	*7968*	*4840*	*5183*	*5963*	*4604*	*6505*	*6966*	*8051*	*6188*
58	*6136*	*8084*	*5053*	*5390*	*6110*	*4690*	*6657*	*7101*	*8050*	*6179*
59	*6604*	*8610*	*5358*	*5799*	*6759*	*4995*	*6986*	*7561*	*8812*	*6512*
1960	*6968*	*8956*	*5599*	*6117*	*7077*	*5236*	*7197*	*7862*	*9096*	*6730*
61	*7644*	*9603*	*6074*	*6632*	*7920*	*5711*	*7631*	*8332*	*9950*	*7175*
62	*8372*	*10222*	*6551*	*7173*	*8627*	*6181*	*7999*	*8758*	*10534*	*7547*
63	*8944*	*10597*	*6925*	*7547*	*9131*	*6562*	*8205*	*8942*	*10819*	*7775*
64	*9724*	*11255*	*7481*	*8104*	*10036*	*7078*	*8659*	*9380*	*11616*	*8192*
1965	*10660*	*11937*	*8280*	*8872*	*11032*	*7922*	*9272*	*9935*	*12354*	*8871*
66	*11232*	*12156*	*8583*	*9175*	*11458*	*8220*	*9289*	*9930*	*12400*	*8896*
67	*11180*	*11919*	*8537*	*9127*	*11399*	*8174*	*9101*	*9730*	*12152*	*8714*
68	*11856*	*12480*	*8956*	*9548*	*11906*	*8568*	*9427*	*10051*	*12533*	*9019*
69	*13312*	*13738*	*9890*	*10482*	*12841*	*9437*	*10206*	*10817*	*13252*	*9739*
1970	*15184*	*15184*	*11137*	*11727*	*14125*	*10558*	*11137*	*11727*	*14125*	*10558*
71	*16640*	*15833*	*12048*	*12640*	*15118*	*11336*	*11463*	*12027*	*14384*	*10786*
72	*17940*	*16206*	*12882*	*13474*	*15952*	*12006*	*11637*	*12172*	*14410*	*10846*
73	*19864*	*16805*	*13965*	*14576*	*17055*	*12764*	*11815*	*12331*	*14429*	*10799*
74	*21424*	*16963*	*14907*	*15551*	*18034*	*13492*	*11803*	*12312*	*14279*	*10683*
1975	*22360*	*16687*	*16207*	*17762*	*20721*	*14961*	*12095*	*13255*	*15463*	*11165*
76	*24388*	*17395*	*17336*	*18919*	*21912*	*15793*	*12365*	*13494*	*15629*	*11265*

Quelle: Vgl. Tab. 1, eigene Berechnungen

Tab. 3-11:* Durchschnittlicher Bruttojahreslohn eines männlichen Industriearbeiters, nach Industriezweigen, 1961-1976, Bundesrepublik Deutschland.

	Bruttolohn in DM						
Jahr	*Energiewirtsch. Wasservers.*	*Bergbau*	*Grundstoff-Prod.-güter*	*Investitionsgüter*	*Verbrauchsgüter*	*Nahrungsmittel/ Genußmittelgüter*	*Hoch- u. Tiefbau*
1961	*7852*	*7748*	*8112*	*7540*	*7176*	*7488*	*7384*
62	*8632*	*8372*	*8736*	*8320*	*7852*	*8216*	*8320*
63	*9256*	*8944*	*9360*	*8736*	*8476*	*8840*	*9256*
64	*9568*	*9776*	*10140*	*9516*	*8996*	*9516*	*10192*
1965	*10868*	*10764*	*11076*	*10556*	*10036*	*10296*	*10920*
66	*11856*	*10816*	*11648*	*11128*	*10712*	*11076*	*11544*
67	*12168*	*10868*	*11648*	*11024*	*10764*	*10660*	*11284*
68	*12324*	*11700*	*12272*	*11856*	*11388*	*11596*	*11856*
69	*13624*	*12636*	*13780*	*13520*	*12584*	*12792*	*13260*
1970	*15600*	*14508*	*15704*	*15184*	*14144*	*14352*	*15548*
71	*17992*	*15652*	*16900*	*16640*	*15652*	*16172*	*17108*
72	*19968*	*16692*	*18252*	*17836*	*17056*	*17576*	*18512*
73	*21476*	*18720*	*20436*	*19864*	*18824*	*19344*	*20176*
74	*23920*	*21372*	*22360*	*21320*	*20280*	*21164*	*21320*
1975	*25636*	*23192*	*22464*	*22516*	*21216*	*22620*	*22048*
76	*27508*	*24648*	*24960*	*24596*	*23244*	*24648*	*23452*

Quelle: Eigene Berechnungen

Anmerkung 1:

Sei der Steuertarif progressiv und $t' = T'(Y)$ ansteigend, dann werden die Bezieher mit höherem Einkommen durch die Erhöhung von Kinder*freibeträgen*, wie sie im Einkommensteuergesetz bis 1974 berücksichtigt wurden, gegenüber Beziehern niedrigerer Einkommen begünstigt (16). Die Bezieher höherer Einkommen sparen einen größeren Steuerbetrag als die Bezieher niedrigerer Einkommen, d.h. die Kinder der oberen Einkommenschichten gelten mehr, als die Kinder der unteren Einkommensklassen.
Sei Y = Einkommen und K = Kinderfreibetrag. Dann ist das zu versteuernde Einkommen $\tilde{Y} = Y - K$ und die Steuerfunktion lautet $T = T(Y - K) = T(\tilde{Y})$ mit $T = 0$ für $Y \leqslant K$ und $T > 0$ für $Y > K$.
Absolute Differentation der Steuerfunktion ergibt

$$dT = \frac{dT}{d\tilde{Y}} \cdot d\tilde{Y}$$

Da $\tilde{Y} = Y - K$ ist, gilt

$$\frac{dT}{dY} = \frac{dT}{d\tilde{Y}} \cdot \frac{d\tilde{Y}}{dY} = \frac{dT}{d\tilde{Y}} \quad \text{und} \quad d\tilde{Y} = dY - dK$$

$$\text{Sei } dY = 0\text{, dann folgt } dT = \frac{dT}{dY}(-\,dK) < 0$$

Wird der Kinderfreibetrag somit um dK erhöht, dann reduziert sich die Steuerschuld um dT. Sei für zwei unterschiedlich hohe Einkommen $Y_1 < Y_2$ $T'(Y_1) < T'(Y_2)$ und werde der Kinderfreibetrag für alle Einkommenklassen um dK erhöht, dann ist

$$dT_1 = T'(Y_1)(-\,dK) < T'(Y_2)(-\,dK) = dT_2,$$

d.h. die höheren Einkommen werden begünstigt. Somit werden durch die Einführung eines Kindergeldes als negative Einkommensteuer alle *Kinder* unabhängig vom Einkommen der Erziehungsberechtigten steuerlich gleich behandelt. Ebenso werden bei Erhöhung des Kindergeldes (wie im Einkommensteuergesetz 1977 vorgesehen) alle Einkommenklassen gleich entlastet.

Literaturverzeichnis

(1) Für Großbritannien vgl. *F. Wilkinson/H.A. Turner,* The wage-tax spiral and labour militancy, in: *D. Jackson/H.A. Turner/F. Wilkinson,* Do Trade Unions Cause Inflations?, At the University Press: Cambridge 1972

(2) Vgl. auch *D. Brümmerhoff,* Nominal- oder Realprinzip in der Einkommenbesteuerung, in: Finanzarchiv, Bd. 32, 1 (1973)

(3) Vgl. auch *Robert Fecht,* Einige Bemerkungen zum neuen deutschen Einkommensteuertarif; in Finanzarchiv, Bd. 34,2 (1976)

(4) Vgl. dazu *G. Bombach,* Die verschiedenen Ansätze der Verteilungstheorie, in: *Erich Schneider* (Hrsg.), Einkommensverteilung und technischer Fortschritt, Berlin 1959

(5) Vgl. *Luigi L. Pasinetti,* Growth and Income Distribution. Essays in Economic Theory, Kapitel VI: The Rate of Profit in an expanding Economy, Cambridge University Press: London 1974

(6) Zur Theorie gewerkschaftlicher Lohnpolitik vgl. *J. Bergmann/v. Jacobi/W. Müller-Jentsch,* Gewerkschaften in der Bundesrepublik, Europäische Verlagsanstalt: Ffm./Köln, 1975, Kapitel I.

(7) Presse- und Informationsamt der Bundesregierung (Hrsg.), Bulletin No. 90/897, Steuerreform 1975, Bonn, 30.7.1974, Seite 911

(8) Der Sachverständigenrat zur Begutachtung der gesamtwirtschaftlichen Entwicklung, Jahresgutachten 1974, Ziffer 57*, Bonn 1974

(9) Ders., Sondergutachten, Bonn 1975, Ziffer 56; vgl. ebenso Jahresgutachten 1975, Ziffer 28*

(10) *Bob Rowthorn,* Die neoklassische Volkswirtschaftslehre und ihre Kritiker – eine marxistische Beurteilung, in: *Winfried Vogt* (Hrsg.), Seminar: Politische Ökonomie, Suhrkamp Verlag: Ffm. 1973, S. 248

(11) Sachverständigenrat zur Begutachtung der gesamtwirtschaftlichen Entwicklung, Jahresgutachten 1975, Ziffer 447

(12) Zu den verschiedenen Defininitionen des Profits vgl. *M.A. King,* The United Kingdom Profits Crisis: Myth or Reality?, in: The Economic Journal, March 1975

(13) Vgl. Statistisches Bundesamt (Hrsg.), Fachserie N Volkswirtschaftliche Gesamtrechnung, Reihe 1 Konten und Standardtabellen 1975, Seite 33 ff.

(14) Vgl. *G. Müller/U. Rödel/Ch. Sabel/F. Stille/W. Vogt,* Ökonomische Krisentendenzen im gegenwärtigen Kapitalismus, Abschlußbericht, Max-Planck-Institut zur Erforschung der Lebensbedingungen der wissenschaftlich-technischen Welt, Starnberg, Juni 1976 (hektografiert) erscheint beim Campus Verlag: Ffm. 1978; sowie *Andrew Glyn/Bob Sutcliffe,* British Capitalism, Workers and the Profits Squeeze, Penguin Books Ltd.: Harmondsworth 1972, Seite 65

(15) Zum Einfluß der Steuerpolitik auf die private Investitionstätigkeit vgl. die Untersuchung von *Axel Siedenberg,* Investitionsorientierte Fiskalpolitik, Finanzwissenschaftliche Forschungsarbeiten, N.F. Heft 47, Duncker & Humblot: Berlin 1976

(16) Vgl. *Leif Johansen,* Public Economics, North-Holland Publishing Company; Amsterdam 1971, Seite 227

GPSR Compliance

The European Union's (EU) General Product Safety Regulation (GPSR) is a set of rules that requires consumer products to be safe and our obligations to ensure this.

If you have any concerns about our products, you can contact us on ProductSafety@springernature.com

In case Publisher is established outside the EU, the EU authorized representative is:

Springer Nature Customer Service Center GmbH
Europaplatz 3
69115 Heidelberg, Germany

Batch number: 10809464

Printed by Printforce, the Netherlands